AF330721

MUSÉE

DE

RAVESTEIN

16966

16966

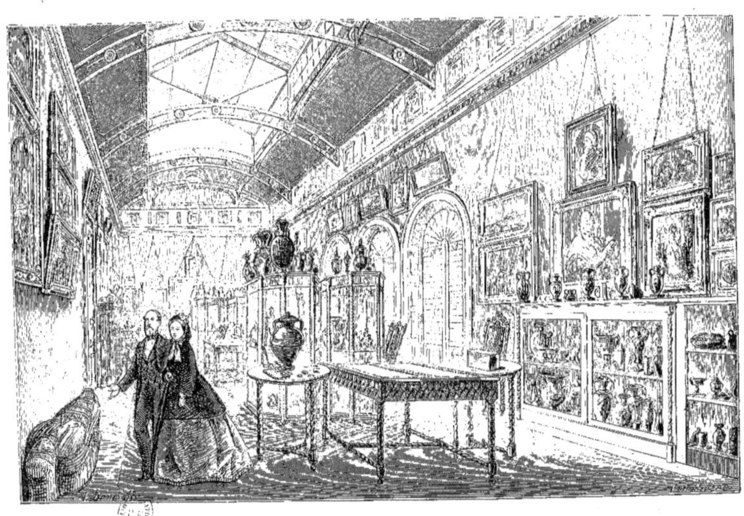

GALERIE DU CHÂTEAU DE RAVESTEIN.

TOME VI

MUSÉE

DE

RAVESTEIN

CATALOGUE DESCRIPTIF

PAR

E. DE MEESTER DE RAVESTEIN

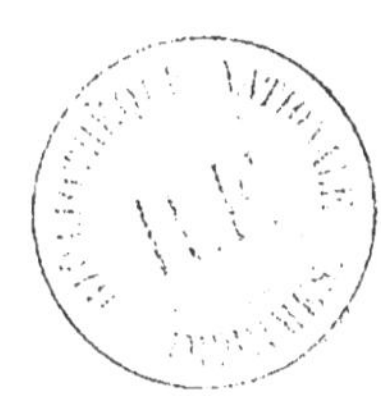

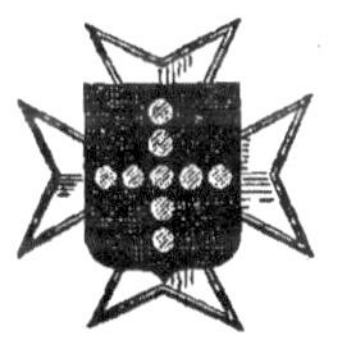

TOME II

LIÉGE

IMPRIMERIE DE J. DESOER, LIBRAIRE

—

1872

MUSÉE

DE

RAVESTEIN.

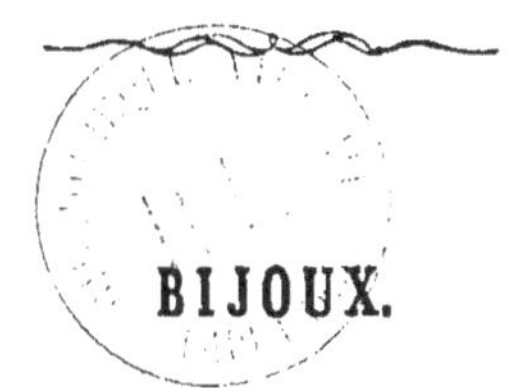

BIJOUX.

N° 864. *Fibule* ou broche, en or.

Sa forme circulaire n'est pas commune ; elle est ornée d'une tête de lion qui a beaucoup souffert. Elle tire son appui ou son ressort de ce qui porte son ornement.

Les fibules, agrafes ou broches étaient employées ordinairement pour attacher différents vêtements des hommes et des femmes, tels que la chlamyde, la palla, le pallium, le sagum, le paludamentum, mais non la toge, qui enveloppait le corps de ses larges replis et n'avait besoin de rien pour la fixer.

En général, la forme des fibules se rapproche assez, comme nous le voyons par celles que nous possédons, de la forme d'un arc avec sa corde.

Les ardillons des fibules ont souvent disparu ; quelques vestiges d'oxyde prouvent qu'ils étaient quelquefois de fer. C'est ce qui a été remarqué, du reste, pour les fibules en métaux les plus précieux, et cette préférence s'explique par la solidité du fer comparée à la fragilité du bronze et à la malléabilité de l'argent.

Les Grecs nommaient *peroné* la fibule qui attachait le manteau sur l'épaule, et *porpé* celle qui l'attachait sur la poitrine.

Comme il pouvait arriver facilement que par le mouvement la tunique tombât de dessus les épaules, les femmes grecques avaient coutume d'ajouter à leur habillement le péplus, qui servait à couvrir le sein, mais qui souvent avait des manches fort courtes et qui, par conséquent, devait s'attacher sur le bras avec des fibules.

Musée, poëte grec, qui vivait au XIIIe ou au XIVe siècle avant J.-C., fait allusion, dans le poëme des amours de Léandre et Héro, à cette chute de la tunique, quand il nous décrit l'embarras où se trouvait Héro en parlant à Léandre, v. 162 : « et tout en » rougissant, elle relevait son vêtement sur ses épaules. »

Les amants envoyaient des présents à leur maîtresse le jour des calendes de chaque mois, ou au jour de leur naissance ; c'étaient souvent des fibules. (Plaute, Epidic., act. V, sc. 1, v. 33, et Miles glor., act. IV, sc. 1, v. 13.)

Tite-Live nous dit, XXVII, 19, que Scipion, en renvoyant le jeune numide à Masinissa, lui donna, entre autres « une fibule d'or et » un cheval harnaché. »

Ovide, Met., II, 412, nous parle aussi de ces fibules quand il dit : « Calisto n'occupait ses loisirs ni à filer la laine docile sous ses doigts, » ni à varier la forme et les nœuds de sa chevelure : dès qu'une » fibule avait fixé les plis de sa robe,.... elle suivait la belliqueuse » Diane. »

Il n'y a rien dont les Romains aient plus varié la forme que leurs fibules, qu'ils employaient à différents usages ; car nous en possédons en bronze qui ne paraissent pas, par leur volume, avoir été destinées à retenir une pièce de l'habillement; il est plus vraisemblable qu'elles ont servi à relever des rideaux, etc.

Il est positif que ces fibules se trouvent dans plusieurs tombeaux; dans un seul tombeau étrusque de Volterra on en a découvert vingt-huit, ce qui a fait croire qu'elles servaient à attacher les étoffes qui renfermaient les cendres des morts. Elles peuvent aussi avoir eu une signification symbolique.

N° 865. *Fibule* en or, composée d'un bourrelet ovale et arqué. On ne distingue plus les dessins dont le bourrelet était orné.

N° 866. *Grande fibule* en argent.
Son volume nous paraît trop fort pour qu'elle ait été portée par un homme. Elle nous semble avoir été destinée à fixer, dans l'intérieur des maisons ou des tombeaux, les rideaux, les portières, ou bien à relever les étoffes ou les tapisseries.

N° 867. Belle *fibule* en argent.
Son bourrelet, très-arqué, est orné d'anneaux ciselés et son ardillon se renferme dans une plaque carrée, gravée à la pointe.

N° 868. *Fibule* en argent. Sa partie supérieure, en forme de double arc, est ornée d'une bande en relief. Cet arc, à double courbure, fait avec l'épingle une sorte de B couché.

N° 869. *Grande fibule* en argent, d'un travail primitif.

N° 870. *Fibule*, en argent, dont le bourrelet arqué est orné de sept anneaux en relief.

N° 871. *Fibule*, en argent, avec un bourrelet arqué, mais sans ornement.

N° 872. *Fibule* en argent ; un bout de l'arc tient l'épingle et l'autre se termine en tête de serpent au cou duquel pend une plaque carrée pour recevoir l'épingle.

N° 873. *Fibule* en argent. L'arc est formé d'une lame concave à deux pointes. Une gravure se trouve sur la plaque terminée par une boule et destinée à recevoir la pointe de l'épingle.

N° 874. *Fibule* en argent, en forme de carré long, dépourvue de son épingle. Elle porte un bas-relief représentant un animal fantastique ailé.

N° 875. *Fibule* en argent à demi coque, couverte de gravures à disques et à stries.

N° 876. *Fibule* composée d'un bourrelet ovoïde très-allongé et arqué. Les deux extrémités amincies de l'ovale sont ornées d'une série de lignes parallèles profondément gravées en creux et qui n'enveloppent que la moitié de la circonférence, ce qui fait que le dessous reste lisse, ainsi que le milieu du dessus.

Au bout supérieur de l'ovale est fixée l'épingle qui, près du point d'attache, se replie deux fois en spirale pour former ressort.

Le bout inférieur se prolonge en très-long appendice canaliculé pour recevoir l'épingle et former l'agrafe. Bronze.

N° 877. Belle *fibule*, ornée de dessins à chevrons ; la partie inférieure se replie sur elle-même et se termine en cercle plein avec rebord qui paraît avoir été destiné à contenir un chaton. Bronze.

N° 878. *Fibule,* formée d'un corps de mulet qui porte par derrière l'épingle. Sur le corps du mulet se trouvent, gravés en creux, des lignes et six petits cercles au milieu desquels est un point. Un ornement semblable forme l'œil de l'animal. Bronze.

Cette fibule a été déterrée près de Civita-Vecchia.

N° 879. *Fibule*, représentant un cheval d'un travail fort grossier. L'épingle, qui se trouvait derrière l'animal, n'existe plus. Trouvée à Albano. Bronze comme les suivantes.

N° 880. *Fibule*. Sur un rond, en forme de bouclier, se trouve une tête de Méduse de face, en haut relief, avec les yeux incrustés en argent. Cette tête est ornée de deux petites ailes et d'une bandelette qui se voit sur le front pour disparaître ensuite des deux côtés sous la chevelure.
Cette jolie fibule a été tirée des ruines d'Herculanum.

N° 881. *Fibule*. Le corbeau d'Apollon, sous lequel sont des appendices pour recevoir l'épingle qui n'existe plus. Trouvée près de Cortone.

N° 882. Intéressante *fibule*, en arc, de bronze doré ; sur chacun des côtés de l'arc est incrusté, en lettres d'argent, un des deux mots : VTERE FELIX. « Sers-t'en heureusement. »

Vente d'Eugène Piot, n° 164 du catalogue.

N° 883. *Fibule*, dont la tige se replie sur elle-même et se termine par une plaque circulaire qui a dû contenir un chaton en pâte de couleur ou de verre.

N° 884. *Fibule*, dite de danseuse, avec des anneaux. Ces anneaux pourraient aussi avoir servi à retenir les étoffes.

N° 885. *Fibule*, avec les deux pointes rabattues qui servaient probablement à réunir deux parties d'étoffe.

N° 886. *Fibule*, dont la partie creuse destinée à recevoir l'ardillon se prolonge en longue lamelle.

Nº 887. *Fibule*, qui se compose simplement d'un fil de bronze replié au milieu trois fois sur lui-même, comme pourrait le faire un serpent, puis recourbé en rond une fois; ces replis constituent tout à la fois le corps de la fibule et le ressort.

Nº 888. Grande *fibule*, à deux disques en spirale élastique, trouvée près de Baïa. Le musée de Naples possède plusieurs exemplaires de fibules de ce genre. Ces fibules se plaçaient sur la poitrine et servaient, prétend-on, d'espèce de bouclier. La tige cintrée et saillante hors des cercles leur donne à peu près la forme des lunettes appelées besicles.

Ces cercles de laiton sont formés par le même fil, depuis le centre jusqu'à la circonférence extérieure. Leur légèreté nous porterait à croire qu'on pouvait aussi les appliquer sur les boucliers, non seulement pour les orner, mais encore pour produire une plus grande résistance contre les coups de l'ennemi.

Nº 889. *Pendant d'oreille*, en or.

L'anneau, en forme de corne d'abondance, se compose d'une torsade de tresses d'or, et se termine par une tête d'animal.

Le luxe des femmes pour les pendants d'oreilles était surprenant. A cette occasion, Habinas dit dans le festin de Trimalchion : « Si » j'avais une fille, je lui couperais les oreilles. Si nous n'avions » point de femmes, nous serions dans l'abondance de toutes choses. »

« On va chercher, » dit Pline, « la perle au fond de la mer » rouge, et l'émeraude au plus profond de la terre; c'est pour cela » qu'on se perce les oreilles. »

Les jeunes gens de qualité en portaient aussi qui étaient d'or. « Autant d'or, » dit Apulée, « qu'il en pend à l'oreille d'un jeune » garçon de qualité. »

Le prix d'une seule paire de pendants d'oreilles était si grand, qu'il consumait le revenu d'une maison riche, dit Sénèque. La folie des femmes en ce point était telle, qu'une seule portait, dit encore Sénèque, deux ou trois patrimoines pendus à ses oreilles.

Des pendants d'oreilles, un collier, un bracelet, sont les bijoux que décrit Homère (Odyss., liv. XVII, v. 294 et suiv.), dans l'énumération des présents offerts à Pénélope par les prétendants : « De » belles boucles d'oreille, ornées de trois pierres précieuses et » rayonnant avec grâce.... Un riche collier où l'ambre était en- » châssé dans l'or, et brillant comme le soleil,.... des bracelets, » ornement d'une riche beauté... »

Déjà, au seizième siècle, alors que les artistes de la Renaissance renouvelaient en peinture ou en sculpture les merveilles de l'art grec, on avait entrevu la difficulté d'imiter les prodiges de la joaillerie antique.

Benvenuto Cellini raconte dans ses Mémoires que le Pape Clément VII le fit appeler un jour au Vatican pour lui montrer un collier d'or étrusque d'une finesse admirable que le hasard venait de faire découvrir dans quelque hypogée des Maremmes pontificales : « Hélas ! dit à cette vue le grand artiste, répondant au pontife qui proposait ce chef-d'œuvre comme modèle, « mieux vaut » pour nous chercher une voie nouvelle que de vouloir égaler l'art » des Étrusques dans le travail des métaux. Entreprendre de riva- » liser avec eux serait le sûr moyen de nous montrer de maladroits » copistes. »

On a cru, en effet, fort longtemps, que le moyen de fixer ces méandres de petites granulations qui courent en cordonnets sur les bijoux étrusques était perdu ; néanmoins, M. Ch. Buls, habile orfèvre belge, nous transmet, à cet égard, les données suivantes sur le travail du filigrane :

« Le grain, comme l'indique son nom, est un globule d'or d'une ténuité extrême obtenue par la fusion d'un petit paillon de fil ; des fils très-minces, mais de calibres différents, sont coupés de façon à former de petits cylindres dont le diamètre égale la longueur ;

ceux-ci sont mêlés à de la poussière de charbon et placés dans un creuset, puis soumis à la fusion; chaque cylindre s'arrondit en un grain que la poussière de charbon isole; des tamisages successifs séparent les diverses épaisseurs de grains, qui sont alors prêts à être employés.

» Ces grains sont saisis à l'aide d'un pinceau imbibé de gomme adragante, qui a la propriété de ne pas laisser de résidu charbonneux; une fois fixés en place, ils sont soudés au chalumeau, de manière cependant à faire entrer la soudure en fusion.

» L'orfèvre romain, M. Aug. Castellani, qui s'est fait une réputation par ses *fac-simile* de bijoux antiques, rapporte dans sa brochure Dell' oreficeria antica, p. 22 (Florence, 1862), qu'il lui a fallu vingt ans de recherches pour retrouver les procédés anciens à l'effet de fixer ces petites granulations : or, le procédé est pratiqué depuis longtemps dans les ateliers d'orfévrerie belge, notamment à Malines; et certes ce n'est pas l'habileté manuelle qui manque à nos ouvriers...»

N° 890. *Pendant d'oreille*, en or.
C'est un anneau ouvert terminé par une tête d'animal.

N° 891. *Pendant d'oreille*, en or.
Il est en corne d'abondance, et orné à son extrémité supérieure d'une tête d'animal en verre bleu.

N° 892. *Pendant d'oreille*, en or.
Anneau, ciselé en corne d'abondance, qui se termine par une tête de taureau d'un travail très-élégant.

N° 893. *Pendant d'oreille*, en or.
Un anneau uni, terminé des deux côtés par une tête de serpent, se ferme par un fil d'or replié.

Nᵒ **894**. *Pendant d'oreille*, en or.

Il ressemble assez à une gondole sur laquelle se trouvent des ornements en granulé.

Nᵒ **895**. Ce *pendant d'oreille*, en or, a à peu près la forme du précédent, mais ses ornements sont ciselés, et un fil d'or, qui doit avoir supporté un petit objet, est suspendu sous la gondole.

Nᵒ **896**. L'anneau ouvert de ce *pendant d'oreille*, en or, se termine par une pâte de verre ajustée dans une cloison d'or à laquelle est suspendue une boule d'argent.

Nᵒ **897**. *Boucle d'oreille*, composée d'un anneau d'or uni, auquel est suspendue une tête de lion en verre bleu.

Nᵒ **898**. *Pendant d'oreille*, en or, composé d'une agrafe ornée d'un grenat et de deux perles fines.

Nᵒ **899**. *Pendant d'oreille*, en or.

Anneau auquel sont suspendues trois émeraudes opaques de forme prismatique.

Nᵒ **900**. *Pendant d'oreille*, en or.

Grand anneau ouvert qui porte une chaînette à laquelle sont suspendues deux perles fines et un morceau de verre.

Nᵒ **901**. *Cinq pendants d'oreille*, en or, auxquels sont suspendues des perles fines.

La boucle d'oreille garnie d'une ou plusieurs perles ou de petites boules d'or qui y sont suspendues, et imitant la forme d'une *goutte d'eau*, se nommait *stalagmium*. C'est là le sens du mot grec d'où vient le mot latin.

N° 902. *Pendant d'oreille*, en or.

Un anneau ouvert au bout duquel sont des fils d'or qui ont probablement porté des perles fines.

N° 903. *Pendant d'oreille*, en or.

Une colombe entre deux petites pendeloques est suspendue à un disque ouvragé.

N° 904. *Pendant d'oreille*, en or.

Un grand anneau ouvert, dont la moitié antérieure est ornée de grains, porte un grand ornement en forme d'ogive. Six pâtes de verre de différentes couleurs sont ajustées dans des cloisons comme des pierres fines. Entre ces pâtes sont des ornements, et trois petits anneaux viennent s'attacher au bord inférieur de cette pièce.

N° 905. *Pendant d'oreille*, en or, semblable au précédent.

N° 906. *Pendant d'oreille*, en or, assez semblable aux deux précédents, mais sur lequel se trouvent seulement quatre pâtes de verre, et qui n'a pas d'anneaux aux extrémités.

N° 907. *Pendant d'oreille*, en or.

Ce n'est qu'un grand anneau ouvert, dont la plus grande partie est façonnée.

N° 908. *Pendant d'oreille*, en or.

Une agrafe ornée porte un disque garni autrefois d'un verre central, et de quatre autres verres disposés en croix qui existent encore. Au-dessus du disque est un anneau.

N° 909. *Pendant d'oreille*, en or.

Une agrafe ornée porte un disque, au milieu duquel se trouvait un verre taillé ou une pierre précieuse. Huit ornements en or l'entourent.

Nᵒ 910. *Collier* en or et en perles de verre, formé d'un assemblage de vingt grosses perles en pâte verdâtre, ocellées de taches blanches et bleues et liées ensemble par des chaînettes doubles en or, surmontées de rosaces en or estampé, qui cachent le point où les chaînettes pénètrent dans les perles.

Deux têtes de bélier en or, d'un travail soigné, servent de fermoirs à ce beau collier.

Des divers bijoux qu'inventèrent les modes de tous les peuples et de toutes les époques, le collier est celui dont l'usage fut le plus général, et, dans toutes les parties du globe, on a pu constater la haute antiquité de cet ornement. Les Grecs en avaient reçu la coutume des Égyptiens, chez lesquels la fabrication des colliers avait atteint un haut degré de perfection, ainsi que le constatent les nombreux bijoux de ce genre trouvés dans les caisses des momies.

Les parures en or et en pierreries étaient affectées à Vénus; mais Diane et Minerve, qui étaient regardées comme des vierges chastes et étrangères à l'amour, sont ordinairement représentées en habits simples et décents. Pythagore persuada aux femmes de Crotone de se dépouiller de leurs parures pour en faire une offrande dans le temple de Junon. *Vera ornamenta matronarum pudicitia, non vestis*, lui fait dire Justin, lib. XX, cap. 4.

St Jérôme, plus indulgent que Pythagore, justifie presque les femmes sur cet article (Ep. ad Gaudent.), et pense qu'une femme peut être à la fois très-honnête et très-parée.

Lucien loue l'usage de la parure, quand elle contribue à la propreté, et qu'elle est distribuée avec goût et sans excès.

Pline, IX, 58, rapporte que, dans un festin privé, une dame romaine parut avec une garniture d'émeraudes et de perles, dont la valeur pouvait monter à 40 millions de sesterces. Les dames romaines de son temps disaient, pour justifier leur luxe, qu'une perle est à une femme qui paraît en public, ce qu'est un licteur à un magistrat. Le même auteur, XII, 41, nous apprend que les Arabes et les Indiens, avec le seul commerce des perles, tiraient annuellement de l'empire romain *millies centena millia sestertium*, près de dix millions de francs.

On donnait des colliers aux soldats comme une marque d'honneur et une récompense de leur valeur. Manlius Torquatus portait ce nom pour avoir pris un collier à un Gaulois : de ce collier, appelé *torques*, il fut nommé *Torquatus*. On en donnait encore, selon Capitolin, aux jeux militaires.

N° 911. *Collier* étrusque, en or et en émeraudes.

Il est composé d'un assemblage de seize émeraudes opaques alternant avec des doubles feuilles en or estampé auxquelles pendent de petites lentilles de grenat et d'émeraude, percées d'un double trou.

N° 912. *Collier* étrusque en or composé d'une chaîne plate en bandes tressées d'une grande finesse. Le bord inférieur de la chaîne est orné de petites rosettes qui alternent avec de petits triangles auxquels sont suspendues des amphores renversées et des chaînettes en zigzag d'une composition semblable à celle de la chaîne principale, ayant à leurs extrémités un petit mascaron. A chaque bout du collier est un fermoir sur lequel on voit un masque comique qui tire la langue.

N° 913. *Torque*, ou collier d'homme en bronze.

Elle se compose d'un cercle massif et uni, terminé par deux bouts. Souvent les *torques* sont ciselées en torsade. La statue du Capitole, nommée mal à propos le Gladiateur mourant, ainsi que le groupe dit d'Arria et de Paetus, à la villa Ludovisi, nous présentent des guerriers ornés de la *torque* en torsade.

Les Romains donnaient cette sorte de collier comme une marque distinctive au soldat, soit de cavalerie, soit d'infanterie, qui avait tué son adversaire à la guerre en combattant corps à corps contre lui.

Nº 914. *Onze boules*, en or, dont une est couverte de granules très-fins; elles ont probablement fait partie d'un collier et ont été trouvées dans les environs de Viterbe.

Nº 915. *Huit boules*, en argent, très-habilement travaillées, ainsi que deux émeraudes opaques et une poire en cristal, jointes à ce nº, ont été déterrées près de Nola et peuvent avoir appartenu à un collier.

Nº 916. *Collection de boules* d'ambre, qui proviennent de *colliers* brisés.

Nº 917. *Aiguilles de tête*.

Les aiguilles de tête, dont les femmes romaines faisaient usage pour arranger et soutenir leurs cheveux, étaient ordinairement d'ivoire; il y en avait aussi de bois, d'os et de métaux. (Cod. Theodos., III, xvi, 1.) Cette recherche, dans un objet consacré à un usage commun, prouve un degré supérieur de luxe, ou plus simplement peut-être une différence dans l'état et la condition des femmes qui portaient ces sortes d'aiguilles, qui furent aussi un symbole mystique et pour cette raison posées dans les tombeaux. On conservait à Rome l'aiguille de tête de Cérès, parmi les objets d'où l'on faisait dépendre la conservation de l'empire.

« Les femmes, » dit Tertullien, « tournent leurs cheveux à droite, » et se servent pour cela d'une aiguille qu'elles manient délicatement » pour agencer leurs cheveux : la raie qu'elles laissent sur le devant » les fait reconnaître pour femmes mariées. »

Parmi nos aiguilles de cheveux, nous en possédons en bronze; l'une se termine par une femme, dont le vêtement recouvre le derrière de la tête et descend jusqu'aux pieds; elle tient le bras droit sur le dos et la main gauche sur la poitrine. Une autre aiguille en bronze nous fait voir une tête d'un caractère étrusque;

une troisième finit par une main qui présente une pomme; d'autres sont à tête plate.

Nous en avons aussi en ivoire ou en os, parmi lesquelles il en est qui ont la tête en forme d'un grain de blé; puis d'autres qui sont des aiguilles ordinaires percées d'un chas pour y passer l'attache avec laquelle on nouait les cheveux.

N° 918. *Bracelet*, formé d'un gros cordon cannelé qui se termine de chaque côté par des extrémités gravées se dépassant l'une l'autre. Trouvé dans les environs de Viterbe. Bronze.

A en juger par le nombre peu considérable de bracelets antiques qui sont parvenus jusqu'à nous, ces bijoux étaient, on peut le supposer, moins employés par les anciens qu'ils ne le sont par les peuples modernes. Cependant on en rencontre un très-grand nombre sur les vases peints et sur les fresques de Pompéii.

Les bracelets étaient destinés à toutes les conditions : les hommes en portaient aussi bien que les femmes. Les Sabins, dit Tite-Live, en avaient au bras gauche, qui étaient d'or et fort pesants.

Plutarque, Romulus, XXI, dit : « Tarpéia ayant eu le plus grand « désir des bracelets d'or que les Sabins portaient, offrit de leur « livrer le fort, et demanda, pour prix de sa trahison, ce que les « Sabins portaient à leur bras gauche. »

Le bracelet était une marque d'honneur ou d'esclavage; on en donnait aux gens de guerre en récompense de leur valeur. Une inscription ancienne rapportée par Gruter, p. 358, représente la figure de deux bracelets avec ces paroles : « Lucius Antonius Fabius « Quadratus, fils de Lucius, a été deux fois honoré par Tibère « César de colliers et de bracelets. »

La planche, n° 69, de la Revue africaine, contient l'épitaphe d'un vétéran qui avait été décoré de récompenses militaires, d'un collier et de bracelets, et qui, après être sorti du service, avait été élevé dans sa patrie à la dignité de flamine perpétuel.

Il y avait des bracelets d'or, d'argent, d'ivoire : ceux de bronze ou de fer semblent avoir servi aux gens de basse condition et aux esclaves ; les nôtres sont d'un travail simple.

Les bracelets étaient aussi une marque de servitude, comme nous l'apprend Suétone.

Les bracelets se mettaient ou au haut du bras sur l'humérus, ou après le coude, près du poignet.

Les bracelets qui portaient le nom de *spinther* n'avaient pas de cadenas ; ils restaient en place sur le bras par leur propre élasticité et la pression qu'ils exerçaient sur les chairs.

Ce fut de cette particularité que leur vint ce nom, par allusion au muscle constricteur appelé *sphincter*.

Ces bracelets sont souvent ouverts sur le côté au lieu d'être complétement fermés.

N° 919. *Bracelet*, formé d'un double gros fil cylindrique dont une extrémité dépasse l'autre. Trouvé à Albano. Bronze.

N° 920. *Bracelet*, formé d'une grosse spirale cylindrique. Trouvé à Chiusi. Bronze, comme tous les suivants, jusqu'au n° 933.

N° 921. *Bracelet*, composé d'un gros anneau cylindrique dont les extrémités se dépassent et se terminent en collerette et en bouton. Trouvé à Citta di Castello.

N° 922 et N° 923. Manquent.

N° 924. *Bracelet* formé d'une forte bande en spirale terminée des deux côtés par un bouton.

N° 925. *Deux bracelets* d'enfant, contournés en spirale. L'une des extrémités se termine par un bouton, l'autre par une pointe façonnée. La patine de ces bracelets est fort belle. Ils ont été trouvés près de Tivoli.

N° 926. *Deux grands bracelets*, en gros fil de bronze, terminés par des têtes d'oie en haut relief, qui servent d'agrafes. Ces bracelets, d'une fort belle patine, ont été trouvés près de Tivoli.

N° 927. *Bracelet*, formé d'un simple gros fil cylindrique dont les extrémités ne se touchent pas. Trouvé près de Tivoli.

N° 928. *Bracelet*. Une bande plate cannelée et roulée en spirale. Ses deux extrémites se terminent en pointes allongées.

N° 929. *Bracelet*, d'une belle patine. Il est formé d'un gros fil de bronze uni et contourné en spirale à deux tours. Ce bracelet peut avoir appartenu à une femme ou à un enfant.

N° 930. *Bracelet*, de petite dimension. Il est formé d'une simple spirale.

N° 931. *Deux anneaux* qui peuvent avoir servi comme bracelets. Ils sont couverts de renflements étranglés.

N° 932. *Bracelets* formant plusieurs tours de spirale.

On les portait autour de la partie inférieure du bras, entre le poignet et le coude. Ils servaient comme armes défensives. On les a trouvés à Pompéii. Ces bracelets sont tellement élastiques qu'ils n'ont pas de fermoir et que la pression qu'ils exercent sur les chairs suffisait pour les faire rester en place.

On donnait le nom d'*armilla* ou de *torques brachialis* à ces bracelets.

Ce sont des tiges métalliques arrondies, dont le centre est plus épais que les deux extrémités, qui vont en s'amincissant. Les deux bouts se croisent sur une étendue plus ou moins grande, pour se terminer en spirale de chaque côté.

Ce n'est pas seulement en Italie, mais en Hongrie, en Suisse, en Allemagne, et jusque dans le musée des antiquités du Nord, à Copenhague, qu'on voit de ces grandes spires en bronze à tours écartés.

On croit généralement qu'ils devaient garnir toute une partie du bras ou peut-être de la jambe.

Le Bon de Bonstetten, Recueil des antiquités suisses, pl. x, 3, en publie un, et M. Worsaae, Nordiske Oldsager, n° 261, nous en montre un autre.

N° 933. *Deux bracelets* massifs, de forme un peu évasée. Chaque bracelet est orné de cinq grands cercles profondément gravés, avec un petit disque en relief au centre, et de quinze autres petits disques dispersés sur les deux bords, un sous chaque gros anneau et quatre autour, figurant à peu près les quatre angles d'un carré. Les cercles sont négligemment tracés et n'ont pas une forme parfaitement circulaire.

L'ouverture de ces bracelets est si petite que, malgré l'incommodité de leur poids, ils n'ont pu s'adapter qu'à un très-petit poignet. Le bronze a conservé encore une certaine élasticité qui permet de rapprocher ou d'écarter les deux extrémités pour donner passage à la main; mais l'expérience est très-dangereuse pour l'objet.

Ces deux bracelets proviennent des environs de Viterbe.

N° 934. *Bracelet,* en verre bleu.

N° 935. *Bracelet* de femme, formé d'une bande rétrécie vers les extrémités et tournée en spirale. Belle patine. Ce bracelet a été trouvé, avec d'autres bijoux de femme, dans une tombe près de Velletri. Bronze.

N° 936. *Bracelet,* en bronze.

Il est orné de renflements étranglés et un trou qui s'y voit fait supposer qu'il a été orné d'une pierre précieuse.

Nº 937. *Bracelet* tout à fait semblable au précédent, mais beaucoup plus petit. On y voit aussi un trou où une petite intaille peut avoir été enchâssée.

Nº 938. *Bague* d'or.

La gravure de la lame représente un âne qui brait; devant le quadrupède on voit des broussailles. L'anneau est très-simple, et le chaton est bordé de grains.

L'âne est consacré à Priape, à qui on l'offrait en sacrifice, depuis que ce dieu en avait tué dans l'expédition de Bacchus aux Indes pour avoir eu l'insolence de lui disputer le prix de la force.

Le nom d'âne n'a pas toujours été pris de mauvaise part; Homère a comparé Ajax, accablé de traits dans la mêlée, à un âne ravageant un champ de blés verts, assailli à coups de cailloux par les petits garçons du village. Il en est souvent aussi parlé dans l'Écriture sainte; Jacob, bénissant ses enfants, compare Issachar à un âne, etc.

Cette bague a été trouvée dans les environs de Nola.

Sur deux personnages à mi-corps qui se trouvent au Vatican, le mari porte au petit doigt l'anneau dont on se servait pour sceller. (Voir Pline, XXXIII, 6.) La main gauche de la femme, qui est placée sur l'épaule de son mari, est parée, selon l'usage le plus élégant, de deux anneaux. *Feminae non amplius quam binos annulos aureos in digitis habere solebant.* (Isidor., Origin., lib. XIX, c. 32.)

L'un est à la première jointure de l'index; l'autre anneau est passé au doigt annulaire, lequel avait pris cette dénomination parce qu'il avait été jugé le plus propre de tous à porter des bagues, comme étant dans la main le moins apte à agir et en même temps le moins exposé à des chocs.

Pollux, liv. V, 100 et 101, parle d'un anneau que les femmes portaient au doigt index, et qu'on appelait *curiandre*, et d'un autre qu'on portait au petit doigt et qu'on appelait *le point*. Les paroles du rhéteur grec doivent ici s'entendre en ce que ces noms, donnés aux anneaux selon une mode passagère, signifiaient une certaine espèce d'anneaux qu'on avait coutume de porter aux doigts que nous venons d'indiquer, mais non pas qu'on doive les interpréter comme le font les antiquaires admettant comme des noms génériques *point* et *coriandre*, le premier pour indiquer tous les anneaux passés au petit doigt ; le second, tous ceux qui se portaient à l'index. L'anneau servant à cacheter était porté, comme nous l'avons vu, au petit doigt, et certaines autorités prouvent que quelquefois cet anneau était fort grand, de sorte que le nom *punctum* ne pouvait lui convenir. L'usage de mettre un anneau à la première jointure la plus près de la sommité des doigts, appartenait aux femmes : cependant Suétone raconte qu'Auguste, voulant écrire, fortifiait son index avec un petit cercle d'or, parce que dans la vieillesse ses jointures s'étaient affaiblies. (Octav. Aug., chap. 80.) Peut-être les anneaux qui servaient d'amulettes, étaient-ils ceux qui venaient de Samothrace ; ils se mettaient à l'index que les Latins appelaient le doigt salutaire.

Les trois anneaux que l'on voit dans le groupe du Vatican sont tous à chaton, que les Latins appelaient *pala*, forme supposant une pierre gravée qui y était attachée, ou au moins une gravure faite dans le métal lui-même pour servir de sceau.

Nous lisons dans Plutarque, Marius, x, : « Sylla avait fait graver » un anneau, qu'il porta toujours depuis, et qui lui servait de » cachet, où il était représenté recevant Jugurtha des mains de » Bocchus. »

Pline, XXXIII, 4, dit : « *L'usage de la bague a dû être tardif.* »

En effet, Homère n'en parle pas et la Génèse, XLI, 42, où il est dit que Pharaon donna son anneau à Joseph, ne fait pas mention du doigt, mais de la main *(Tulitque annulum de manu sua, et dedit eum in manum ejus)*. De plus, le texte hébraïque porte : *Et removit Pharao annulum suum desuper manu sua, et dedit illum super manum Joseph.*

L'anneau se donne toujours à la main, jamais au doigt, dans d'autres passages de l'Ancien Testament, dans Jérémie, XXII, 24, et dans l'Ecclésiaste, XLIX, 1, 13.

De même, les phrases adoptées dans l'Exode, XIII, 9 : *Et erit quasi signum in manu tua*, et dans le Deutéronome, XI, 18 : *Suspendite ea pro signo in manibus* paraissent avoir rapport à cet usage.

Ces anneaux semblent donc être de la nature du *metacarpion* (voir ci-dessus, t. I, p. 145), comme nous en remarquons plusieurs monuments, entre autres à un Jupiter sur un vase de la collection Poniatowski où ledit anneau est même orné d'une pierre précieuse.

On sait que les auteurs anciens se sont souvent servis du mot *manus* pour indiquer le bras en entier ou en partie. La Genèse même, XXIV, 47, nous le prouve en parlant de *bracelets* mis aux *mains* des femmes.

Les plus anciens Romains appelaient l'anneau *ungulum*, dit Pline ; depuis, les Grecs, comme les Romains, le nommaient *symbolum*.

Le passage suivant de Plutarque, Timoléon, XXXVII, prouve que l'on se servait quelquefois de bagues pour tirer au sort :

« Aucun des officiers de Timoléon ne voulait passer derrière son » compagnon ; ils demandaient tous de marcher les premiers à l'en- » nemi ; et en se poussant les uns les autres pour se devancer, ils » allaient faire le passage avec beaucoup de confusion. Timoléon, » pour les accorder, fit tirer au sort ceux qui passeraient les pre- » miers : il prit leurs anneaux, qu'il mit dans un pan de sa robe ; » et après qu'on les eut mêlés, le premier anneau qui sortit se » trouva heureusement avoir pour cachet un trophée. »

Pline dit aussi, XXXIII, 12, que les anneaux devinrent si communs à Rome qu'on en donnait à toutes les divinités, même à celles des peuples qui n'en avaient jamais porté. Ces anneaux étaient mobiles, c'est-à-dire qu'on pouvait les ôter et les remettre selon les fêtes et les circonstances.

Ces passages nous indiquent l'usage auquel pouvaient être destinés ces petits anneaux, que nous rencontrons dans notre collection et qui paraissent extraordinaires par leur petitesse.

Les anneaux, quand l'usage en fut adopté à Rome, distinguèrent l'ordre équestre du peuple, comme la tunique distinguait le Sénat de ceux qui portaient l'anneau.

N° 939. *Anneau* romain, en or, portant gravée sur le chaton une colonne sur laquelle est posée une colombe tenant une couronne dans son bec, avec l'inscription : SERGIA.

Il a existé un Marcus Sergius qui se signala dans les guerres contre les Gaulois et contre Annibal et un questeur de la même famille, nommé Marcus Sergius Silu, inconnu d'ailleurs.

N° 940. *Bague* d'or, massive et très-lourde.

Nous savons que des bagues semblables étaient réservées dans l'origine aux sénateurs, aux premiers magistrats et aux chevaliers. Même dans les premiers siècles, les chevaliers et les sénateurs ne portaient habituellement que des anneaux de fer et ne mettaient de bagues d'or que lorsqu'ils étaient en mission à l'étranger ; ce n'est qu'à partir du troisième siècle avant J.-C. que l'usage de ces dernières devint plus général. Cependant Marius, dans son triomphe sur Jugurtha, portait encore, avec une certaine affectation, l'antique bague de fer.

Des médailles des familles Durmia et Hosidia portent à leur revers un sanglier. Comme sur le chaton de notre bague se trouve aussi un sanglier, elle pourrait avoir appartenu à un membre de ces familles.

Derrière le sanglier qui y est représenté on voit un arbre. Un anneau, à bord extérieur façonné, soutient le chaton.

Cette bague a été déterrée près de Tivoli.

Nº 941. *Bague*, en or massif, s'élargissant sur le devant. Elle est ornée d'une intaille ovale en jaspe rouge. La gravure représente un cheval au galop sur lequel on voit un amour ailé.

Cette bague provient des environs du Ponte Molle, près de Rome.

Nº 942. *Bague* d'or, ornée d'un onyx ovale, d'un bleu clair sur fond bleu foncé. La gravure représente le corbeau d'Apollon.

Cette bague, qui est très-déformée, a été trouvée près de Velletri.

Nº 943. *Bague* d'or, avec un petit grenat enchâssé dans un chaton. Sur l'anneau sont deux rangées de petits grains.

Nº 944. *Bague* d'or, ornée d'une émeraude. Elle a été déterrée près de Viterbe.

Nº 945. *Bague*, en or, avec un grenat. L'anneau, façonné à jour, est orné d'un petit chaton.

Elle provient des environs de Rome.

Nº 946. *Bague* en or dans laquelle sont enchâssés un grenat, une émeraude et une améthyste.

Nº 947. Large *bague* en or. L'anneau a la surface extérieure convexe. Trouvée dans les environs de Marino.

Nº 948. *Bague* d'or. Nous croyons distinguer une oie sur son chaton fruste.

Nº 949. *Bague* d'or. La gravure représente un petit amour couvert d'un chapeau pointu; il est debout, les pieds croisés et s'appuie contre un objet que nous prenons pour un flambeau. Ce petit anneau massif provient des environs d'Alatri.

N° 950. *Bague* d'or, à lame estampée et ciselée sur laquelle on voit un phallus radié. Cette bague a été trouvée près de Rome hors de la porta Pia.

N° 951. *Bague* d'or. La lame estampée et ciselée représente aussi un phallus. Elle a été déterrée à Tusculum.

N° 952. *Petite bague* d'or, qui se ferme en agrafe, trouvée dans une vigne près la porte Flaminienne, vulgairement dite du Peuple.

N° 953. *Deux anneaux*, en or, qui peuvent avoir servi comme bagues ou comme pendants d'oreilles. Ils proviennent des environs de Rome.

N° 954. *Bague* d'argent. L'anneau est orné d'une intaille ovale en jaspe rouge représentant Mercure. Trouvée près de Barletta (Barduli).

N° 955. *Bague*, en argent. Dans l'écusson, en forme d'œil, est une pâte de verre bleu. Elle provient des environs de Rome.

N° 956. *Bague* d'argent, avec un scarabée, également de ce métal, dont la face plane porte en creux un sphinx entouré d'une ligne de petits grains.

On donnait aux soldats égyptiens un scarabée en échange de leur serment de fidélité. Il devait rester attaché en bague à leur doigt.

Cette bague a été trouvée près de Vulci, avec un bronze qui rappelle le style égyptien.

Plusieurs statuettes de bronze, de manière égyptienne, ont été trouvées dans les territoires d'Arezzo, de Cortone, de Chiusi et de Vulci. On y reconnaît parfaitement l'imitation égyptienne, quoiqu'elles ne soient pas toutes de la même époque. (Voir Micali, Storia degli antichi popoli italiani, Milano, 1835, tome II, p. 167, et ci-dessus, tome I, p. 85 et 333.)

Nᵒ 957. *Bague*, en argent. On ne distingue plus la gravure du chaton; elle provient des environs de Narni.

Nᵒ 958. *Bague* d'argent, ornée d'une calcédoine qui porte en creux un lion. Elle a été trouvée près de Ravenne.

Nᵒ 959. *Bague* d'argent. L'écusson allongé porte en creux un sphinx.

Nᵒ 960. *Bague* d'argent, avec un chaton renfermant une intaille ovale en jaspe rouge qui représente une Victoire ailée.
Cette bague provient des environs de Pesaro.

Nᵒ 961. *Bague* d'argent. Anneau massif en forme de bracelet; la plus grande partie de cet anneau est renflée vers le milieu et se termine de chaque côté par un petit anneau. L'autre partie est en bande plate beaucoup plus large au milieu qu'aux extrémités.
Trouvée près de Vulci.

Nᵒ 962. *Bague*, à lame gravée, en bronze; provenant des environs de Nola. On y voit un monstre marin nommé Pristis, dont parle Pline, IX, 2, et qui, d'après cet auteur, atteignait deux cents coudées. Virgile, Aen., III, 427, parle aussi de ce monstre, et sur une peinture de Pompéii on en voit un, avec la tête d'un serpent, le cou et la poitrine d'un quadrupède, des nageoires au lieu de pattes de devant et le corps et la queue d'un poisson, comme est celui dessiné en creux sur notre bague. (Voir les nᵒˢ 765 et 1008.)
Les premiers artistes chrétiens adoptèrent cette forme pour représenter la baleine qui engloutit Jonas.

Nᵒ 963. *Bague*, avec une intaille en jaspe rouge représentant deux personnages qui se donnent la main. En bronze, comme les suivantes.
Trouvée à Corneto.

N° 964. *Bague*. Deux têtes de panthère terminent l'anneau et soutiennent une lame ovale sur laquelle sont des raisins.
Trouvée à Viterbe.

N° 965. *Bague*, formée d'un serpent en spirale.
Déterrée à Terni.

N° 966. Lourde *bague*. Sur son chaton rond, on voit deux serpents gravés en creux.

N° 967. *Bague*. L'anneau porte un écusson saillant dont la gravure en creux représente une tête de profil.

N° 968. *Bague*, dont la lame a la forme d'un croissant et sur laquelle on lit: VIVAS.
Elle provient des environs de Bolsena.

N° 969. *Bague*. Sur la partie la plus large de l'anneau, qui s'aplatit sur le devant, se voit une palme très-mal dessinée.
Trouvée près de Rome hors la porta Pia.

N° 970. *Bague*, s'élargissant en rond sur le devant. Nous ne distinguons plus ce que représente la gravure.
Trouvée dans une vigne à Rome.

N° 971. *Bague*, avec un chaton sur lequel se trouvent deux lignes.

N° 972. *Bague*, en bronze plaqué d'or. La pierre ou la pâte de verre qui se trouvait dans le chaton n'existe plus.

N° 973. *Bague*. Nous ne distinguons pas ce qui est gravé sur sa lame.
Il serait trop long de mentionner spécialement la description d'autres bagues que nous possédons : elles sont placées dans notre collection selon la matière qui les compose.

N° **974**. *Manche d'éventail*, en filigrane d'or, trouvé près de Salerne.

Il est constant que les anciens connaissaient l'usage de l'éventail : Athénée, lib. VI, cap. 16, et le poëte Nonnus, Dionysiac., lib. XII, en font mention.

Dans une comédie de Térence, Chaerea raconte à Antiphon comment, quand il se fut déguisé en eunuque pour pouvoir entrer dans l'appartement de Thaïs, les femmes de cette courtisane lui ordonnèrent de prendre un éventail pour agiter l'air lorsqu'elle se mit au bain. Ovide, en parlant (Ars Am., I, 161) des soins et des attentions nécessaires pour plaire aux femmes, dit qu'on a souvent obtenu leurs bonnes grâces pour les avoir rafraîchies avec un éventail.

L'éventail des anciens était fait de feuilles d'arbres ou de plumes de paon. On voit au musée de Naples parmi les peintures d'Herculanum un jeune homme qui en porte un de cette dernière espèce.

Dans notre manche d'éventail on a trouvé des débris de plumes, et comme il est en or, il est à supposer qu'il contenait des plumes choisies.

Les éventails de plumes de paon étaient les plus précieux ; ils étaient réservés à la table des grands, et passaient dans les mains des seules dames de haut parage.

Nous lisons dans Plutarque, Anton., XXVII : « Cléopâtre, magni-» fiquement parée, et telle qu'on peint la déesse Vénus, était couchée » sous un pavillon brodé en or : de jeunes enfants habillés comme » les peintres peignent les amours, étaient à ses côtés avec des » *éventails* pour la rafraîchir. »

Ces éventails ne pouvaient pas s'ouvrir et se fermer comme les nôtres, mais ils étaient raides et avaient ordinairement un long manche, forme la plus convenable pour la manière dont ils étaient presque toujours employés, c'est-à-dire pour qu'une personne en éventât une autre, puisque les auteurs nous apprennent qu'on se servait d'un esclave à cet effet.

L'éventail servait à se donner de l'air, à chasser les mouches et peut-être aussi à se garantir du soleil. Il ne faut pas cependant le confondre avec l'instrument nommé pour les Latins *umbella*, qui avait la forme de nos parasols.

Les trois petits vases qui pendent à notre manche, contenaient probablement des parfums ; peut-être même était-ce du poison : on se rappelle que l'orateur Démosthène en portait sous la pierre de sa bague.

N° 975. *Bandeau*, ou couronne funéraire, en or.

Ces bandeaux se retrouvent fréquemment comme ornements sur la tête des morts ; ils servaient, sans doute, habituellement dans les cérémonies funèbres, quand il s'agissait, pour des personnages un peu considérables, de faire l'exposition du défunt ou la *prothèse* (προθεσις) : cette cérémonie, qui avait chez les Grecs une grande importance, était dictée, semble-t-il, par un sentiment de prévoyance judiciaire, pour constater que le mort n'avait souffert aucune violence. Les lois de Solon prescrivaient de faire cette exposition « dans la maison du mort, pour que chacun pût le voir et » l'approcher. » (Demosth., in Macart., p. 1071.)

Pollux, liv. VIII, 7, 65, nous dit : « Quand il avait péri d'une » mort violente, on portait une lance, la pointe en l'air, devant » son convoi, et la prothèse avait été instituée dans le but de » montrer que le défunt n'avait pas succombé par la violence. »

Cette coutume d'exposer le mort était fort ancienne. Nous la retrouvons déjà dans Homère (Iliad., XXIV, 720-722), qui raconte que le corps d'Hector fut placé sur un lit magnifique, entouré de femmes du palais tout en pleurs.

Il paraît que chez les Grecs on déposait toujours sur la tête du mort une couronne, et que cet usage était considéré comme très-essentiel, puisque, dans les Phéniciennes d'Euripide, Créon défend expressément d'observer cette cérémonie pour le corps de Polynice.

Nous trouvons dans le passage suivant de Plutarque (Périclès, LVI), une allusion à ces couronnes :

« Quand Périclès vit mourir Paralus, le dernier de ses fils légi-
» times, il fut accablé de cette perte et s'efforça d'abord de soutenir
» son caractère et de conserver tout son courage; mais en s'appro-
» chant de son fils pour lui mettre la *couronne* sur la tête, il ne
» put supporter cette vue, et, succombant à sa douleur, il poussa des
» cris et des sanglots. » (Voir, au surplus, à ce sujet le passage d'Aristophane cité ci-dessus, t. I, p. 541.)

Ces couronnes étaient souvent fournies par les amis du défunt. (Becker, Chariclès, II, p. 172.)

En examinant ces couronnes, on pourrait supposer par leur facture ordinairement grossière, et par le peu d'épaisseur de la feuille d'or qu'on employait, qu'elles étaient faites exprès pour le jour des funérailles, et confectionnées à la hâte; cependant la trouvaille toute récente (juillet 1871) d'un semblable bandeau funéraire dans une sépulture romaine à Eygenbilsen, village isolé du Limbourg, porte à croire que les objets de ce genre étaient fabriqués à l'avance, à l'aide d'estampage sur une matrice.

Nº 976. *Deux amulettes* rondes, en or; dans leur centre est un œil.

Ces amulettes, dont l'une est d'un diamètre plus grand que l'autre, ont été trouvées en 1851, dans les environs de Rome, le long de la voie Appienne. Les reliefs qu'on y voit ont été estampés, c'est-à-dire frappés sur des coins en relief. Tous ces petits objets sont reconnaissables et disposés de façon qu'on en voit toujours quelques-uns d'aplomb; ils semblent vouloir se réunir comme des rayons à leur centre et ce centre est un œil.

Le culte du dieu Mithras doit son origine aux idées religieuses des anciens Perses. Mais Mithras est le dieu de la lumière, et comme tel nous le trouvons déjà dans les hymnes des Vedas et du Zend-Avesta. Depuis le IIe siècle de notre ère, il est devenu familier aux armées romaines.

Mithras pourrait être ici représenté par l'œil; car quel est le symbole plus expressif et d'un emploi plus fréquent pour signifier le soleil, que l'œil ouvert? Tous les symboles qui entourent l'œil sont plus ou moins liés aux mystères mithriaques, comme on peut le voir dans les Recherches sur le culte public et les mystères de Mithras, par M. Lajard, Paris, 1847.

Mais il sera peut être préférable de croire que nos amulettes ont été simplement regardées comme efficaces pour les maladies des yeux, auxquelles il paraît que les anciens étaient fort sujets.

Saint Augustin avait été imbu de ces préjugés avant d'être chrétien : il en fait l'aveu dans ses Confessions, IV, 3.

N° 977. *Petit masque* grotesque, en or, avec une branche énorme.

Ces masques ont été introduits, dès les premiers temps de Rome, dans les Atellanes et sur les scènes rustiques, pour exciter la gaieté par leur laideur.

N° 978. *Petit bâton* carré, en or massif, surmonté d'un anneau. Sur chaque côté se trouvent des lettres qui ressemblent un peu aux caractères grecs, mais qui n'ont pu être déchiffrées jusqu'à ce jour.

N° 979. *Vase*, en cristal de roche.

Ce petit vase de cristal de roche, est sculpté avec ses anses dans un seul morceau. La dureté de la matière n'a pas empêché de l'évider jusqu'à rendre les parois aussi minces que le verre d'une bouteille.

Il est travaillé au tour et son ouverture très-petite ne doit pas avoir rendu l'opération facile.

M. Wolfgang Helbig, dans le Bulletin de l'institut de Rome, pour 1864, p. 62, parle d'un petit vase semblable trouvé à Avellino.

N° 980. Autre *petit vase*, en cristal de roche.

Ce vase, d'un travail plus simple, a été trouvé dans les environs de Rome et nous a été donné par M. Brüls.

Pline, XXXVII, 10, nous apprend que le cristal de roche était d'un prix exorbitant chez les anciens. « Le cristal est aussi un » objet de folie; une dame romaine qui n'était pas riche acheta, » il y a peu d'années, 150,000 sesterces (31,500 fr.) un bassin de » cristal. »

N° 981. *Petit vase*, en onyx, pour renfermer des parfums de prix. Pline, XXXVI, 12, nous apprend que souvent les vases de ce genre étaient, comme le nôtre, d'onyx. Le même auteur nous dit aussi, IX, 56 et XIII, 1, que ces vases avaient quelquefois une forme particulière, celle d'une poire ou d'un pendant de perle, ou d'un bouton de rose, tous objets auxquels on les compare.

Les femmes de l'antiquité conservaient dans des fioles d'onyx les baumes précieux que le luxe de leur toilette tirait de la Palestine et de l'Arabie.

Nous lisons dans Catulle, LXVI, v. 82 et suivants : « Ne vous » livrez point aux caresses d'un époux bien-aimé, avant que l'*onyx* » n'ait fait couler pour moi de douces libations, des libations offertes » par vos mains, ô vous qui voulez que la chasteté règne dans votre » lit nuptial. »

Et dans Horace, Ode XII : « Virgile, la saison invite à boire; » si tu désires vider une coupe de Calès, favori de nos jeunes » princes, apporte-moi des parfums en échange. Pour le moindre » onyx tu verras paraître une des amphores qui reposent dans les » celliers de Sulpicius. »

Ce petit vase provient d'un tombeau des environs de Brindisi *(Brundusium)*.

N° 982. *Phalère*, en calcédoine.
La phalère était une récompense militaire des chevaliers chez les anciens Romains. Cette espèce de décoration était, d'après Florus, 1, 5, passée des Étrusques aux Romains.

Notre phalère est d'un bel aspect laiteux bleuâtre et perforée de quatre trous en croix, par lesquels passaient les cordons pour l'attacher. Le plus souvent, les phalères sont des plaques rondes d'or ou d'argent; elles étaient attachées aux bufleteries.

Les Annales de l'institut de correspondance archéologique, XXXII, p. 161-204, contiennent un article de M. A. Rein sur les phalères, et M. Otto Jahn en a fait paraître, en 1860, un autre, sous le titre de Die Lauersforter Phalerae (Fest-Programm zu Winckelmanns Geburtstage am 9 décembre 1860). Ces articles contiennent tous les éléments d'une monographie des phalères.

Collection du capitaine Sozzi, à Chiusi.

N° 983. Autre *phalère*, également en calcédoine.

Sur cette phalère nous voyons ciselée en relief une tête de Méduse, de face.

Cette tête de Méduse se trouve aussi sur quatre phalères en calcédoine du cabinet des médailles et antiques, à Paris, ainsi que sur neuf autres que l'on conserve au musée du Louvre.

(Voir A. de Longperier, Nouvelles observations sur un ornement représenté au revers de quelques monnaies gauloises. Dissertation sur les phalères, p. 17.)

On nommait aussi phalères les ornements des chevaux que l'on mettait, soit à la muserolle, soit au collier, soit à une martingale tombant sur la poitrine. Nous en possédons plusieurs. (V. n° 595, tome I, p. 441.)

N° 984. *Quatre bulles*, deux en bronze, deux en terre cuite.

Heineccius, dans son livre De sigillis, parle de bulles qu'on pendait à des diplômes. Cet usage est ancien. Nous en avons placé quatre sous ce n°, qui ont des trous par lesquels on passait les cordelettes; sur l'une est représenté le buste de Néron. Personne n'ignore que le nom de bulle, qui se prenait anciennement pour cette pièce ronde, pendue d'abord au cou des enfants des patriciens, a été plus tard donné aux diplômes ou actes publics des empereurs, à cause du cachet ou sceau qui y était suspendu.

Roach Smith, Collect. antiq., VI, p. 117, pl. XVI, parle aussi de bulles ou sceaux semblables, qui ont été trouvés à Brough, et qui, quoique d'un travail moins soigné, prouvent, par le trou qui les perfore et où un cordon devait passer, qu'ils étaient destinés à être attachés aux documents à authentiquer.

Dans le 1ᵉʳ volume, p. 425, nous avons parlé de cachets ou sceaux avec des lettres en relief.

Au n° 920 (voir ci-dessus, t. II, p. 22) il a été question de bagues qui servaient de cachet.

Sous ce n° nous plaçons donc des bulles ou boîtes destinées à contenir des empreintes de cachets.

Lucien (Alexandre, 21) parle sans doute d'une de ces empreintes que l'on pouvait placer dans une bulle, quand il dit, dans le passage suivant : « Avec une aiguille rougie au feu, il faisait fondre la partie » de cire placée sous le cachet, enlevait le cachet lui-même, lisait » le contenu, puis fondant de nouveau, avec son aiguille, la cire » *sous le lin* et celle qui portait l'empreinte du cachet, il la recol- » lait aisément. »

Le même auteur dit encore, Timon, 22 : « On enlève le sceau du » testament, on *coupe le lin* qui l'attache ; il est ouvert. »

N° 985. *Silphium* ; bronze, trouvé près de Salerne.

Cette plante est représentée sur plusieurs vases et sur un grand nombre de médailles de Cyrène, colonie grecque, établie en Lybie sur la côte d'Afrique.

Nous voyons que sa tige est grosse et haute comme la férule ; ses feuilles sont disposées en ailes, qui paraissent fermes, charnues et raides ; déchiquetées à leur extrémité, elles sortent deux à deux de chaque nœud de la plante.

Le sommet de la plante est terminé par un fruit qui ressemble à une grosse pomme de pin.

Apulée nous apprend que les viandes apprêtées avec le *silphium* étaient un objet de luxe et de sensualité.

On lit dans Pline qu'on présenta à Néron une plante de silphium, comme une chose extrêmement rare et précieuse. Le même auteur assure que de son temps la plante n'existait plus, parce que l'extrême avidité des traitants, fermiers des pâturages publics, avait contribué à en anéantir l'espèce, en la prodiguant à des bestiaux qu'ils en nourrissaient afin de rendre leur chair plus délicate et plus agréable au goût.

Cependant Galien, qui est mort sous le règne de Septime Sévère, atteste, De antidot., lib. II, qu'il y en avait encore en abondance à Rome, puisqu'il s'en servait fréquemment pour la préparation d'un antidote, et Synésius, évêque de Ptolémaïde au commencement du cinquième siècle, parle du *silphium* comme subsistant de son temps; dans sa lettre 133, il dit qu'il avait rassemblé pour Tryphon, qui avait gouverné sagement la province, une bonne quantité de silphium, qui était du véritable silphium de Battus.

L'abbé Belley rapporte des renseignements donnés sur le silphium par quelques voyageurs et qui peuvent faire croire qu'on ne doit pas désespérer de le retrouver un jour. (Voir t. XXXVI, p. 18, de l'Histoire de l'académie des inscriptions et belles-lettres). Peut-être le silphium est-il la résine appelée *assa fœtida*, dont l'odeur pénétrante et alliacée est tellement désagréable que l'ancienne droguerie lui avait imposé chez nous le nom de *stercus diaboli* (excréments du diable).

Les silphies, originaires de l'Amérique septentrionale, que l'on connaît de nos jours, ne nous paraissent pas avoir de la ressemblance avec le *silphium* antique.

(La série des bronzes, interrompue en apparence par les *bijoux*, dont la plupart, par leur nature, sont en métaux précieux, est reprise pour les numéros qui suivent.)

ANIMAUX.

N° 986. *Cheval*, trouvé à Pietrabbondante.

D'après M. le docteur Henzen, ce cheval a servi comme enseigne militaire, et le père Garrucci a confirmé cette opinion, en déclarant qu'on trouvait des enseignes semblables sur les médailles. (Séance du 5 mars 1858, de l'institut de Rome. Voir le Bulletin de cette année, p. 52.)

Pline, X, 5, confirme cette opinion, quand il dit :

« C. Marius, dans son second consulat, assigna exclusivement » l'aigle aux légions romaines. Jusqu'alors l'aigle n'avait été que la » première, et quatre autres animaux, le loup, le minotaure, *le* » *cheval* et le sanglier, précédaient chacun un rang. »

Ce cheval, ainsi qu'on l'a reconnu dans la séance du 26 février 1858 du même institut (voir le Bulletin, p. 51), est d'un travail bien supérieur au guerrier samnite du n° 522, qui se trouvait à sa gauche sur la même plinthe. Il s'élance, et sa tête élevée annonce son ardeur.

Il paraît avoir un mors ; on peut lui avoir adjoint un homme qui le retenait par la bride et avoir voulu ainsi mettre à ses côtés un *agaso*, c'est-à-dire un esclave attaché aux écuries, qui harnachait les chevaux, les amenait et les tenait jusqu'à ce que le maître les montât.

Nous lisons dans Tite-Live, XLIII, 5 : « On donna au prince » gaulois et à son frère deux colliers d'or pesant cinq livres, cinq » vases d'argent du poids de vingt, deux chevaux caparaçonnés avec » les palefreniers, *cum agasonibus.* »

L'ondoyante crinière de notre cheval flotte au gré des vents. Les anciens avaient deux manières d'arranger les crinières des chevaux ;

d'après l'une on les laissait flotter librement; d'après l'autre on les coupait près du cou. Stace, Theb., VI, atteste la première; et voici ce que Végèce, De re vest., nous dit de la seconde : « Beaucoup » de gens coupent près du cou la crinière des chevaux tant de selle » que de voiture : ils croient cet usage avantageux; mais sous un » cavalier honnête cette mode ne paraissait point convenable. »

Notre cheval est *phaleratus*, c'est-à-dire qu'il a un ornement analogue au collier où les phalères tombent en pendants et devaient s'agiter et briller à chaque mouvement de l'animal. Sur son épaule gauche est une de ces marques faites au fer rouge pour distinguer les races, constater la propriété, ou pour d'autres desseins de même nature. Un peu plus loin sur le corps, se voit une autre marque plus petite. Columelle, XI, 2, nous apprend que cette opération se faisait aux calendes de février. « On doit aussi pendant ces jours, » dit-il, marquer d'une empreinte les agneaux qui sont sevrés, ainsi » que les petits des autres bestiaux et des grands quadrupèdes qui » ne l'auront pas encore été. »

Les grandes ouvertures que l'on remarque aux yeux de ce cheval, nous font supposer que des pierres brillantes y ont été enchâssées et que nous avons probablement devant nous l'image d'un cheval célèbre dans l'antiquité.

Ce magnifique bronze avait la jambe gauche de devant cassée. Elle a été restaurée.

Au sujet des chevaux de la frise du Parthénon, voir Ancient marbles in the brit. mus., part. VIII, pl. XIX et XXIV. Maffei, Mus. Veron., pl. CXXI, n° 5, parle aussi d'un cheval de travail grec sculpté dans un excellent bas-relief du musée de Vérone.

N° 987. *Petit cheval,* à belle crinière et à queue ondoyante.

Le cheval était consacré à Mars. Les Athéniens l'immolaient au soleil et à Neptune.

Pour prouver le cas qu'on faisait des chevaux, nous ne rapporterons que ce que Suétone dit de Caius César Caligula ; voici ses expressions :

« Il aimait tant un cheval nommé *Incitatus,* que la veille des
» courses du cirque, il envoyait des soldats pour ordonner le silence
» dans tout le voisinage, afin que le cheval dormît plus tranquille-
» ment. Il lui fit faire une écurie de marbre, une auge d'ivoire,
» des harnais de pourpre, des colliers de perles. Il lui donna une
» maison complète, des esclaves, des meubles, voulut qu'on allât
» manger chez lui ; on dit même qu'il voulut le faire consul. »

Suidas, en parlant du cheval de Desippe, dit qu'il était tellement bien dressé, que, sans bride, il courait avec la plus grande vitesse, sautait à volonté, et marchait au pas le plus doux. Plusieurs auteurs, qui ont parlé des jeux du cirque, font mention de l'habileté des cavaliers qui, dans les courses, conduisaient leurs chevaux de la voix seulement.

Les Numides, dit Tite-Live, XLV, savaient manier leurs chevaux avec tant d'adresse qu'ils se dispensaient même de l'usage de la bride.

Notre petit cheval nous a été donné par le marquis Bourbon del Monte, consul-général de Belgique à Ancône, et a été trouvé dans les environs de cette ville.

Les chevaux se vendaient fort cher dans l'antiquité. Nous lisons dans Plutarque, (Alexandre, VIII) : « qu'un thessalien, nommé Philo-
» nicus, amena un jour à Philippe un cheval nommé Bucéphale.
» qu'il voulait vendre treize talents. » (Comme il s'agit du talent attique, cela fait 74,750 fr.)

Pline, VIII, 64, dit qu'on appelait ce cheval Bucéphale, soit à cause de son aspect farouche, soit à cause d'une tête de taureau dont il avait l'empreinte sur l'épaule.

Nº 988. *Taureau.*

Le mouvement et les proportions de ce taureau en bronze ont beaucoup de grâce et de naturel. Ses formes sont dessinées selon le goût des écoles grecques. Il est probable que ce simulacre est une imitation de quelque image de taureau célèbre. Pausanias, liv. I, c. 24, a parlé d'un taureau en bronze, consacré dans l'Acropolis d'Athènes par les Aréopagistes, et liv. X, c. 9, d'un autre à Delphes, donné par les Corcyréens à Apollon en souvenir du taureau qui leur avait indiqué la pêche des thons. Il fait aussi mention d'autres taureaux de bronze consacrés dans le temple de Delphes, tant par les habitants de Platée dans la Béotie, que par ceux de Caristo dans l'île d'Eubée.

Le taureau était la victime la plus ordinaire dans les sacrifices. On choisissait les taureaux noirs pour Neptune, Pluton et les dieux infernaux.

Les images des animaux étaient quelquefois de simples figures allégoriques ou symboliques. Tel était à Rome le taureau d'airain que Denys d'Halicarnasse dit qu'on érigea auprès de la maison bâtie, aux frais publics, pour M. Valérius sur le mont Palatin, afin d'indiquer que ce consul, par les victoires remportées sur les Sabins, avait rétabli la culture des champs désolés par les incursions des peuples voisins, et ramené par là l'abondance dans Rome.

Le passage suivant de Plutarque (Marius, xxiv), nous fait voir que les Cimbres adoraient le taureau :

« Les Cimbres, remplis d'admiration pour les soldats romains qui » avaient défendu le fort avec la plus grande valeur..... les lais- » sèrent aller à des conditions honorables, dont ils convinrent en » jurant sur leur taureau d'airain. On dit que ce taureau fut pris » après la bataille, et porté dans la maison de Catulus, comme les » prémices de sa victoire. » (Voir, au sujet de la vénération des Cimbres pour le taureau, Religion des Gaulois, par Dom Martin, t. II, liv. 3.)

N° 989. *Génisse.*

Nous lisons dans Pline, XXXIV, 19 : « Myron est devenu fameux » surtout par sa génisse, célébrée dans des vers fort connus. »

Properce nous dit, Liv. II, el. 31 : « Autour de l'autel d'Apollon
» étaient rangées les quatre génisses, chefs-d'œuvre de Myron, et
» que l'on croirait vivantes. »

L'abbé Winckelmann nous rappelle une autre génisse célèbre :
« Neptune fit sortir de la mer un taureau pour lequel Pasiphaë
avait conçu une infâme passion, chantée par tous les poëtes
érotiques. Dédale voulut apprivoiser cet animal par ses caresses,
afin de s'en servir de modèle, et de faire une génisse de bois, dans
laquelle la reine pût s'enfermer pour assouvir sa brutalité. »

Peut-être notre bronze est-il une mauvaise copie de ces génisses
célèbres.

Acheté à Rome à la vente de la collection de feu la princesse Louise de Saxe.

N° 990. *Cerf*, provenant des environs de Viterbe.

Les monuments des Étrusques nous indiquent souvent l'impression
que les animaux domestiques, et principalement ceux de leurs grandes
forêts, ont faite dans tous les temps sur leur esprit.

Ce bronze représente un cerf orné de son bois.

N 991. *Singe*, trouvé à Pompéii.

On voit déjà des singes sur les vases italo-grecs et l'on en a
trouvé un peint dans un tombeau étrusque près d'Orvieto. (Voir à
ce sujet un article publié par M. W. Helbig dans les Annales de
l'institut de Rome, année 1863, p. 223.)

« Quant aux singes, dit Pline, XI, 100, ils offrent une imitation
» parfaite de l'homme par la face, le nez, les oreilles, les cils; ce
» sont les seuls quadrupèdes qui en aient à la paupière inférieure.
» Ils ont des mamelles à la poitrine, des bras et des jambes qui
» se fléchissent en sens contraire, comme chez l'homme; des doigts,
» des ongles aux mains et le doigt du milieu plus long. Ils diffèrent
» un peu par les pieds : en effet, leurs pieds sont, comme des
» mains, allongés, et la plante en est semblable à la paume des

» mains. Ils ont aussi un pouce et des phalanges comme l'homme;
» ils n'en diffèrent que par les parties génitales, et encore le mâle
» seulement. Tous leurs viscères intérieurs sont conformés sur le
» modèle de l'espèce humaine. »

« Simia quam similis turpissima bestia nobis, » disait le vieil Ennius.

Plutarque nous apprend qu'on prodiguait des caresses ridicules aux singes et aux chiens quand il dit (Périclès, 1) : « César voyant » un jour, à Rome, de riches étrangers qui portaient entre leurs » bras de petits chiens et de petits singes, auxquels ils prodiguaient » les caresses, leur demanda si chez eux les femmes ne faisaient » point d'enfants. »

N° 992. Autre *singe*, d'un travail inférieur au précédent, trouvé à Corneto.

Le culte égyptien du cynocéphale, c'est-à-dire du singe qui a la tête allongée comme celle du chien, ne s'introduisit à Rome que sous les empereurs; mais il se pourrait qu'il eût été importé bien plus tôt en Étrurie, par suite des relations commerciales qui existèrent de bonne heure entre les Égyptiens et les Étrusques.

On remarque un singe grimpant sur un mât, dans une peinture étrusque décorant une des tombes voisines d'Orvieto. (Voir Conestabile, Pitt. mur. a fresco, 1865, pl. iv, n° 4).

N° 993. *Petit cochon*, d'un bon travail, trouvé à Tortona. Belle patine.

Le porc était employé dans les cérémonies expiatoires.

Sur un vase du musée du Louvre, on voit Oreste réfugié à l'autel d'Apollon à Delphes. Derrière le meurtrier apparaît Apollon debout sur les marches de l'autel. Le dieu est vêtu d'un riche manteau, et de la main droite étendue il tient par une des pattes de derrière un petit cochon, qu'il semble agiter au-dessus de la tête d'Oreste, comme pour en répandre le sang purificateur sur son corps.

Sur le célèbre vase à reliefs du musée Campana, aujourd'hui au musée de l'Ermitage à St Pétersbourg. (V. t. I, p. 245), on voit un héros portant un petit porc destiné au sacrifice expiatoire en l'honneur de Déméter.

Chez les Lacédémoniens le porc était une victime expiatoire offerte aux dieux pour la conservation des enfants.

Nº 994. Autre *petit porc*, trouvé à Terni.

Nº 995. Superbe *tête de panthère*.

Quoique le mufle de lion fût généralement employé comme ornement architectonique des fontaines, et que, par allusion à cet usage, on donnât à cet animal l'épithète de κρουνοῦχαξ (Pollux, VIII, 9, Cf. Creuzer, Zur archaeologie, III, p. 205), les monuments anciens nous fournissent la preuve que les mufles d'autres animaux étaient parfois substitués à celui de lion; notre tête de panthère en est une preuve, et l'on peut consulter, en outre, Monumenti dell' instituto archeolog., t. IV, tav. 54. Gerhard, Etrusk., u. Kamp. Vas., Taf. xxx, 1. 2. Catal. of vas. in the br. mus. I., nº 476.

Ces ornements étaient aussi fixés à la corniche d'un entablement pour donner passage à la pluie et la verser du toit dans la rue. Ils répondaient alors aux gargouilles de l'architecture gothique.

Pline, VIII, 24, dit : « Il y avait un ancien sénatus-consulte qui » défendait d'apporter en Italie des panthères d'Afrique. Cn. Aufidius, » tribun du peuple, le fit casser par l'assemblée, et il permit d'en » importer pour les jeux du cirque. Scaurus, lors de son édilité, » fut le premier qui en fit paraître dans le cirque cent cinquante, » toutes de celles qu'on appelle bigarrées, puis Pompée quatre cent » dix; le dieu Auguste, quatre cent vingt. »

Plutarque (Cicéron, XLVII), nous fait aussi voir que les panthères étaient de mode dans le cirque quand il dit : « L'orateur Coelius » avait écrit à Cicéron de lui envoyer de la Cilicie des panthères,

» pour les jeux qu'il devait donner à Rome : Cicéron, qui était bien
» aise de relever ses exploits, lui répondit qu'il n'y avait plus de
» panthères en Cilicie; qu'irritées d'être les seules à qui l'on fît la
» guerre pendant que tout le reste était en paix, elles avaient
» toutes fui dans la Carie. »

Nº 996. *Panthère*, ayant sous ses pattes un médaillon sur lequel
se trouve un Bacchus.

On voit que les yeux du masque de Bacchus ont été rapportés
d'argent, d'émail ou de pierre précieuse, pratique des anciens que
l'on observe souvent surtout dans leurs ouvrages en bronze.

La panthère permet de supposer que nous avons ici un masque
de Bacchus ; car Apollon est ordinairement figuré, comme notre
masque imberbe, avec des cheveux longs et bouclés, et une face
large et arrondie qui rappelle la forme du soleil.

Ce bronze a été trouvé à Ostie en 1856.

Nº 997. Charmant *petit lion* couché.
Ce bronze d'une belle patine provient des environs de Velletri.

Nº 998. *Chien lévrier*.
Il regarde en arrière comme s'il voulait se mordre la queue. Il a
l'oreille droite basse, la gauche relevée et la patte droite lancée en
avant.
Trouvé aux environs de Macerata.

Nº 999. *Petit chien* couché, d'une belle patine verte, provenant des
environs de Rome.
Il est creux et l'on voit qu'il a été posé sur un autre objet.

Nº 1000. Tout *petit chien* assis, qui jappe.

N° **1001.** *Quatre rats.*

Le rat était considéré chez les anciens comme un animal d'un tempérament vivement amoureux et voluptueux (Voir t. I, p. 646.)

N° **1002.** *Petit serpent,* qui se replie en cercle et qui s'élance comme s'il voulait mordre.

N° **1003.** *Petites tortues.*

La tortue était consacrée à Vénus et à Mercure: A Vénus, non pas à la folle Cypris, présidant aux plaisirs des sens, mais à Vénus-Uranie, personnification de l'amour calme et pur; celle-ci s'invoquait dans le recueillement: on ne lui consacrait pas, comme à l'autre, les brûlantes colombes, mais seulement la pacifique tortue, emblème de la sagesse et de la chasteté des femmes. A Mercure, à cause de la ressemblance de sa carapace avec l'instrument de musique appelé *testudo* dont ce dieu fut l'inventeur.

La tortue marine a, suivant Élien, une qualité qui peut l'avoir fait choisir pour un emblème d'Apollon. Ce naturaliste prétend que ses yeux ont l'avantage de répandre un éclat singulier qui s'échappe comme un trait d'éclair ou comme un rayon de lumière, symbole tout naturel de la splendeur du soleil. Il assure que les prunelles des yeux de tortue sont très-blanches et très-éclatantes, qu'on les enchâssait dans de l'or et que les femmes, qui les estimaient beaucoup, s'en faisaient des colliers. (Voir Élien, lib. IV, De animal. cap. XXVII.)

N° **1004.** Embouchure de fontaine, en forme de *tête de monstre,* la gueule ouverte, trouvée à Ostie.

N° **1005.** Goulot d'un petit vase en forme de *tête de lion,* la gueule ouverte. Trouvé dans les environs de Civita-Vecchia.

N° **1006.** *Grenouille,* trouvée à Corneto.

C'était un ajoutoir de jet d'eau ou de fontaine. La grenouille est creuse et a une ouverture à ses deux extrémités. On ne saurait d'ailleurs douter que les anciens n'aient été habiles dans l'art de faire des jets d'eau. Le seul poëte Manilius suffit pour le prouver, sans qu'on se donne la peine de parcourir les auteurs, dont la plupart font mention des machines hydrauliques et de leurs usages.

On a trouvé, à Pompéii, une fontaine complète, dont l'eau jaillissait d'une tête de bœuf. (Voir le Bulletin de l'institut de Rome, 1867, p. 163.)

Notre bronze était peut-être l'ajoutoir d'une fontaine d'un cabinet de toilette, car la grenouille servait d'hiéroglyphe à la fidèle observation du secret. Le cachet dont Mécène se servait pour sceller les dépêches les plus importantes, était empreint d'une grenouille. « La grenouille de Mécène, » dit Pline, XXXVII, 1, « était aussi » fort redoutée pour les levées d'impôts. »

La grenouille représente aussi le printemps, la nature naissante, parce qu'elle reste engourdie pendant l'hiver et ne se ranime qu'aux premiers rayons du soleil. Cet animal, comme tous les batraciens, apparaissant d'abord au sortir de l'œuf sans membres et même sans squelette, rappelait encore le chaos d'où dérivent les germes de la vie.

Nous lisons dans Pline, XXXII, 18 : « Démocrite assure que si on » arrache la langue à une grenouille vivante, sans aucune des parties » auxquelles elle tient, et si, après avoir laissé retomber la gre- » nouille dans l'eau, on applique cette langue à l'endroit où le cœur » bat, sur une femme endormie, cette femme répondra vrai à toutes » les interrogations. Les mages disent bien d'autres choses; et si » leurs assertions étaient vraies, il faudrait regarder les grenouilles » comme bien plus utiles à la société que les lois. En effet, on les » perce avec un roseau qui va des parties naturelles à la bouche; le » mari fiche le roseau dans le sang menstruel de la femme, et celle-ci » se dégoûte de ses amants. »

N° 1007. *Petit sphinx*, trouvé lors de la construction du chemin de fer de Rome vers Albano.

Il est très-bien conservé, d'une belle patine, plein d'élégance, de finesse d'outil, et présente un des monuments les plus délicats que nous ayons vus.

Il n'est pas possible de rencontrer des traits plus agréables que ceux de son visage.

Nous avouons même que nous serions moins éloigné de l'avis de Fr. Piranesi au sujet de la préférence qu'il donne aux Romains sur les Grecs, si nous avions trouvé plusieurs figurines romaines méritant l'éloge que nous venons de faire de celle-ci. Cette exception ne peut s'expliquer que par le travail d'un artiste grec, qui, pour s'amuser ou pour plaire à quelqu'un de Rome, a mis cette petite figure au jour.

Dans la séance du 14 janvier 1859 de l'institut de Rome, on a parlé de ce charmant bronze. (Voir le Bulletin pour cette année, p. 9.)

Pour ce qui concerne des petits objets en bronze finement achevés, Pline, XXXIV, 19, nous dit que Théodore a coulé en airain sa propre statue... « qui de la main gauche tenait avec trois doigts » un petit quadrige si exigu, qu'une mouche, qu'il avait faite en » même temps, couvrait de ses ailes les chevaux, le char et le » cocher; ce petit quadrige avait été transporté à Préneste. »

Les Égyptiens plaçaient des sphinx à l'entrée de leurs temples. Ils étaient un symbole de la justice et de la clémence divine. Les sphinx de l'Égypte sont presque toujours mâles et n'ont que la tête humaine, et le reste du corps de lion; mais ce qui les distingue surtout des sphinx grecs, est l'absence des ailes.

Cet animal iconologique était donc ordinairement représenté ailé chez les Grecs et les Romains, ayant le visage et les seins d'une femme, et le corps d'un lion, ainsi qu'on peut le voir aussi sur notre petit monument.

Chez les Romains, le sphinx indique quelque mystère; c'est l'emblème du secret.

Suétone, Oct., c. 50, dit « que le cachet qu'Auguste apposait
» sur les actes publics, sur ses instructions et sur ses lettres, fut
» d'abord un sphinx, ensuite une tête d'Alexandre le Grand, et en
» dernier lieu son propre portrait gravé par Dioscoride. »

Pline, de son côté, nous apprend, XXXVII, 4, que « le dieu
» Auguste, au commencement, cachetait avec un sphinx. Il en avait
» trouvé deux parfaitement semblables parmi les bagues de sa mère.
» Pendant les guerres civiles, ses amis employèrent, en son absence,
» un de ces sphinx pour cacheter les lettres et les édits que les
» circonstances obligeaient de donner en son nom, et ceux qui les
» recevaient disaient assez spirituellement que ce sphinx apportait
» des énigmes. »

N° 1008. *Pristis.*

On traduit souvent *pristis* par *scie;* mais il n'est pas sûr que ce
soit là l'interprétation de ce mot. Nous lisons dans Pline, IX, 1,
que « la mer des Indes renferme le plus d'animaux et les plus gros,
» parmi lesquels sont des baleines de quatre jugères et des *pristis*
» de deux coudées. »

Notre pristis a probablement servi d'ornement à un meuble,
comme nous en voyons quatre semblables au brasier en bronze de
notre collection.

(V. ci-dessus, n°ˢ 765 et 962.)

N° 1009. *Collection d'animaux* dont on ne peut bien définir l'espèce.

Les Romains ont aimé la représentation de tous les animaux.
La quantité de petits bronzes qui en conservent la figure et qu'on
trouve tous les jours dans les fouilles, · prouve que ce goût était
fort étendu et fort suivi.

Mais que signifient ces animaux à deux têtes cornues pour un
seul corps, ce sanglier à cornes de bélier et tous ces bronzes que
nous avons réunis ici et aux représentations desquels nous ne

pouvons pas parvenir à trouver des noms? Ils ne peuvent être ni plus mal travaillés, ni plus indignement formés. Ces bronzes, que l'on reconnaît aisément pour romains, sont probablement des ex-voto destinés, par leur médiocre prix, aux gens de la campagne. Ils les achetaient vraisemblablement dans les marchés et les appendaient dans les temples ou devant les statues de leurs divinités tutélaires pour la conservation et la propagation de leurs animaux domestiques, usage que pratiquent encore de nos jours les paysans devant les madones et les saints.

Les Actes des apôtres, à l'occasion de St Paul et d'un marchand d'ex-voto de la Diane d'Éphèse, présentent un récit que nous pouvons encore faire aujourd'hui sur ce qui se passe à Notre-Dame de Hal, à Notre-Dame d'Hanswyk, etc., et qui fournit des ex-voto de toutes les matières et par conséquent à tous les prix.

Il faut en conclure que les hommes peuvent changer d'objet, mais qu'ils ont été et seront encore longtemps uniformes dans leur conduite et dans leurs procédés.

PLOMBS.

N° 1010. Très-petite *Vénus*, dans une espèce de table du même métal.

C'était l'usage des anciens de consacrer à leurs dieux de petites chapelles, qui quelquefois étaient d'argent, et rapportaient un grand profit aux ouvriers qui les faisaient, comme on le voit aux Actes des apôtres, XIX.

Dans une peinture exécutée sur une frise déterrée à Herculanum et conservée au musée de Naples, on voit une petite statue de Diane Taurique devant laquelle Oreste et Pylade paraissent enchaînés.

Cette peinture nous montre un usage particulier, comme notre petit monument de plomb, celui de renfermer les statues des dieux dans des espèces de tabernacles destinés à les conserver. Cet usage paraît être imité des Égyptiens, qui nous ont souvent montré Isis tenant, devant elle, Horus dans une niche.

Hérodote, II, 63, fait la description d'une fête célébrée en Égypte en l'honneur de Mars, et dans laquelle on portait sur un char le simulacre de la divinité, placé dans une niche de bois doré.

Les figures de cette proportion servaient sans doute à l'amusement des enfants, ainsi qu'à leurs petits autels, *lararium puerile*, dont il est fait mention dans les auteurs anciens.

Ce petit monument a été trouvé dans les propriétés du comte Sprega, dans les environs de Viterbe.

Nº **1011**. Autre *Vénus*, debout, trouvée dans le même endroit que la précédente.

Nº **1012**. *Figurines*, provenant des fouilles d'Amelia, localité située près de Viterbe.

Ces figurines représentent, pour la plupart, des guerriers armés d'épées et de boucliers ; mais on en voit cependant aussi avec des tuniques, une à cheval, mais endommagée, une autre de femme.

Dans une douzaine de variétés, on en trouve dont il n'y a qu'une copie, d'autres y sont trois ou quatre fois répétées et d'une l'on a jusqu'à vingt exemplaires ; mais peu sont parfaitement intactes.

Comme point de comparaison, dit le Dʳ Brunn, qui a bien voulu acquérir pour nous ces objets, se présentent les plombs connus du temple de Ménélas à Thérapné, qui ont été publiés dans l'Arch. Zeit., 1854, t. 65, et par Ross, Arch. Aufs., II, t. I. Mais tandis que ceux-ci, trouvés en partie sur les marches du temple, paraissent avoir été des dons votifs, les nôtres ont probablement été destinés à un tout autre usage.

On a trouvé parmi nos figurines une petite hache de plomb ainsi qu'une figurine coupée dans une fine plaque de bronze, avec des bras et des jambes articulés, ce qui fait supposer que tous ces objets ont été des jouets d'enfants, comme ceux que nous voyons de nos jours, auxquels ils ressemblent sous tous les rapports : comme eux, ils sont fondus dans des moules.

Leur style est bien archaïque et nullement d'un archaïsme d'imitation, ce qui n'empêche pas que, dans l'exécution, plusieurs particularités semblent avoir été adoptées pour l'intelligence des enfants. (Voir dans le Bulletin de l'institut de Rome, 1864, p. 56, la lettre du marquis G. Eroli au Dr Henzen et les explications du Dr Brunn.)

Au sujet de figurines à peu près semblables, nous lisons dans le Recueil d'antiquités du Cte de Caylus, t. III, p. 168 : « Le marquis Olivieri a trouvé depuis peu à Pesaro, dans une de ses terres, un petit coffre plein de divinités, exécutées en plomb, avec de très-petits instruments propres aux sacrifices. En 1749, on trouva auprès de Sarsina, des figures pareilles qui n'avaient point été séparées depuis leur sortie du moule. »

Les statuettes de plomb sont rares; le peu de consistance de ce métal est, croyons-nous, la seule raison de cette rareté; car nous sommes persuadé que le plomb a été souvent employé dans un pays où le goût des petites statues était fort répandu. La médiocrité du prix et la facilité du travail doivent avoir rendu les ouvrages de ce métal fort communs à Rome; mais ces sortes de monuments n'ont pu que rarement, sans doute, résister aux injures du temps.

N° 1013. *Comédien*, en plomb.

Ce petit monument a été publié par de Caylus, VI, p. 277.

Voici ce qu'il en dit : « La figure que présente ce numéro pourrait être regardée par quelques-uns de nos antiquaires, qui n'ont le plus souvent que des règles générales pour décider, comme la représentation d'un soldat étranger à l'égard des Romains; mais si les distinctions sont permises, c'est assurément celles que produisent l'examen et la comparaison des monuments. »

Après avoir fait des comparaisons avec une autre figurine publiée dans son Recueil d'antiquités, ce savant ajoute :

« Je ne puis m'empêcher de la regarder comme la représentation d'un comédien des différents genres dont Rome était inondée : le seul bonnet pointu suffirait pour me confirmer dans ce rapport.... mais le petit bâton qu'il tient dans une main » (il n'existe plus), « et plus encore le maintien et l'habitude du corps d'un valet de comédie, me font persister dans cette idée : ces raisons ne sont cependant pas les seules qui m'ont déterminé à cette dénomination. J'ai reçu une forte impression de la petite bande étroite sur laquelle les deux pieds de la figure sont posés : la disposition de cette bande pouvait lui procurer plusieurs mouvements, chacune de ses extrémités étant chargée d'une petite bélière fixe qui servait par dessous le plan à rendre cette figure mobile. »

Pour les figures d'acteurs, leurs costumes et les divers masques dont ils faisaient usage, voir : Koehler, dans les Mémoires de l'Académie impériale des sciences de St Pétersbourg, 1853, t. II, p. 101, et Fried. Wieseler, Theatergebaende und Denkmaeler des Buehnenwesens, etc. Goettingen, 1851.

Nº **1014**. *Vase* cylindriforme en plomb, ayant servi d'urne cinéraire. Trouvé dans les environs de Frascati.

Nous plaçons à la suite de ce numéro : 1º Un charmant petit vase à panse aplatie dont les deux côtés sont ornés d'une couronne de laurier; 2º Trois petites amphores qui ont probablement servi au même usage que les vases décrits au nº 625, et 3º Une petite oenochoé quadrilatère, terminée en pointe. Le temps a presque anéanti son manche et sur ses quatre faces sont des caractères hiéroglyphiques, ressemblant à ceux des Abraxas. (V. nº 624.).

N° **1015.** *Vingt et une tessères,* qui ont probablement servi comme billets d'entrée aux jeux publics ou à d'autres spectacles, aux bains, aux distributions de blé, etc. Nous lisons dans Suétone (Nero, XI) : « Chaque jour, on distribua au peuple des provisions et des présents » de toute espèce ; des oiseaux par milliers, des mets à profusion, » des *tessères payables en blé,* des vêtements..... »

Parmi nos tessères, seize sont rondes, quatre carrées et une en losange. On y voit des figures, des épis ou des lettres en relief. Elles paraissent appartenir aux temps des empereurs romains. (Voir Ficoroni, De plumbeis antiquorum.)

IVOIRES, ETC.

N° 1016. *Profil d'une tête de femme*, d'un beau style grec, et fragment d'un feuillage sur lequel se voient encore des traces de dorure.

Ces deux ivoires proviennent des environs de Brindisi.

Non-seulement l'ivoire était une matière rare et précieuse aux yeux des Grecs et des Romains, mais ils croyaient aussi qu'il était d'une plus grande durée que les métaux.

Selon Diogène Laërce, Pythagore disait que Ménélas, revenant du siége de Troie, consacra son bouclier à Apollon : « On n'en voit » plus, ajoute-t-il, que la face d'ivoire, le reste étant détruit. »

N° 1017. *Deux plaques* oblongues.

La partie inférieure de ces plaques manque. Sur l'une se trouve la tête d'un homme coiffé d'un bonnet pointu et dont le bras droit indique une action d'un mouvement énergique; sur l'autre, nous voyons un homme à côté d'un cheval. La coiffure de cet homme est des plus remarquables.

Ces deux plaques ont été trouvées en 1855 dans un tombeau de Cervetri et sont d'un dessin de la bonne époque étrusque. Elles sont probablement deux fragments d'une cassette.

Nº 1018. Fragments d'une *cassette*.

Nous avons vu cette cassette entière, et ce n'est que grâce à une opération que nous lui avons fait subir en la trempant dans une dissolution de cire vierge, qu'une seule des quatre cariatides qui se trouvaient sur les côtés, a pu être sauvée; car tout ce charmant petit meuble était arrivé au dernier degré de décomposition.

Cette cassette se trouvait dans une tombe de Palestrina.

On mettait probablement, à côté des morts dans les tombes, ces cassettes, pour y renfermer et y conserver de petits ustensiles votifs ou de petits objets précieux qui avaient appartenu au défunt.

Nous savons que l'on trouve plusieurs de ces cassettes en bois peint et figuré, qui servaient à cet usage, dans les nécropoles égyptiennes.

L'ivoire était très-précieux chez les anciens. Les Romains nommaient *eborarius*, celui qui sculptait et qui travaillait cette matière. (Imp. Const., Cod., X, 64, 1.)

Dès les temps les plus reculés, les Grecs, dit Winckelmann, dans son Histoire de l'art chez les anciens, sculptèrent en ivoire. Homère parle souvent de fourreaux et de gardes d'épées, même de lits et d'autres ustensiles faits de cette matière. Les chaises des premiers rois et des consuls à Rome étaient aussi d'ivoire et d'or, la plupart très-antiques et presque toutes dépassant la stature humaine.

Nº 1019. *Petite plaque* oblongue, sur laquelle se voit un cygne ou une oie becquetant une plante aquatique.

Cet animal se trouve dans un cadre surmonté d'oves. Nola.

Nº 1020. *Petite plaque* sur laquelle se trouvent des arabesques. Origine inconnue.

Nº 1021. *Tête de Méduse*, en haut relief.

Cette tête provient des fouilles faites en 1852, sur la voie Appienne. Elle n'est pas du meilleur temps, mais on ne peut nier que l'action ne soit bien rendue et l'expression assez vraie. Ce petit morceau doit avoir fait partie d'un ornement.

N° 1022. *Tête de satyre*, servant de boîte à dés.
Ce charmant petit meuble a été trouvé, en 1856, à Corneto.

N° 1023. Plaque en os, sur laquelle on voit une *femme*, vêtue de long, et appuyant son coude sur une colonne.
Trouvée, en 1857, près de Subiaco.

N° 1024. Autre plaque en os, qui nous offre un *génie ailé*.
Elle est de la même provenance que la précédente.
Ces deux plaques nous semblent être de ces objets en os dont parle M. le docteur H. Brunn, dans les Annales de l'institut de correspondance archéologique, t. XXXIV, p. 284-288.
Les sujets représentés se rapportent à l'époque romaine de la décadence, et sont plutôt des ouvrages du troisième que du second siècle de l'ère vulgaire.

N° 1025. Fragment d'os encore arrondi, sur lequel se voit un *génie ailé*, tenant une énorme couronne de laurier.
Trouvé, en 1852, près d'Alatri.

N° 1026. Autre petit fragment d'os arrondi, sur lequel est sculpté un *génie ailé*.
Il provient d'une fouille faite, en 1854, à Aquila.

N° 1027. *Trois fermoirs*, en os, de colliers ou de bracelets.
Ils proviennent d'un seul tombeau des environs d'Alatri.

N° 1028. *Deux tessères*, en os.
La tessère était une petite tablette d'ivoire, d'os ou de métal qui recevait diverses dénominations selon son usage particulier :

Tessère hospitale. Symbole d'hospitalité et d'amitié ; c'était une petite tablette que le maître de la maison remettait à l'hôte qui le quittait ; on la brisait en deux morceaux, et chacun en gardait une moitié, afin que si jamais eux ou leurs descendants se rencontraient de nouveau, ils pussent se reconnaître et renouveler ou acquitter leurs anciennes obligations de famille. (Plaut., Pœn., V, 2, 86-93.)

Tessère à jouer. Dé. (Pline, XXXVII, 6.)

Tessère militaire. Tablette qui, dans les armées romaines, servait à la transmission du mot d'ordre. (Liv., VII, 35, XXVII, 46.)

Tessère théâtrale. Morceau d'ivoire ou d'os qui servait de billet d'entrée dans les théâtres, et qui contenait l'indication de la place destinée à celui qui en était porteur. (Mart., VIII, 78).

Tessère judiciaire ou *votive.* Tablette dont on se servait pour voter.

Tessère frumentaire et *numéraire.* Celle dont on se servait pour les distributions de vivres et d'argent au peuple romain. (Suét. Nero, 11 ; Aug., 40 et 41.)

Tessère gladiatoriale. Celle que l'on donnait aux gladiateurs, en attestation de leur victoire.

Nous croyons que notre tessère allongée est une *tessère hospitale* et la ronde, une *tessère théâtrale.*

La première provient de la voie Appienne et la seconde a été trouvée à Frascati.

N° 1029. *Fuseau*, en os.

Il a été trouvé dans les environs de Civita-Vecchia.

Nous possédons un fuseau en bronze qui a été décrit à la page 431 du 1ᵉʳ volume.

N° 1030. *Disque* en os, trouvé à Ostie.

Il est percé d'un trou au centre. C'est probablement un péson de fuseau au travers duquel on faisait passer le bout inférieur du fuseau pour qu'on pût lui imprimer un mouvement de rotation, et que, grâce à ce poids, il tendît et serrât mieux le fil.

Nᵒ **1031.** *Six cuillers,* en os.

Ces cuillers de différentes formes proviennent des fouilles faites par M. Vincenzo Bazzichelli dans les environs de Viterbe.

C'est au même antiquaire que nous devons nos cuillers en bronze dont nous avons parlé au nᵒ 750. (T. I, p. 489.)

Nᵒ **1032.** Fragment d'un *manche,* terminé par une tête de tigre. Trouvé à Tivoli.

Nᵒ **1033.** *Peigne,* en os, trouvé dans la ciste nᵒ 599. (T. I, p. 443.)

Nᵒ **1034.** Différents objets, tels qu'*aiguilles de tête, poinçons,* etc., en os.

Nᵒ **1035.** *Dés,* en ivoire, en os, en bronze, en verre et en calcédoine.

M. Roulez, dans son ouvrage sur les vases du musée de Leide, p. 6, dit : « Dans le temple de Minerve Scirade, les prédictions se faisaient au moyen de dés. On rencontre dans l'antiquité plusieurs vestiges de la divination à l'aide de dés ou de petites pierres; l'invention en était attribuée à Minerve. Il faut rapporter à ce genre de divination les *thrics* de Delphes et l'oracle d'Hercule à Bura. Voici ce que Pausanias nous apprend de ce dernier. Les personnes qui allaient le consulter, adressaient d'abord leurs prières et leurs vœux au dieu, puis prenaient quatre des dés, dont il y avait provision aux pieds de sa statue, et les jetaient sur la table. Chaque dé portait certains signes: on en lisait l'interprétation sur une tablette. Il est probable que la vogue qu'obtinrent les oracles de Minerve Scirade, fit placer le jeu de dés sous la protection de la déesse; car le Sciron devint non-seulement le rendez-vous des devins, mais aussi celui des joueurs, qui y furent suivis par les femmes publiques. On alla même jusqu'à donner le nom de *sciraphie*

au jeu de dés, et à appeler *sciraphion* tout endroit où l'on se réu-
nissait pour ce jeu. »

Les Romains avaient l'habitude de jouer avec trois dés que l'on
jetait avec un cornet *(fritillus);* le meilleur coup était celui où les
trois dés présentaient sur la même face un nombre différent; le pire,
celui où les trois nombres amenés étaient les mêmes, trois as par
exemple.

Nous lisons dans Ovide (Trist., II, 469), « D'autres ont donné
» des traités sur les jeux de hasard; grande immoralité aux yeux
» de nos ancêtres! Là on apprend....... le chiffre de chaque dé,
» comment il faut les jeter, quand on désire tel ou tel chiffre, et
» les combiner, pour atteindre le nombre gagnant. »

Nous possédons un dé avec un grand trou, qui a peut-être été
fait pour frauder. Comme de nos jours, l'on prétend que plusieurs
mauvais joueurs se servent du vif argent qu'ils font adroitement
entrer dans le dé pour le faire tourner du côté qu'ils veulent; il
peut se faire aussi qu'on se soit servi de ce trou pour quelque fraude.

Mais comme nous trouvons dans les musées plusieurs dés avec
des trous semblables, il y a peu d'apparence qu'ils aient été faits
dans un but de fraude: une fraude tant de fois répétée n'aurait pu
tromper personne.

N° 1036. *Osselets*, en bronze et en verre. Les osselets en bronze
ont été trouvés à Sant' Agata de' Goti (autrefois Saticula*)*.

Le mot grec *astragale* et le latin *talus,* désignent un petit os
du pied des quadrupèdes fissipèdes, qui s'emboîte dans celui de la
jambe, et qui est le premier du tarse, articulation qui a servi de
tout temps aux jeux des enfants, car on en a trouvé dans les cavernes
ayant servi d'habitation à l'homme préhistorique.

On peut consulter, au sujet du jeu des osselets, l'opuscule italien
de Ficoroni, qui a pour titre : De tali ed strumenti lusori, Rome,
1734, in-4°.

Dans les repas des Romains, on tirait toujours au sort un roi du festin, et il paraît, par le dernier vers de l'ode 4me du 1er livre d'Horace, que c'était au jeu des osselets, et non pas à celui des dés : « non regna vini sortiere talis. » Les uns disent que pour obtenir cette royauté de table, il fallait que toutes les faces des osselets fussent les mêmes ; d'autres qu'elles devaient être toutes différentes. Ce coup s'appelait le *coup de Vénus*, comme on le voit encore par ce vers d'Horace, liv. II, od. VII : « quem Venus arbitrum dicet » bibendi ? »

(Voir, au sujet des tables employées par les Romains pour leurs jeux d'adresse, le Bulletin de l'institut de Rome pour 1871, pages 68-71.)

Au musée de Naples se trouve un monochrome sur marbre où l'on voit de jeunes filles jouer avec des astragales, jeu qui ressemble à ce que l'on appelle proprement jeu des osselets, et qui consistait simplement à jeter les os en l'air et à les rattraper sur le dos de la main quand ils retombaient. Nous avons pu reconstituer ce jeu ou cet amusement des jeunes filles ; nous y avons ajouté une boule.

Pline, XXXIV, 19, cite un fameux simulacre de Polyclète, représentant deux jeunes garçons jouant aux osselets, ce qui a fait donner à cette peinture le nom d'*astragalizontes*. Pausanias rapporte qu'on voyait dans un tableau de Polygnote, les deux filles de Pindare, Camire et Clitie, occupées à cet amusement ; Homère, au commencement de l'Odyssée, dit que les princes et les seigneurs qui recherchaient Pénélope en mariage, s'exerçaient devant la porte de la maison à jouer aux osselets, et dans l'Iliade, XXIII, v. 88, Homère nous apprend encore que Patrocle avait tué le fils d'Amphidamas au milieu d'une partie d'osselets, ἀστραγάλοισι.

On jouait ordinairement, dit Millin, dans son Dictionnaire des beaux-arts, avec quatre osselets marqués de points comme nos dés. On produisait des coups différents, auxquels les Grecs avaient donné les noms des dieux, des héros, des hommes illustres, et même des courtisanes fameuses. Le grand nombre d'osselets que l'on trouve dans les fouilles prouve combien ce jeu était commun chez les Romains, ou du moins en Italie. Les osselets découverts à Herculanum étaient faits, selon Winckelmann, avec des astragales de chèvre.

La Revue archéologique, avril 1870, page 261, publie la description d'un jeton en plomb qui servait probablement à marquer le gain au jeu des osselets. Il provient des environs d'Autun, jadis Bibracte; d'un côté est un buste de femme, qui est accosté, à gauche du sigle *c*, et à droite du sigle *s*. Ces lettres peuvent indiquer les initiales du prénom et du nom de cette personne. Le revers est occupé par une sentence en quatre lignes :

QVI LVDIT || ARRAM || DET QVOD || SATIS SIT.

C'est-à-dire « Tout joueur doit fournir une mise qui soit suffisante. » Au-dessous de la première ligne et au-dessus de la quatrième, le graveur a figuré une paire *d'osselets;* quatre au total.

N° 1037. Sorte de *jetons* en pierre trouvés dans un tombeau des environs de Bari.

Ils servaient probablement à jouer un jeu d'adresse fort semblable à nos échecs; ces jetons qui, au lieu d'être de différentes formes, étaient de différentes couleurs, portaient le nom de *miles* et celui d'*hostis,* car on pouvait dire que le jeu représentait une troupe de brigands ou de soldats engagés dans l'attaque ou la défense d'une position fortifiée.

Selon Saumaise, la table sur laquelle on jouait, était toute barrée par des lignes, de sorte que chaque jeton ou pion avait sa place marquée; ces places étaient appelées par les Grecs *polis,* qui veut dire ville, ou *chora,* qui signifie une région ou un lieu. Celui-là était vaincu à qui il ne restait plus qu'un lieu pour se mettre: celui qui attaquait le lieu d'un autre, était censé donner assaut à la ville ou à la place: le roi qui avait perdu était réduit *ad incitas,* c'est-à-dire à un lieu où il ne pouvait plus se remuer. C'était un jeu du genre de celui auquel jouait Néron sur un *abacus* : les marques du jeu étaient des quadriges d'ivoire.

Ovide, Art. am., III, 357, nous parle du jeu d'échecs quand il dit: « Je veux aussi qu'aux échecs mon élève ne soit pas toujours » battue; qu'elle prévoie qu'un pion ne peut résister à l'attaque de » deux ennemis; qu'un roi, combattant séparé de la reine, s'expose » à être pris, et que son rival est souvent obligé de revenir sur » ses pas. »

Martial, VII, 72, dit à Paullus: « Puissiez-vous vaincre aux échecs » Publius et Novius, » et plus loin, XIV, 20: « Si vous aimez les » ruses, les combats des échecs, ces pions de verre seront vos » ennemis et vos soldats. »

Pompée fit passer sous les yeux des Romains un échiquier avec ses pièces, fait de deux pierres précieuses, large de trois pieds, long de quatre. (Pline, XXXVII, 6.)

Nous voyons sur les sculptures, recueillies par Champollion, des Égyptiens accroupis devant une table basse et jouant à un jeu qui rappelle les dames ou les échecs.

Ces bas-reliefs sont bien antérieurs au siége de Troie, pendant lequel, dit-on, Palamède inventa les jeux d'échecs et de dés comme passe-temps.

Parmi les objets égyptiens du Louvre, on voit un damier de l'époque pharaonique. Un côté de la boîte a dix petits carrés en long, et trois semblables dans la largeur de la boîte, faisant trente carrés. L'autre côté de la boîte porte un autre damier d'une disposition entièrement différente : à un bout il y a douze cases, trois dans un sens et quatre dans l'autre, puis une ligne de huit cases dans le milieu de l'espace, faisant douze avec les quatre autres.

Suivant les dernières recherches, on croit que le jeu des *latrunculi* ou *latronos* des Romains était joué avec une pièce contre un certain nombre d'autres. On pense que dans ce jeu « le voleur, » *latro*, était celui que les autres poursuivaient comme une troupe de gens d'armes. La ligne du damier égyptien du Louvre pourrait être le chemin du « voleur » ou bien on peut y avoir placé une pièce en faction pour la défendre contre les pions de l'adversaire.

N° 1038. *Tuyaux cylindriques*, en os, de diverses dimensions, avec des trous placés transversalement comme ceux d'une flûte.

Des objets semblables ont été trouvés en Belgique à Walsbetz et Avernas-le-Bauduin. (Bulletin des Commissions royales d'art et d'archéologie, III, p. 336 et IV, p. 386.)

On a pensé que ces cylindres étaient des simulacres de flûte. Les joueurs de flûte n'étaient, en effet, pas seulement employés dans les fêtes et dans les solennités religieuses, mais aussi dans les funérailles (voir Pline, X, 60), et l'on a supposé que, pour conserver les véritables instruments, on laissait ces morceaux, comme symboles, près des morts dans les tombeaux.

On a encore cru que ces tuyaux avaient servi d'abaques pour calculer. Plus tard on a prétendu qu'ils étaient des amulettes.

Enfin on disait que c'étaient des bobines de tisserand, quand les fouilles de Pompéii nous ont appris que ce sont des charnières. (Voir Fiorelli, Scav. di Pompei, XIII, 1862, p. 6.)

N° 1039. *Buste de femme*, en ambre.

Ce buste fruste peut être celui d'une impératrice. Il a été trouvé dans un tombeau de Corneto.

La seule contrée assez riche pour avoir livré au commerce cette substance précieuse, est celle qui forme le bassin méridional de la Baltique, car l'ambre qui se trouve enfoui sous le sol en Sicile, en Italie, en Espagne et en France, y est en trop petite quantité pour avoir, au treizième siècle avant notre ère, décoré en Grèce les demeures des rois et pour avoir été déjà répandu au seizième siècle en Égypte.

L'ambre de la Baltique et l'étain de Cornouailles ont donc été probablement les deux aimants qui, déjà avant Moïse, ont attiré chez les barbares de l'Occident les peuples civilisés de race sémitique, pure ou mélangée, qui habitaient les contrées maritimes de l'Orient.

Homère (Odyss. XV, v. 460), nous apprend que parmi les objets recherchés pour la parure des reines on comptait les colliers d'or et de succin.

L'ambre était aussi fort cher chez les Romains, puisque Pline nous dit : « Tel est le prix exorbitant de cet objet de luxe qu'une » toute petite effigie humaine en succin se vend plus cher que des » hommes vivants et vigoureux. »

Tacite (Mor. Germ., V et XLV) nous signale que les barbares de la Germanie vendaient l'ambre aux Romains et qu'ils connaissaient fort bien la valeur des monnaies d'or et d'argent.

Feu le prince de San-Giorgio, à Naples, avait une quinzaine de sculptures sur succin représentant des figures, des quadriges, des animaux, etc. Tous ces ambres sont gravés en fort bas-relief et leur style est très-archaïque.

C'est maintenant M. Alexandre Castellani, de Naples, qui les possède, ainsi que nous l'apprend le Bulletin de l'institut de Rome pour 1868, p. 220, où l'on en trouve une description faite par M. le docteur W. Helbig.

N° 1040. *Bulle* en ambre doré.

Nous lisons dans Macrobe, Saturnales, I, 6 : « Le fils de Tarquin » l'ancien, âgé de quatorze ans, ayant tué un ennemi de sa propre » main, son père fit son éloge devant l'assemblée du peuple, et lui » accorda la bulle d'or et la prétexte, décorant ainsi cet enfant, » qui montrait une valeur au-dessus de son âge, des attributs de » l'âge viril et des honneurs publics. Car, de même que la prétexte » était la marque distinctive des magistrats, de même aussi la bulle

» était celle des triomphateurs. Ils la portaient sur leur poitrine,
» dans la cérémonie de leur triomphe, après y avoir renfermé des
» préservatifs réputés très-efficaces contre l'envie. C'est de ces circons-
» tances qu'est dérivée la coutume de faire porter aux enfants nobles
» la prétexte et la bulle, pour être comme le vœu et l'augure d'un
» courage pareil à celui de l'enfant qui, dès ses premières années,
» obtint de telles récompenses. D'autres pensent que le même Tarquin
» l'Ancien, voulant fixer, avec l'habileté d'un prince prévoyant, l'état
» des citoyens, et considérant le costume des enfants nés libres
» comme un des objets les plus importants, avait établi que ceux
» d'entre les patriciens dont les pères auraient rempli des magistra-
» tures curules porteraient la bulle d'or, avec la toge brodée de
» pourpre; et qu'il serait permis aux autres de porter seulement la
» prétexte, pourvu cependant que leurs parents eussent servi, dans
» la cavalerie, le temps légal... Plus tard, il fut permis aux enfants
» des affranchis, mais seulement à ceux qui étaient nés d'une femme
» légitime, de porter la robe prétexte, et une lanière de cuir au
» cou, au lieu de l'ornement de la bulle.

. . . .

« D'autres croient qu'on fit porter aux enfants de condition libre
» une bulle, sur laquelle était une figure suspendue à leur cou,
» afin qu'en la regardant ils se crussent déjà des hommes, si leur
» courage les en rendait capables. »

Plutarque (Sertorius, xvi), nous apprend que l'on donnait des bulles
en récompense aux écoliers, quand il dit que « Sertorius distribuait
» en Espagne des récompenses à ceux qui se distinguaient, en leur
» donnant de ces ornements d'or que les Romains suspendent au
» cou de leurs enfants et qu'ils appellent bulles. »

Le même auteur parle fort au long des bulles dans son Traité
des questions romaines.

. (Voir, au surplus, n° 303, t. I, p. 267.)

N° **1041**. Morceau d'ambre en forme de *poire*.

Il a été déterré aux environs de Sienne dans un tombeau qui renfermait plusieurs vases.

N° **1042**. Collection de morceaux d'ambre en forme d'*amandes*, de *vases* percés au haut, ce qui fait supposer qu'ils ont été portés en collier. Ils proviennent des environs de Brindisi.

On a trouvé des grains d'ambre à Liberchies, province de Hainaut, avec des monnaies de Néron à Constantin.

VERRE.

L'art de la coloration du verre, qui implique forcément certaines connaissances chimiques, bien à tort refusées aux anciens, remonte à une époque indéterminée.

M. Boudet, auteur d'un ouvrage sur l'art de la verrerie en Égypte, (Description de l'Égypte, 2ᵉ édit., Panckoucke, 1829, tome IX, p. 213), nous apprend « que les prêtres de l'Égypte, sans cesse occupés d'expériences, ont fait dans leurs laboratoires particuliers du verre comparable au cristal de roche, et que, profitant de la propriété qu'ils ont reconnue aux oxydes des substances métalliques, qu'ils tiraient principalement de l'Inde, de se vitrifier sous des couleurs différentes, ils ont conçu et exécuté le projet d'imiter toutes les espèces de pierres précieuses colorées, transparentes ou opaques que leur fournissait le commerce du même pays.

« Strabon, géographe grec, né à Damasée, en Cappadoce, l'an 50 avant J.-C., qui vécut longtemps en Égypte, et tous les historiens se réunissent pour nous apprendre qu'on fabriquait de temps immémorial en Égypte, et par des procédés secrets, des verres très-beaux, très-transparents, des verres dont les couleurs étaient celles de l'hyacinthe, du rubis, du saphir, etc., qu'un des souverains de ce pays était parvenu à contrefaire la pierre précieuse nommée cyanus: que Sésostris, qui commença à régner en Égypte vers 1643 avant J.-C., avait fait couler ou sculpter en verre de couleur d'émeraude une statue qu'on voyait encore à Constantinople sous le règne de Théodose. En faut-il davantage pour prouver que les Égyptiens doivent être placés parmi les plus anciens fabricants de verre et que, puisqu'ils imitaient les pierres précieuses, ils savaient préparer les oxydes sans lesquels ils n'auraient pu réussir à faire des verres colorés, des fausses pierres précieuses et des émaux? »

Le capitaine Hervey, de la marine royale anglaise, a trouvé à Thèbes un grain de collier en pâte de verre qui a été décrit par M. Gardner Wilkinson (The Manners and customs of the ancient Egyptians, t. III, p. 88, édition de 1847).

Suivant ce savant, le dit grain moulé et d'un art très-avancé, porte en creux la légende hiéroglyphique de la reine Râ-má-kâ, qui est le prénom de la reine Hatasou, régente de Thoutmès III, qui régna dans la XVIIIe dynastie (XVe siècle avant notre ère, suivant la chronologie de Brugsch).

Voilà donc Thèbes offrant l'industrie verrière déjà avancée à cette époque.

Hérodote et Théophraste célèbrent les merveilleuses productions en verre des Tyriens.

Il semble, si l'on en croit Pline, XXXVI, 65, que l'usage du verre remontait à une haute antiquité; il en attribue l'invention aux Phéniciens. Les verreries de l'antique Sidon avaient été autrefois fameuses, selon lui, et déjà l'on y avait imaginé l'art de faire les miroirs et les vitres, selon qu'on voudra entendre le mot *specula*.

Le même auteur inspire une haute idée de la perfection des fabriques de verre de son temps. On donnait, dit-il, à cette matière toute sorte de couleurs; on la soufflait, on la tournait, on la ciselait.

Auguste, après qu'il eut fait la conquête de l'Égypte, exigea que le verre fît partie du tribut imposé aux vaincus. Les Égyptiens, qui avaient été obligés de porter à Rome la quantité de verre voulue par le traité, ne tardèrent pas à en être dédommagés; le goût pour la verrerie devint si décidé et si général dans cette ville et dans toutes celles de l'Italie, que cette quantité, loin de contenter les caprices du luxe, servit, au contraire, à le rendre exigeant, et les fabriques de Memphis et de Sidon ne purent satisfaire à toutes les demandes.

On se rappelle cette anecdote fort exagérée de Pollion, frère du protecteur de Virgile; ayant Auguste à dîner chez lui, il voulut faire jeter aux murènes un esclave qui avait cassé un vase de verre, et qui échappa des mains de ceux qui l'entraînaient vers le vivier en s'élançant aux pieds de l'empereur.

Sous le règne de Tibère, les Romains apprirent également le moyen de colorer le verre à l'aide d'oxydes métalliques, et celui de le peindre.

Les fouilles de l'Étrurie, des environs de Rome et de la Grande Grèce, nous ont fait connaître des masses de vitrification artificielle de diverses couleurs. Le verre était devenu, par sa beauté et ses ornements, un objet de luxe qui rivalisait avec les pierres dures et les métaux précieux. « On fait de faux jaspes avec du verre, » dit Pline, XXXVII, 37.

Il nous est difficile d'expliquer autrement que par le prix du travail, comment Néron avait pu payer six mille sesterces, 1,260 fr., deux petits vases de verre qu'on appelait *pterotae*, ailés. (Voir Pline, XXXVI, 66.)

A voir dans notre collection de verres les petits vases de toutes couleurs, les uns blancs opalisés, les autres bleus, jaunes ou verts, avec leurs goulots tantôt longs et étroits, tantôt en bec tréflé, avec leurs panses lisses ou cannelées, à voir ces petites amphores, ces petits lécythus ou alabastrons dont le verre est traversé par des filets de différentes couleurs et par des bandes d'ornements, on se demande par quels moyens les anciens obtenaient ce curieux résultat? Comment cette marqueterie était-elle prise dans la pâte du verre?

Il paraît que des aiguilles de verre ou plutôt des tronçons de fines baguettes de verre servaient aux ouvrages les plus délicats. Lorsque l'artiste les avait soudées ensemble, en les combinant de manière à obtenir la représentation exacte du modèle qui lui avait été présenté, il sciait délicatement le faisceau formé par la réunion de ces baguettes et procurait ainsi, dans une seule combinaison, une assez grande quantité de copies parfaitement semblables entre elles. Les Italiens nomment ce verre *a tappeto*.

Nos échantillons de verre coloré dans la masse et d'émail cloisonné à base d'or, montrent aussi un travail très-avancé dans cette partie de l'art.

En examinant les nombreux et différents spécimens de notre collection, on doit convenir de l'imperfection de l'industrie moderne, et un homme accoutumé aux merveilles actuelles de l'art de la verrerie doit en faire la confession : les secrets et les procédés des anciennes verreries égyptiennes, grecques et romaines ne sont pas encore tous dévoilés, quoique, d'un autre côté, nous soyons parvenus à tirer du verre un parti ignoré des anciens.

Mais nous ne connaissons pas les procédés employés par les Égyptiens et par leurs disciples immédiats pour fabriquer et les coupes dites *alassontes*, et les vases murrhins (s'ils étaient en verre ?), et les statues colossales en émeraude factice, et les immenses colonnes de verre que St Pierre vit dans le temple d'Aradus (Clém. d'Alexandrie), et les plaques vitreuses dont, au lieu de marbre, Scaurus revêtit le second étage de son théâtre (Pline, XXXVI, 24), et les cubes de fausses pierres précieuses qui composaient le pavé en mosaïque des temples et des maisons, cubes que la reine Cléopâtre remplaça dans ses appartements par de véritables pierres précieuses, et les sphères d'Archimède et de Sapor, et enfin tant de beaux vases que nous rencontrons dans les fouilles.

Sénèque, Épitre 91, attribue à Démocrite la découverte du verre d'émeraude; mais, si l'on admet que la statue faite du temps de Sésostris, celle dont parle Apion, et le pilier d'émeraude que Théophraste a vu dans le temple d'Hercule à Tyr, ont existé, il faut rejeter l'opinion de Sénèque, et croire que Démocrite, qui a voyagé en Égypte, en a rapporté le procédé qu'il aura fait pratiquer dans sa patrie.

Le verre à vitres ordinaire que l'on a trouvé à bien peu de maisons d'Herculanum et de Pompéii, était très-épais; les fenêtres pendant la nuit étaient ordinairement fermées par un panneau en bois.

Les verreries de notre collection appartiennent à l'ancienne industrie artistique des Grecs, des Étrusques, des Romains, et peut-être même à celle des peuples orientaux et des Égyptiens.

On lira avec intérêt, sur la fabrication du verre antique, l'ouvrage de Apsley Pellatt, Curiosities of the glass making (Londres, 1849).

N° **1043**. *Oenochoé*, en verre blanc.
L'éclat et le brillant que les sels de la terre donnent aux verres les rendent très-agréables à la vue.

N° **1044**. *Oenochoé*, d'une forme gracieuse et d'une belle irisation, en verre blanc.

N° **1045**. *Coupe*, en verre blanc, sans anses, trouvée près de Rome, hors la porte Salaria.

N° **1046**. *Petit plateau*, en verre blanc où se remarquent encore des traces de dorure; il a été trouvé dans un tombeau de la voie Appienne.

N° **1047**. *Tasse*, d'un vert clair, provenant des fouilles de la voie Appienne.

N° **1048**. Espèce de *trépied*, en verre blanc, fragmenté. Nous l'avons acheté à Rome.

N° **1049**. *Trente fioles*, dites lacrymatoires; plusieurs sont parfaitement irisées.

Ces fioles globulaires, à long col, qui ressemblent un peu aux matras employés de nos jours par les chimistes, ont été nommées lacrymatoires, parce que l'on a cru qu'elles servaient à recevoir les larmes répandues pour quelqu'un à sa mort, mais l'on sait maintenant qu'elles étaient destinées à contenir les baumes ou onguents liquides dont on arrosait les ossements brûlés et la colonne que l'on plaçait quelquefois sur le tombeau.

Nous lisons dans Lucien (dial. des morts) : « Vois-tu ces lieux » élevés qui sont près des villes, enrichis de petites colonnes et de » pyramides; ce sont leurs sépultures. »

Et Charon lui demande : « Pourquoi s'amusent-ils ainsi à cou-» ronner et *parfumer* des pierres ? » En effet, dans ces sacrifices, on oignait la colonne (voir Plutarque) d'huile et d'essences qu'on portait dans de *petites fioles;* on y ajoutait des libations de vin et de lait.

N° **1050.** *Fiole*, en verre bleu, provenant des environs de Viterbe.

N° **1051.** *Lécythus*, fond rougeâtre, avec des ornements en forme de chevrons blancs; trouvé à Cervetri.

Pour être maintenus solidement dans une position verticale, ces lécythus, dont la base est arrondie, étaient posés sur des anneaux-supports.

N° **1052.** *Lécythus,* de verre bleu avec des ornements ondés blancs-gris et jaunes.

Il a été déterré à Cervetri.

N° **1053.** *Lécythus*, dont le fond est bleu, et sur lequel sont des ornements jaunes et blancs. Il provient aussi de Cervetri.

Nous voyons que les anciens ont connu l'art de donner aux vases de verre l'opacité, l'épaisseur et les couleurs voulues.

N° **1054.** *Lécythus* bleu, avec des ornements jaunes. Trouvé près de Velletri.

N° 1055. *Lécythus*, blanc laiteux, avec des chevrons d'un bleu pâle.
Trouvé à Palestrina.

N° 1056. *Lécythus*, rouge et blanc opaques, avec des chevrons.
Trouvé près de Nola.

N° 1057. *Lécythus*, d'un bleu brillant, avec des chevrons jaunes
et blancs.
Trouvé dans les environs de Brindisi.

N° 1058. *Lécythus*, d'un bleu irisé, avec des ornements blancs.
Il provient des environs de Brindisi.

N° 1059. *Lécythus*, bleu irisé, avec des ornements jaunes.
Même provenance.

N° 1060. *Lécythus*, bleu irisé, avec des ornements blancs.
Même provenance.
Nous pouvons remarquer ici que souvent le verre ancien se dévi-
trifie et s'exfolie beaucoup plus facilement que le verre moderne,

N° 1061. Fragment de *lécythus* brun, avec des zigzags blancs;
trouvé près de Fasano, province de Bari.

N° 1062. Belle *oenochoé* bleue, avec des ornements blancs et
jaunes; son goulot est en forme de trèfle.
Elle a été trouvée en 1849 dans les environs de Mola di Gaeta.

N° 1063. Charmante *oenochoé*, d'un bleu verdâtre, à goulot en
forme de trèfle, avec des dessins jaunes; trouvée dans les environs
de Brindisi.

N° 1064. Autre *oenochoé*, d'un rouge brun, lignée de blanc, avec
un goulot en trèfle.

Trouvée près de Nola.

Les anciens faisaient grand cas de ces oenochoés, puisque nous en voyons deux semblables au musée de Naples, qui ont été trouvées, à Pompéii, avec des supports en or.

N° 1065. *Amphore*, d'un bleu foncé, avec des cercles jaunes ; au milieu de la panse sont des zigzags d'un vert pâle. Elle a été déterrée dans les environs de Corneto.

N° 1066. *Amphore* bleue, avec des dessins jaunes ; elle provient de fouilles faites dans les environs de Corneto.

N° 1067. *Amphore*, dont les anses n'existent plus. Fond brun avec des ornements jaunes et blancs.
Trouvée à Vulci.

N° 1068. *Vase,* à long col, avec un pied élevé. Fond bleu foncé ; sur sa panse, trois rubans jaunes, un zigzag de la même couleur et deux lignes blanches.
Trouvé à Vulci.

N° 1069. *Vase,* de la même forme, mais tellement irisé qu'on n'en distingue presque plus les couleurs et le dessin, qui paraissent cependant semblables à ceux du précédent. Il provient aussi de Vulci.

N° 1070. *Petit vase* brun, opalisant en bleu et lilas, d'une forme très-gracieuse. Il a été trouvé dans les environs de Nola.

N° 1071. *Petit vase,* d'un verre bleu tendre ; forme bouteille. Trouvé à Cumes.

N° 1072. *Vase,* en verre bleu, forme flacon ; trouvé à Baïes.

N° 1073. *Vase*, en verre bleu, forme dite lacrymatoire; acheté à Naples.

N° 1074. *Vase*, en verre jaune doré et irisé, trouvé à Cumes. La couleur jaunâtre de ce vase, approchant primitivement de celle de l'ambre, s'est beaucoup altérée par un long séjour dans la terre.

N° 1075. Charmant *vase*, d'un vert d'émeraude, irisé, avec un long goulot ; sa base est terminée par une petite pointe.
Il provient de Nola.

N° 1076. *Vase*, en verre bleu, à filets blancs, trouvé dans les environs de Nola.

N° 1077. *Vase* bleu, plus petit que le précédent, mais également ligné de blanc. Trouvé près d'Avellino.

N° 1078. Espèce de *petite bouteille* percée, d'un vert tendre orné de deux bandes et d'un zigzag jaunes.
Trouvée à Pompéii.

N° 1079. Charmante *coupe*, trouvée en 1856 à Corneto.
Nous l'avons laissée telle qu'elle est sortie des fouilles, sans la faire polir ; pour admirer la beauté du verre, on n'a qu'à l'humecter. Cette coupe a une grande valeur; peu de musées possèdent un verre entier de cette composition.

N° 1080. Fragment d'un *plateau*.

N° 1081. Fragment d'un *couvercle de vase*, en verre imitant le porphyre.

N° 1082. Une *petite cuiller*, en verre brun, dont le manche est en forme de spirale, trouvée dans les environs de Rome.

N° **1083.** *Osselets* en verre; voir n° 1036.

N° **1084.** *Dés* en verre; voir n° 1035.

N° **1085.** *Cylindre*, en pâte de verre, de différentes couleurs.

N° **1086.** *Cylindre*, d'un vert brun avec des dessins jaunes et blancs; trouvé à Corneto.

N° **1087.** *Scarabée* long, en verre d'un blanc verdâtre, sous lequel sont gravés un candélabre à cinq branches, un croissant et cinq étoiles.

N° **1088.** *Gland*, avec son chaton, d'une pâte vitreuse bleue irisée. L'opinion publique attribue généralement, mais à tort, à l'action d'un feu accidentel ce charmant chatoiement opalisé et nacré qu'on voit sur une très-grande quantité de verreries antiques; ce n'est qu'à l'influence du temps et de l'humidité que nous devons cet aspect irisé, chatoyant, noir, avec des reflets parfois très-brillants, comme ceux des ailes de quelques espèces de papillons.

N° **1089.** *Gland*, d'un vert bleuâtre, avec un chaton d'un brun orangé.

N° **1090.** *Deux phallus*, en verre de différentes couleurs.

N° **1091.** *Petit phallus*, en verre bleu.

N° **1092.** *Petit masque*, en verre bleu, surmonté d'une bélière.

N° **1093** Autre *masque*, en verre bleu.

N° **1994.** *Petite lampe*, en verre verdâtre, c'est probablement un jouet d'enfant. Codinus, Origin. Constant., p. 100, et Jean Philoponus, Ad Aristotelis, Analyt. II, p. 221, parlent de lampes de verre.

N° 1095. *Deux bagues*, en verre.

N° 1096. *Disque* de verre brun, avec bélière, qui peut avoir été attaché aux emballages dont le fabricant se servait pour distinguer par cette marque ses caisses, d'autres caisses qui faisaient partie des mêmes cargaisons.

N° 1097. Fragment de verre verdâtre sur lequel on lit d'un côté :

ARTAS ‖ SIDON

de l'autre :

APTAC ‖ CEIΔΩ.

D'après la Revue archéologique, VIII (1863), p. 217, ce serait la marque de fabrique d'un verrier de Sidon, nommé Artas.

N° 1098. Fragment de *batillum* ou *batillus*, en verre verdâtre.
Cette petite pelle servait de réchaud, sur lequel on portait des herbes odoriférantes ou de l'encens.

N° 1099. *Collection de grains de colliers*, en verroterie.
Ces perles de verre sont ou légèrement aplaties, ou en cylindre allongé, ou à pans coupés. Nous en voyons veinées de rouge, de jaune, de blanc, en pâte semi-opaque, godronnées de diverses couleurs, en pâte verte, en verre blanc irisé, en émail bleu, à veines d'azur, à côtes, plusieurs sont cannelées; en un mot, la diversité en est si grande qu'on doit renoncer à en faire la description.
Parmi ces grains en verroterie, il peut s'en trouver de fort anciens, car, dès qu'il existe des fonderies, on obtient du verre; les scories ne sont autre chose que du verre, c'est-à-dire des silicates de différentes bases : de chaux, d'alcali, etc. Les perles de verre bleues ou vertes de l'époque du bronze sont des scories que l'on polissait.

N° 1100. *Collection de baguettes*, en pâte vitreuse, taillées ou fondues en ruban ou en tortillé.

Ces baguettes servaient à cacher les jointures des plaques de verre dont on ornait les murs des appartements.

N° 1101. *Collection* d'une grande quantité de fragments *de pâtes de verre*, offrant des échantillons de dessins les plus variés ; ils proviennent presque tous des fouilles faites sur les bords de Tibre aux environs de Rome. C'est, sans contredit, la plus grande réunion de ce genre qui ait été faite jusqu'à présent. Nulle part, on ne peut mieux étudier et sur des spécimens plus choisis, jusqu'à quel degré de perfection les anciens avaient su porter l'art du verrier dans lequel les ouvriers de Murano, et les successeurs de ceux-ci, n'ont pas encore pu être leurs imitateurs et les continuateurs de leurs traditions, ainsi que de leurs procédés.

Quelques-uns de nos fragments offrent de belles nuances de pourpre, et l'on peut regarder le verre comme un des grands objets de la décoration des appartements, dans le temps du luxe et de la splendeur des Romains. On en formait des colonnes, des revêtements, des panneaux, etc. Ces ornements, faciles à nettoyer et susceptibles de toutes les couleurs, comme on le voit dans notre collection, produisaient des effets magnifiques et durables, car on reconnait la force et la résistance du verre, lorsqu'il est d'une certaine épaisseur.

Pline avait des manuscrits dans lesquels étaient décrits des procédés pour imiter les pierres précieuses. La crainte de propager cette fraude l'a déterminé à ne point divulguer ces procédés, et lui a fait même donner les moyens les plus propres à faire reconnaitre les fausses pierres précieuses : *limâ, tactu, pondere*. Cependant comme, à l'article du verre blanc, il s'est trouvé obligé de parler de l'oxyde de manganèse, qui, sans colorer ce verre et même en le décolorant, contribue à sa pureté, et comme, à l'article des couleurs métalliques servant à la peinture, il n'a pu s'empêcher d'énumérer les oxydes qui les procurent, il en est résulté que, sans le vouloir, il a enseigné la route qu'on devait suivre pour trouver les verres colorés, les fausses pierres précieuses.

Voici maintenant une série de sujets traités en camaïeu ou en relief. (V. aux Pierres gravées pour les sujets en creux).

N° 1102. *Harpocrate,* ailé. Terre bleue mate.

N° 1103. *Petite femme,* assise dans une position peu décente, d'une vitrification bleue irisée.

C'est probablement un ex-voto à Junon-Lucine, pour obtenir un heureux accouchement. Voir n° 306.

N° 1104. *Vénus,* se dépouillant de ses vêtements. Émaillé de blanc.

Le célèbre vase Portland, vendu 46,000 fr., qui est au musée britannique, se compose de deux couches de verre superposées. L'une (celle du fond) est d'un bleu foncé, et l'autre d'un blanc opaque, de telle sorte que les figures se détachent aussi en blanc sur le fond.

On croit que ces sculptures en verre appartiennent à une période postérieure à celle des verres à ornements en mosaïque. On les fabriquait en couvrant une masse de verre coloré et transparent d'une couche de verre blanc et opaque, dans laquelle on faisait probablement les figures par le moyen du touret.

N° 1105. *Vénus,* accroupie au bain; autour d'elle des vases. (Winckelmann, Pierres gravées de Stosch, p. 115, n° 543.) Verre brun.

N° 1106. *Vénus,* assise, jouant avec l'*Amour* qu'elle tient par les ailes. Pâte blanchâtre mate.

Nº 1107. *Vénus* endormie; autour d'elle voltigent des *amours*. Verre bleu.

Nº 1108. Verre bleu, *deux figures* en relief. Amour embrassant Psyché.

Nº 1109. Verre verdâtre, les *deux* mêmes *figures*. (2 exemplaires.)

Nº 1110. *Amour* dansant.

Nº 1111. *Amour* tenant une corbeille de fruits et une lagène.

Nº 1112. *Amour* perçant d'un trident un crabe. (Voir ci-dessus, I, p. 312.) Verre vert.

Nº 1113. *Amour* sur l'épaule d'*Hercule*. Émaillé de blanc.

Nº 1114. *Amours* jouant avec un autre personnage. Id.

Nº 1115. Un *id.* Verre bleu.

Nº 1116. Partie supérieure d'une plaque vitreuse bleue, où se voit encore la *tête d'un amour* (?)

Nº 1117. *Amour*, assis, tenant un instrument de la forme du chiffre 8, tel qu'on en voit un, dans la main d'un triton, sur un miroir représentant un épisode de l'Odyssée, dans les Monum. ined. de Winckelmann, II, pl. 156. Verre bleu.

Nº 1118. *Bacchus*, avec un thyrse, en blanc, sur un verre d'un vert-clair.

Nº 1119. *Bacchus* assis devant Ariadne couchée qui lui tend une coupe. Verre foncé.

N° 1120. *Nymphe* ou dryade, vivement sollicitée par un faune ; il cherche à la dépouiller de sa draperie qu'elle retient d'une main, tandis que de l'autre elle le repousse.

N° 1121. Pâte vitreuse bleue. *Un faune*, avec son thyrse. Le bas de la plaque manque malheureusement.

N° 1122. *Danseuse*, en émail blanc sur un fond brun irisé. Sa pose est des plus gracieuses.

N° 1123. Un *génie ailé* est occupé à dresser un trophée. Émail blanc sur une pâte irisée d'un brun bleuâtre.

N° 1124. *Tête de Méduse*, d'un blanc opaque sur un fond bleu verdâtre. C'est par un long séjour dans la terre que la masse a été recouverte d'une sorte d'enduit blanc.

Le visage de Méduse est quelquefois affreux et terrible ; d'autres fois il est comme un visage ordinaire de femme. Il se trouve même assez souvent des Méduses tout à fait gracieuses. Telle est notre tête de Méduse, qui a de petites ailes sur la tête et qui, aux cheveux hérissés près, n'a rien dans son air que d'agréable.

Ces petites ailes indiquent une origine céleste ; on les regarderait à tort comme symbole du sommeil, quoique Méduse fût endormie quand Persée lui coupa la tête. Bacchus est représenté avec des ailes semblables sur un bas-relief de la galerie de Florence, et Thétis a le même attribut sur un vase du plus beau style qui se trouve au musée de Naples ; on voit également, dans plusieurs monuments, des ailes attachées à la tête de Mercure imberbe et à celle d'Iris. Le sentiment du beau a fait écarter ces grandes ailes, que l'on ne trouve que sur les peintures et les bas-reliefs de l'ancien style.

On voit que cette tête de Méduse servait à décorer la frise de quelque intérieur de tombeau, genre de décoration qui était fort en usage chez les Romains ; elle est encore en partie entourée du gypse ou de la matière qui servait à la retenir.

Nº 1125. *Omphale,* ou *Iole,* coiffée de la tête du lion et ayant les épaules couvertes de la peau. Ce beau camée, en pâte vitreuse brune foncée, a une couche superposée d'un blanc brillant.

Nº 1126. *Iole,* revêtue de la peau du lion, et portant la massue. Émaillé de blanc.

Nº 1127. *Néréide sur le dos d'un hippocampe,* traversant la mer, dans les ondes de laquelle se voient une nymphe, des dauphins, etc. Ce charmant camée en émail blanc opaque avait beaucoup souffert; il a été renforcé en plâtre.

Nº 1128. Femme agenouillée. Émaillé de blanc.

Nº 1129. Femme assise à droite. Id.

Nº 1130. *Bige,* au galop, conduit par son *agitater.* Verre bleu.

Nº 1131. Un *homme* conduisant un *cheval.* Verre verdâtre.

Nº 1132. *Fragment d'un torse,* sur une plaque vitreuse bleue.

Nº 1133. Sur une plaque de verre d'un brun opaque se trouve, en émail blanc, un *fragment d'une belle tête* couronnée de laurier. Ainsi les anciens, non contents d'être arrivés à produire les pierres précieuses factices monochromes, étaient encore parvenus à imiter celles qui ont deux ou trois couches de couleurs diverses.

Nº 1134. *Belle tête de femme,* en émail blanc, sur un fragment de pâte vitreuse brune.

Nº 1135. *Figure égyptienne,* en émail blanc, sur une plaque brune irisée.

N° **1136.** *Petite tête,* qui nous indique parfaitement l'une des manières dont les anciens travaillaient le verre.

Nous voyons que lorsque l'artiste avait soudé ensemble des aiguilles de verre, en les combinant de manière à obtenir la représentation aussi exacte que possible du modèle qu'il avait devant lui, il pouvait scier délicatement le faisceau formé par la réunion des aiguilles et se procurer ainsi, dans une seule combinaison, une assez grande quantité de copies parfaitement semblables entre elles.

Nous en avons fait l'expérience, en faisant couper en trois le morceau que nous avons trouvé et dont nous n'avons gardé qu'une des parties, qui pourrait encore être divisée en deux tranches sur lesquelles se verrait également la même tête.

N° **1137.** Verre bleu, *tête* de face et d'un grand relief.

N° **1138.** Pâte brune, belle *tête,* en profil.

N° **1139.** Verre blanc opale, charmante *tête de femme,* en haut relief.

N° **1140.** *Buste de femme,* vue de face. Ses cheveux tombent sur les épaules. Ce beau camée est en haut relief blanc sur un fond brunâtre.

N° **1141.** Pâte rouge. Charmant *buste de femme*, en relief, vue de profil, d'une grande expression.

N° **1142.** Verre d'un brun très-clair, sur lequel se trouve, en relief, une *tête* de trois quarts.

N° **1143.** Pâte antique, imitant la sardoine. *Buste de femme,* de profil, en relief blanc; la coiffure est de couleur orangée. Une expression de fierté règne dans la figure de cette femme.

Nº 1144. Fragment de verre bleu, sur lequel se voit, en émail blanc, une *tête d'homme,* en profil, à cheveux et à longue barbe crépus.

Nº 1145. *Tête d'homme,* vue de profil, en blanc superposé sur un fond brunâtre.

Nº 1146. Belle *tête d'empereur,* couronnée de laurier; couche blanche sur un fond brun.

Nº 1147. Fragment de camée d'un verre orangé; partie supérieure de la tête *casquée* d'un guerrier.

Nº 1148. *Tête de femme,* de face, fort relief. Verre bleu.

Nº 1149. *Tête de femme* casquée, à droite. Verre à trois couches.

Nº 1150. *Id.,* à gauche. Id.

Nº 1151. *Id.* Émail.

Nº 1152. *Deux têtes* affrontées. Verre brun.

Nº 1153. *Tête,* à droite. Verre brun.

Nº 1154. *Tête de femme,* à droite, ceinte d'un bandeau. Verre bleu.

Nº 1155. *Tête,* de face. Verre vert.

Nº 1156. *Id.* Verre bleu.

Nº 1157. *Tête* chauve, de face. Verre bleu.

Nº 1158. *Tête* casquée, de face, à forte barbe tressée.

Nº 1159. *Tête* de face. Verre violet.

N° 1160. *Tête*, de face; au-dessus, deux boutons. Verre vert.

N° 1161. *Tête de lion*, de face. Verre vert.

N° 1162. *Bucrane*, en verre bleu irisé.

N° 1163. Verre bleu, un *chien couché*, en relief.

N° 1164. Verre violet. Un *id*.

N° 1165. Verre d'un vert clair, un *chien couché*, en haut relief.

N° 1166. *Singe*, en pâte vitreuse jaunâtre; trouvé près de Brindisi.

N° 1167. *Paon*, étalant ses plumes.

L'éclat et le brillant d'une dorure magnifique que le temps a donnée à ce verre en relief, dont la qualité était anciennement pareille aux verres ordinaires, rend ce camée très-agréable à voir.

Les paons étaient des oiseaux rares et estimés; on voit par Horace, Sat. II, 2, combien de son temps ils étaient recherchés à Rome.

N° 1168. Charmant *oiseau*, en émail blanc, sur une pâte vitreuse brune.

N° 1169. Verre bleu, un *scorpion*, en relief.

N° 1170. *Abeille*, en verre bleu.

N° 1171. *Fleuron*, en verre vert.

PIERRES GRAVÉES & PÂTES.

L'art de graver les pierres *(glyptique)* remonte aux temps les plus reculés; l'Orient le transmit à la Grèce, et celle-ci à Rome, où l'usage des cachets à sceller devint si général que tout Romain, toute Romaine, même tout esclave, avait sa bague à cachet, formé d'une pierre gravée, ou au moins d'une imitation en verre : de là le grand nombre d'*intailles* (plutôt que de *camées)* qui sont arrivées jusqu'à nous, et qu'on rencontre dans toute contrée occupée jadis par les Romains. On en a trouvé plusieurs en Belgique.

L. Natter, dans son Traité de la méthode antique de graver des pierres fines comparée à la méthode moderne (Londres, 1754), et Lippert, en sa Dactyliothèque (préface), ont démontré que les procédés des anciens artistes étaient en tout semblables aux nôtres, et que notamment les graveurs de l'antiquité employaient le touret comme nous; on ne peut assez admirer, néanmoins, la finesse et la délicatesse des intailles antiques, vu la nécessité de suppléer par des procédés imparfaits à l'absence de nos lentilles grossissantes.

Cependant l'art ancien, pas plus que le nôtre, n'était accompli dans toutes ses manifestations; à côté de pierres gravées, réellement irréprochables et même belles, l'antiquité nous en fournit de médiocres et d'incorrectes; il en est même qui sont à peines ébauchées, et parmi celles-ci, on remarque le procédé de gravure, dite étrusque, notamment sur scarabées : de petites concavités *(a globolo)*, creusées au foret, étaient rejointes par des lignes, et formaient un ensemble souvent tout à fait rudimentaire. (Ces intailles, dites de manière étrusque, sont souvent entourées d'une bordure.)

Mais l'art se révèle presque constamment à un niveau supérieur, dans ce qu'on appelle les pâtes de verre (en italien *paste*). Celles-ci sont des imitations moulées anciennement sur des modèles accomplis, choisis précisément à raison de leur mérite. Ainsi l'on peut dire avec raison que les pâtes, simples imitations sur matière vile, sont plus précieuses que la plupart des pierres gravées elles-mêmes. A Rome, d'après Pline (XXXVII, 75), l'imitation des pierres fines était une fraude des plus lucratives. Cependant les artistes verriers chargés de mouler de semblables pâtes, ont souvent donné libre carrière à leur fantaisie, en imaginant des combinaisons de verre des couleurs les plus variées, combinaisons évidemment dégagées de tout désir d'imiter la nature.

Les pâtes ont, en outre, l'avantage d'être souvent plus authentiques que les pierres gravées, recueillies aujourd'hui : les pierres gravées, au contraire, ont souvent tenté les faussaires de Rome, assurés d'en trouver le débit parmi les visiteurs de la ville éternelle. Il faut donc une étude toute particulière pour distinguer les intailles antiques des modernes, et la collection avait été formée de cette façon à Rome, lorsque l'acquisition, en bloc, d'une collection semblable, vint quelque peu déranger cette harmonie, en augmentant le nombre des pierres suspectes. Cette collection adventice était l'une des collections Marenzi de Marensfeld, commencées au siècle passé à Bruges.

Épurer l'ensemble en élaguant les pièces suspectes, eût été, sans contredit, le procédé le plus correct; cependant il a paru que les observations comparatives sur la fausseté des pierres gravées étaient de nature à être consignées ici, soit pour être acceptées comme guide si elles sont fondées, soit, si elles ne le sont pas pour être réfutées.

Un certain nombre de pierres, surtout en cornaline, représentant des personnages à poses contournées, des attributs vulgaires (rameaux, arcs, boules), ont paru n'appartenir en aucune façon à l'art antique, plus simple et plus sévère. On croirait y reconnaître certaines poses académiques dont la statuaire des deux derniers siècles nous fournit de nombreux exemples. Une date plus précise nous est donnée à cet égard par des ouvrages (Gorlaeus, Dactyl., II, 614, Ebermayer, Capita deorum, etc., pl. XV, fig. 402) imprimés au commencement du siècle passé; ces ouvrages publient des intailles en tout semblables aux pierres suspectes de la collection Marenzi, et dès lors celles-ci, si elles sont modernes, sont du XVIIe siècle. Elles seront indiquées * XVIIe s.

Il semble, en outre, qu'on peut rapporter au XVIIIe siècle les proportions exagérées en longueur, etc., que l'on remarque dans certains monuments de cette époque. Quelques spécimens de cette imitation supposée, seront, le cas échéant, marqués * XVIIIe s.

Enfin, une série de têtes paraissent avoir été gravées dans le présent siècle; toutes sont de petites dimensions et tournées à droite; toutes présentent, en outre, cette particularité que Maffei avait cru même pouvoir proposer comme une preuve de la non-authenticité des intailles : le fond en est resté dépoli. Or, si Winckelmann a raison de faire observer que les modernes connaissent l'art de polir les pierres après la gravure, il n'en est pas moins vrai que toutes les intailles anciennes sont polies. Les intailles suspectes dont il s'agit, sorties de la même fabrique, sinon de la même main, seront désignées * XIXe s.

L'astérisque, sans autre indication, désignera les intailles qui, à raison, non d'imperfections, mais de particularités de style souvent indéfinissables, sont considérées comme n'étant pas de travail antique.

Le lecteur aura sous les yeux, dans l'Atlas qui suivra la publication du présent catalogue, la représentation de la collection entière des pierres gravées, et pourra contrôler ce travail d'épuration.

Pour ne pas dépasser les limites que comporte l'importance relative de la série des pierres gravées, minime partie des collections du musée de Ravestein, les dissertations ont été évitées, et des renvois aux auteurs qui ont étudié des sujets analogues, permettront, dans les cas quelque peu exceptionnels, de retrouver les sources.

Quelques sujets sont restés indéterminés, notamment pour les têtes sans attributs et sans signes distinctifs, ou pour quelques personnages portant des instruments non reconnus. Un humble aveu de recherches vaines dans les nombreux recueils compulsés d'iconographie et d'archéologie, a paru préférable à des attributions hasardées. Les lecteurs auront, du reste, les dessins sous les yeux, dans l'Atlas, et pourront eux-mêmes suppléer à l'insuffisance de quelques descriptions.

Pour cause de concision, on adoptera, même avec ses incorrections grammaticales, le langage des numismates, et notamment de Cohen, dans la description des sujets.

Les intailles sont décrites et représentées telles qu'elles sont, et non d'après leurs empreintes : si quelque trait historique est faussé par là, le lecteur le redressera facilement.

Quant à l'ordre suivi, à défaut de règles uniformément adoptées par les archéologues, la méthode adoptée a été celle qui groupait de la manière la plus avantageuse les différentes catégories d'intailles, en ne rapportant aux divinités, par exemple, que les attributs bien indiqués en eux-mêmes.

Quelques mots des pierres quant à leur apparence extérieure. (Il en sera reparlé au point de vue technique dans la partie du présent catalogue relative à la collection lithologique.)

Agate, pierre fine, vitreuse et demi-transparente, ne différant du silex que par sa couleur et sa transparence demi-offusquée; on en distingue de toutes les couleurs, sauf le bleu et le violet.

Portent plus particulièrement le nom de : *cornaline*, l'agate rouge;

calcédoine, l'agate de couleur blanche, laiteuse et légèrement teintée de gris, de bleu ou de jaune; *sardoine*, l'agate orangée, brunâtre, enfumée, fauve, d'un tissu de corne.

Jaspe, silex peu ou point transparent, de couleurs sombres et chargées, blanc d'ivoire, jaune, rouge de sang, brun de foie, bleu de lavande, violet, noir, vert de poireau; le *jaspe sanguin*, très-estimé, est moucheté de rouge; le *jaspe panthère* est moucheté de jaune.

Le *lapis-lazuli*, mal à propos considéré comme jaspe bleu, s'en distingue par des paillettes d'or.

Onyx (y compris ceux qu'on appelle spécialement *niccolo*), silex dont les couches sont disposées par zônes horizontales et parallèles, et où le travail du graveur a fait apparaître une ou plusieurs des couches inférieures; il y a cependant des onyx où la gravure n'excède pas la couche supérieure.

Opale, pierre d'un bleu laiteux, presque transparente, s'irisant ou chatoyant, selon son exposition.

Cristal, pierre transparente, non colorée.

Topaze, pierre fine, colorée en jaune.

Grenat, pierre fine d'un rouge de gros vin, rouge foncé ou obscur, ou jaunâtre, violet brun foncé tirant sur le sang de bœuf, plus pure et plus transparente que la cornaline.

Hyacinthe, pierre fine, d'un rouge tirant sur le jaune, plus légère et plus tendre que le grenat.

Émeraude, pierre fine, d'une couleur verte diaphane. Les Romains, au rapport de Pline (XXXVII, 16), avaient une si grande estime pour l'émeraude, qu'il était interdit à leurs graveurs d'y porter le burin; aussi ne rencontre-t-on communément que des intailles sur fausse émeraude, c'est-à-dire sur une sorte d'agate verte (*plasme*, corruption de *prasina*, verte, *héliothrope*, *chrysoprase*, d'après les nuances) ou sur *aigue marine*.

Les artistes Romains employaient aussi le *béril* (pierre verte moins transparente que l'émeraude).

MYTHOLOGIE SACRÉE.

DIVINITÉS ÉGYPTIENNES.

N° 1172. *Anubis*, à gauche, tenant une pique et le *Tau* ou croix ansée. Jaspe vert.

N° 1173. *Horus-Harpocrate*, à droite, tenant un fléau, dans une barque de papyrus. (Winckelmann, Pierr. gr. de Stoch, p. 23, n° 97; Rich, v° Phaselus, voir ci-dessus, I, p. 48). Pâte.

N° 1174. Tête égyptienne, à gauche. *Prêtresse* (?). Camée.

SATURNE,

N° 1175. *Saturne* (?), à droite, assis, tenant de la main gauche une harpé. Cornaline*.

JUPITER.

N° 1176. *Jupiter*, à droite, tenant une haste et un foudre (?). Cornaline*.

N° 1177. *Id.*; devant, un croissant, particularité peu commune. (Winckelmann, Ib., p. 44, n° 73). Jaspe rouge.

N° 1178. *Id.*, à droite, assis, tenant la haste et le foudre; devant, un aigle se retournant. Calcédoine.

N° 1179. *Id.*, tenant une haste et une patère; devant, un aigle. Opale.

N° 1180. *Id.*; l'aigle tient une couronne. Opale.

Nº 1181 et 1182. *Jupiter*, tenant une haste et une Victoire. Jaspe rouge et cornaline.

Nº 1183. *Id.*, à droite, tenant une haste et la main gauche étendue; devant, l'aigle. Cornaline * XIXᵉ s.

Nº 1184. *Id.*, l'aigle sur la main étendue. Calcédoine.

Nº 1185. Tête de *Jupiter* à gauche. Hyacinthe.

Nº 1186. *Id.*; dessous, l'aigle. Hyacinthe.

Nº 1187. *Jupiter-Sérapis*. Tête de face. Pâte.

Nº 1188. *Aigle* de Jupiter, se retournant à gauche, tenant dans son bec une palme et une couronne; sous sa serre, un foudre; placé sur un autel rond, à antes en têtes de bélier; dessous, deux têtes de bouc; derrière l'autel, un caducée. Pâte.

Nº 1189. *Id.*, se retournant à droite et tenant une couronne dans son bec. Cornaline.

Nº 1190. *Id.*, sur un autel; devant, un rameau et un bouclier. Pâte.

Nº 1191. *Id.*, à gauche, entre deux enseignes, tenant une couronne. Cornaline.

Nº 1192. *Id.*, se retournant à droite, entre deux enseignes, sur un navire. Pâte.

Nº 1193. *Id.*, tête à droite, ailes éployées, tenant une couronne. Pâte.

Nº 1194. *Id.*, se tournant à gauche, sur un autel (?), tenant un rameau. Cornaline.

Nº 1195. *Id.*, se retournant à droite, enlevant un lièvre, emblème de Jupiter-Hadès. (Nouv. Gal. mythol., p. 164, nº 942.) Pâte.

Nº 1196. *Id.*, déchiquetant un lièvre. Grenat.

JUNON.

Nº **1197**. *Junon*, à droite, allaitant Hercule (Visconti, Mus. Pio-Clement., I, pl. ɪᴠ; Winckelmann, Mon. inéd., pl. xɪᴠ, nº 1, p. 14), ou Mars. D'après Winckelmann, l. cit., Adrastée nourrissant Jupiter et selon le même, Pierr. grav., p. 299, nº 1823, Romilia ou Nursia; aux yeux de Müller, Descr. des intailles du mus. Thorvaldsen, p. 28, nº 163, ce serait Cérès ou Ino-Leucothoé. Agate.

Nº **1198**. *Junon (?)*, à droite, tenant une patère, assise sur un siége à cou de cygne et à pieds de lion. Pâte.

Nº **1199**. *Junon (?)*, à droite, assise et tenant une patère. Pâte.

Nº **1200**. Le *paon* de Junon, à gauche, sur un autel, nourri par une cigogne. Pâte.

CÉRÈS.

Nº **1201**. *Cérès*, à gauche, tenant une corbeille de fruits et deux épis; devant, une fourmi. Onyx.

Nº **1202**. *Id.*, sans fourmi; au second plan, un bélier (?) couché. Cornaline.

Nº **1203**. *Id.*, à droite, assise, appuyant une main sur son siége, et tenant deux épis; devant, la fourmi. Héliotrope.

Nº **1204**. *Id.*, à droite, assise, tenant un épis. Cornaline.

Nº **1205**. *Id.*, à droite, tenant une *cornucopia* et un épi renversé; derrière, une colonne. Pâte.

Nº **1206**. *Id.*, à droite, tenant une *cornucopia* et une Victoire; derrière, une colonne. (Winckelmann, p. 68, nº 229.) Pâte.

N° 1207. *Cérès*, à gauche, assise, tenant une *cornucopia* et une patère; à ses pieds, un animal (?). Cornaline.

N° 1208. *Id.*, à droite, tenant une patère et une corbeille de fruits. Hyacinthe.

N° 1209. Buste de *Cérès* (ou de Proserpine), à gauche, couronnée d'épis. Pâte.

N° 1210. *Id.*, (?), à gauche; derrière, un épi. Sardoine.

N° 1211. *Id.*, à droite. Cornaline.

N° 1212. Procession des *Arvales* (?), deux personnages conduisant des animaux, précédés d'un troisième portant une serpe; devant, un arbre. Plasme.

NEPTUNE.

N° 1213. *Neptune*, à gauche, tenant un dauphin et un trident. Cornaline.

N° 1214. *Id.*, à droite, tenant un trident et un aplustre; devant, une proue. Pâte.

N° 1215. *Id.*, tenant deux poissons et un trident; le pied gauche sur une proue. Pâte.

N° 1216. *Id.*, tenant un trident et un dauphin; devant, une colonne. Inscription grecque non lisible. Jaspe noir.

N° 1217. *Id.*, tenant un aplustre; devant, un gouvernail; derrière, une colonne. Pâte.

N° 1218 et 1219. *Id.*, tenant un trident et un aplustre (?); le pied sur une proue. Deux pâtes.

N° 1220. *Id.*, à gauche, tenant un dauphin, et la main sur une colonne; devant, un bouclier; au second plan, une haste. Plasme.

Nº 1221. *Néréide*, à gauche, développant une écharpe autour de sa tête, sur un hippocampe. Pâte.

MINERVE.

Nᵒˢ 1222 et 1223. *Minerve* casquée, à droite, tenant un bouclier et une haste. Cornaline et Héliotrope.

Nº 1224. *Id.*, à gauche, tenant une haste et un bouclier. Calcédoine.

Nº 1225. *Id.*, comme au nº 1222 ; devant, un hibou. Onyx.

Nº 1226. *Id.*, à gauche, tenant un glaive et un bouclier. Émeraude.

Nº 1227. *Id.*, à droite, tenant une haste avec un bouclier, et une Victoire. Cornaline.

Nº 1228. *Id.*, tête nue, à gauche, tenant un scéptre, et un bouclier avec un javelot. Jaspe sanguin * XVIIᵉ s.

Nº 1229. *Id.*, casquée, à gauche, tenant un rameau et une haste. Jaspe sanguin * XVIIᵉ s.

Nº 1230. *Id.*, casquée, assise à droite, appuyée sur un bouclier et tenant un foudre. (Comp. Müller, nº 235.) Pâte.

Nº 1231. *Id.*, mais tenant un masque. (La tunique talaire avec laquelle la déesse Roma est rarement représentée, et, du reste, l'absence d'analogie empêchent de voir dans ce sujet la dite déesse tenant la tête, emblème du Capitole, V. Nouv. gal. myth., p. 41 et 104.) Pâte.

Nº 1232. *Id.*, non casquée ; même sujet. Améthyste.

Nº 1233. Tête de *Minerve*, casquée, à gauche. Pâte.

Nº 1234. *Id.* ; devant, un attribut. Sardoine.

Nº 1235. *Id.*, à droite, tenant une lance. Pâte.

APOLLON, DIANE, ESCULAPE.

N° **1236**. *Apollon*, à droite, tenant un fouet et une chlamyde, et levant la main gauche ; devant, un astre. Il est parlé de cette intaille et de la suivante dans les Annales de l'Acad. d'archéol. de Belg., II° série, VI, p. 384. S'il est exact de dire avec M. le baron de Witte (Bull. ibid., I, p. 381), que cette représentation n'a aucun rapport avec celles qui sont gravées sur les abraxas, il n'en est pas moins vrai que les abraxas représentent souvent le Soleil armé du fouet, sujet emprunté au paganisme. Jaspe sanguin.

N° **1237**. *Id.* (sans l'astre), suivi de Mercure, tenant un caducée et une bourse ; devant ce dernier, un coq. Jaspe brun.

N° **1238**. *Apollon*-Panthée, à gauche, un *modius* sur la tête, tenant une patère et une *cornucopia*. Inscription : cc | f ‖ ıvх | ıo ‖ rı | s. (Décrite identiquement par Mich. Ang. Causeus (de la Chausse), Gemme figurate, 1700, p. 18, n° 56, qui cependant la donne comme un niccolo, sorte d'onyx. Calcédoine.

N° **1239**. Tête d'*Apollon*-Panthée, à gauche, avec le modius de Sérapis, les cornes d'Ammon ; devant, le trident de Neptune avec le serpent d'Esculape. (Winckelmann, p. 43, n° 62 ; Maffei, Gemm. antiche figur., II, pl. xxx, 70 ; Schlichtegroll, Dactyl. Stoschiana, II, pl. xxı, n° 65 ; Gorlaeus, Dactyl., I, fig. 29 et 193 ; Ebermayer, Capita deorum, pl. I, fig. 4 ; Beger, Thes. elect. Brandeb., I, fig. 83.) Jaspe rouge.

N° **1240**. Tête radiée d'*Apollon*, à gauche. Pâte.

N° **1241**. *Apollon* (?), à droite, assis, tenant deux piques et une lyre. (Comp. Gori, Mus. florent., I, pl. lxv, 9.) Plasme.

N° **1242**. Tête d'*Apollon* (?), à gauche, laurée. (Comp. Müller, n° 181 et s., etc.). Pâte.

N° **1243**. Tête d'*Apollon*; devant, une lyre. Pâte.

N° **1244**. *Id. (?)*, coiffé d'une sorte de turban, et portant une bipenne. Si la figure pouvait être considérée comme féminine, cette intaille représenterait plutôt une Amazone, reconnaissable à la bipenne et à la *mitra* qui la coiffe. (Rich, V. ce dernier mot.) Cornaline.

N° **1245**. Tête d'*Hyacinthe (?)*, à gauche, ceinte d'un bandeau. (Gori, II, pl. xxii, fig. 3.) Pâte.

N° **1246**. *Muse,* à gauche, assise, tenant un masque et un *pedum*. Calcédoine.

N°s **1247** et **1248**. Tête laurée, à gauche, d'*Esculape;* devant, un serpent enroulé autour d'une baguette. Sur la première, inscription en caractères grecs, dont partie au revers. Jaspe panthère et pâte.

N° **1249**. Sacrifice à *Esculape;* un guerrier agenouillé offre une coupe au serpent enroulé. Agate.

N° **1250**. *Id.;* un homme nu, agenouillé, à gauche, met un serpent sur un autel enflammé. Héliotrope.

N° **1251**. *Diane* Lucifère, à droite, un croissant sur la tête, tenant un disque (?) et une lampe; son écharpe voltige derrière elle. Topaze.

N° **1252**. *Diane* chasseresse, à gauche, tenant un arc, et la main au carquois; derrière, un arbre; au second plan, une biche. Onyx.

N° **1253**. *Diane* d'Ephèse, de face, entre la lune et le soleil. Cornaline.

MERCURE.

N° **1254**. *Mercure* Epactios, à gauche, tête nue, assis sur un rocher, tenant une bourse; devant, un coq. (Winckelmann, p. 87, n° 373.) Onyx.

N°s **1255** et **1256**. *Id.*, à droite, tenant une baguette. Cristal et améthyste.

Nº 1257. *Mercure* nu, à droite, tenant le caducée et la bourse. Onyx.

Nº 1258. *Mercure*, se retournant à droite, tenant le caducée avec une chlamyde, et caressant un chien qui se dresse contre lui. Jaspe jaune.

Nº 1259 à 1262. *Mercure* avec le pétase, à droite, tenant le caducée avec une chlamyde, et une bourse. Trois cornalines, une pâte.

Nº 1263. *Mercure*, tenant le caducée et une patère. (Winckelmann, p. 89, nº 382.) Pâte.

Nº 1264. *Mercure*, à droite, avec le caducée et la bourse; au second plan, un chien. Pâte.

Nº 1265. *Mercure*, appuyé contre une colonne et tenant une *cornucopia* et une bourse; au second plan, un chien. Pâte.

Nº 1266. *Mercure*, à droite, tenant le caducée et la bourse; le pied sur une proue. Pâte.

Nº 1267. *Id.*, tenant le caducée et un rameau, le pied sur un sphinx. Pâte.

Nº 1268 et 1269. *Mercure*, tenant un caducée et une haste. (Peut-être un héraut. V. Rich, vº Ceryx.). Deux cornalines * XIXº s.

Nº 1270. *Mercure*, à droite, suivi de *Minerve*. Jaspe noir.

Nº 1271. Tête de *Mercure*, à gauche ; devant, le caducée. Inscription rétr. : F ‖ E. Jaspe rouge.

Nºˢ 1272 et 1273. Tête de *Mercure*, à gauche, avec le pétase. Deux pâtes.

Nº 1274. Tête ailée, à gauche, de *Mercure* (?). Pâte.

Nº 1275. Tête de *Mercure*, à gauche, avec le pétase ; derrière, le caducée. Pâte.

Nº 1276. Tête de *Mercure*, entre le caducée et une *cornucopia*; dessous, deux mains unies. Pâte.

Nº 1277. Tête, à gauche, de *Mercure* (?); derrière, un caducée (?). Jaspe rouge.

CYCLE MARTIAL.

Nᵒˢ 1278 à 1283. *Mars* Gradivus, à gauche, portant un trophée et une haste; une écharpe autour du corps. Deux cornalines, onyx, jaspe rouge, deux pâtes.

Nº 1284. *Id.*, à gauche, tête nue, tenant un bouclier et une haste. Cornaline*.

Nº 1285. *Id.*, à droite, casqué. Inscription rétr. o ‖ P ‖ E. Onyx.

Nº 1286. *Id.*, à couronne radiée, à droite, tenant un sceptre et un casque; devant, un bouclier. Jaspe jaune.

Nº 1287. Tête de *Mars*, à gauche, casquée et barbue. Jaspe vert.

Nº 1288. *Id.*, à droite. Cornaline * XIXᵉ s.

Nº 1289. *Héros*, à droite, tenant un bouclier et une haste; derrière, un vase. Agate.

Nº 1290. *Id.*, à gauche, tenant une haste et un bouclier; devant, une colonne surmontée d'un vase. Agate.

Nᵒˢ 1291 et 1292. *Guerrier*, à droite; devant, un trophée. Deux pâtes.

Nº 1293. *Id.*, à gauche, un bouclier devant lui, offrant une fleur à un temple placé sur un rocher, derrière lequel il y a un arbre. Agate.

Nº 1294. *Id.*, à droite, s'inclinant devant une colonne surmontée d'un globe. Cornaline.

N° 1295. *Héros*, à droite, tenant une haste et un casque. Agate.

N° 1296. *Id.*, tenant un casque. Sardoine.

N° 1297. *Id.*, assis, à droite. Agate.

N° 1298. *Id.*, à gauche, assis, tenant un bouclier et une haste. Pâte.

N°s 1299 et 1300. *Guerrier*, à gauche, tenant un bouclier et une haste. Lapis lazuli *, et pâte.

N° 1301. *Id.*, tenant une haste et un bouclier. Jaspe foncé.

N° 1302. *Id.*, à gauche, tenant une pique à crampon pour monter à cheval (Winckelmann, p. 170, n° 973; Mon. inéd., II, p. 102), et un bouclier. Cornaline.

N° 1303. *Guerrier* nu, à droite, armé d'un bouclier et d'une pièce pectorale, tenant une chlamyde et un casque; devant, un aigle ou un bouclier. Inscription non déchiffrée. Agate *.

N° 1304. *Guerrier*, à gauche, tenant une haste et la main au menton; devant, un bouclier. Pâte.

N° 1305. *Guerrier*, à droite, semblant assis à cheval. Pâte.

N° 1306. *Guerrier*, à droite, perçant de sa pique un ennemi terrassé. Inscription rétr. : ΑΝΘΡΡΩΙ. Améthyste.

N° 1307. *Cavalier*, galopant, à gauche, et perçant de son javelot un ennemi nu, terrassé et appuyé sur son bouclier. Cornaline.

N° 1308. *Guerrier*, à genoux, se retournant à droite, et tenant un glaive et un bouclier. Scarabée en agate.

N° 1309. *Deux guerriers* à droite. Travail dit étrusque. Id. en cornaline.

N° 1310. *Guerrier*, de face. Id., très-usé, en jaspe noir.

N° 1311. *Trois guerriers*, à droite, se suivant. Pâte.

N° 1312. Tête casquée de *guerrier*, à gauche. Jaspe vert * XVIII° s.

N°° 1313 à 1316. *Id.*, barbue, à gauche, avec casque à cornes d'Ammon, comme Pyrrhus en portait un. On représente aussi avec les cornes d'Ammon, Alexandre, Lysimaque. (Winckelmann, p. 160, n° 915, p. 412, n° 23. De la Chausse, Le grand cab. rom., pl. XIX.) Quatre pâtes.

N°° 1317 à 1319. *Id.*, casquée à gauche. Trois pâtes.

CYCLE ÉROTIQUE.

N° 1320. *Vénus*, de face, appuyée à une colonne. Pâte *.

N° 1321. *Vénus* Callipyge, à gauche, tenant une pomme et s'appuyant sur une colonne. (Winckelmann, p. 115, n° 542.) D'après cet auteur, p. 117, n° 555, la pomme, dans les mains de Vénus, serait une allusion à l'usage des amantes de jeter une pomme à leurs amants pour leur déclarer leur amour : ne serait-il pas plus simple d'y voir la pomme de Pâris? Agate.

N° 1322. *Id.*, au bain ; à droite, tenant ses vêtements, et un strigile. Pâte.

N° 1323. *Id.*, à gauche, se dépouillant de ses vêtements. Cornaline.

N° 1324. *Vénus*, à gauche, tenant un javelot, la pointe vers la terre, signe de la colère apaisée ou de la force de l'Amour à qui tout cède. (Winckelmann, p. 117, n° 557 et s.) Cornaline * XVII° s.

N° 1325. *Id.*, à gauche, tenant l'*Amour*, l'arc à la main, et une *cornucopia* avec un rameau. Agate tachetée * XVII° s.

N° 1326. Terme de *Vénus*, à gauche, un rameau à la main ; devant, l'*Amour* lui présentant un éventail (v. ci-dessus, II, p. 30, n° 974) ; derrière, une inscription non déchiffrée. Agate.

N° 1327. *Vénus*, à droite, couchée, retenant l'*Amour* (?) par les ailes. Pâte.

N° 1328. Les trois *Grâces*; au revers, *Vénus* tenant un (?); avec l'inscription A ‖ D. Jaspe noir.

N° 1329. L'*Amour*, à droite, contre une colonne, tenant un trait (?) dirigé contre son cœur. Pâte.

N° 1330. *Id.*, à gauche, tenant un arc et levant la main en signe d'appel. Cornaline.

N° 1331. *Id.*, à droite, tirant de l'arc. Sardoine.

N°s 1332 et 1333. *Id.*, à gauche. Deux sardoines * XVIIe s.

N° 1334. *Id.*, à gauche, tenant un arc et un rameau. Jaspe vert * XVIIe s.

N° 1335. *Id.*, à gauche, tenant un bouclier avec une fleur et un rameau. Jaspe sanguin * XVIIe s.

N° 1336. *Id.*, à droite, assis dans une barque et pêchant à la ligne. Pâte.

N° 1337. *Id.*, à gauche, tenant deux poissons. Pâte.

N° 1338. *Id.*, à gauche, tendant une voile. Pâte.

N° 1339. *Id.* (ou *génie* ailé), à gauche, assis devant un autel, derrière lequel est appuyé un bouclier (?). Cornaline.

N° 1340. *Id.*, faisant des offrandes à un autel. Lapis-lazuli.

N° 1341. *Id.*, à gauche, faisant des offrandes à un Terme, devant lequel est un animal. Améthyste.

N° 1342. *Id.*, à un Terme de Priape. Cornaline.

N° 1343. *Id.*, tenant un couteau ou une torche (?) et un papillon (Psyché.) (Comp. Winckelmann, p. 157, p. 893.) Calcédoine.

Nᵒ **1344.** L'*Amour*, tenant un papillon (?) lié ou une balance (Comp. Gori, Mus. flor., II, p. 60, fig. 1 : *amor lancem tenens.*) Cornaline.

Nᵒ **1345.** *Id.*, à droite, perçant d'un dard un papillon. Cornaline.

Nᵒ **1346.** *Psyché*, à gauche, devant l'*Amour* agenouillé. (Compar. Winckelmann, Mon. inéd., I, p. 41, fig. 34.) Pâte.

Nᵒ **1347.** L'*Amour*, à droite, sur un cheval au galop, qu'il excite avec une palme, en fuyant un papillon qui le poursuit ; dessous, un serpent. « Toujours allégorique est le sujet de Psyché, dit Winckelmann, Mon. inéd., p. 41 ; mais parfois l'allégorie devient tout-à-fait particulière. » Ici elle est à la fois ingénieuse et énigmatique, et ferait l'objet d'une dissertation intéressante. Cornaline.

Nᵒ **1348.** Lutte d'*Éros* et *Anteros*. Cornaline.

Nᵒ **1349.** *Id.;* derrière, une palme attachée à un Terme. Cornaline.

Nᵒ **1350.** L'*Amour*, à droite, dansant et jouant de la double flûte. Cornaline.

Nᵒ **1351.** *Id.*, à gauche, jouant de la double flûte, et couvert d'une peau de lion. Onyx.

Nᵒ **1352.** Deux *Amours*, en face l'un de l'autre, l'un jouant de la double flûte, l'autre mettant des fruits dans une corbeille. Pâte.

Nᵒ **1353.** L'*Amour*, à droite, devant un lion qui lui tend la patte. (Winckelmann, p. 130, nᵒ 660 ; Maffei, Gemme select., III ; De Wilde, Select. gemm., pl. 15, p. 30, fig. 59). Pâte.

Nᵒ **1354.** *Id.*, assis sur un rocher et jouant à la *sphaera* (?) avec un *faune* (?). Pâte.

Nᵒ **1355.** *Id.*, à droite, mettant le pied sur un casque ; devant, une lance et un bouclier. Sardoine*.

Nᵒ **1356.** *Id.*, casqué, à gauche, tenant une lance et s'inclinant vers un bouclier. (Comp. Müller, p. 60, nᵒ 445.) Jaspe gris.

Nº 1357. L'*Amour*, à gauche, à cheval, et conduisant en laisse un second cheval. Cornaline.

Nº 1358. *Id.*, à gauche, vidant un rhyton, à cheval sur un griffon qui terrasse un serpent. Travail dit étrusque. Sardoine.

Nº 1359. *Id.*, monté sur un dauphin et tenant un trident. Onyx.

Nº 1360. Buste ailé de l'*Amour* adolescent; devant, un arc. (Müller, p. 50, nº 437.) Pâte.

Nº 1361. Deux *cœurs* réunis par la pointe et percés de deux dards. Cornaline * XVIIIe s.

CYCLE BACHIQUE.

Nº 1362. *Bacchus*, à gauche, tenant un vase renversé, et un thyrse; à ses pieds, une panthère (?). Améthyste.

Nº 1363. *Id.*, à gauche, portant un *cantharus* à la bouche. Pâte.

Nº 1364. *Id.*, tenant en outre un thyrse renversé de la main droite. Agate.

Nº 1365. *Id.*, la tête renversée, une nébride sur le dos. (Pistolezi, Mus. Borbon., III, pl. xli : *Satiro furibundo*.) Pâte.

Nº 1366. *Id.*, à gauche, tenant une massue (?, Compar. Id., pl. iii.) sur l'épaule, et s'appuyant sur son génie, Acratus ailé (Comp. Winckelmann, p. 229, nº 1437). Pâte.

Nº 1367. *Id.*, appuyé sur *Ariadne*, marchant à gauche (Müller, p. 46, nº 339). Peut-être *Vulcain* et *Vénus* : les attributs sont indistincts. Pâte.

Nº 1368. *Id.*, appuyé sur *Silène*. Pâte.

Nº 1369. *Id.* (?), tenant un thyrse (?), et un ... sur un rocher (?). Peut-être le même sujet que le nº 1266. Pâte corrodée.

N° 1370. *Bacchus*, à droite, portant la main à sa nébride et tenant une (coupe?). Pâte.

N° 1371. *Silène* ivre, à gauche, sur un âne. Pâte.

N° 1372. *Id.*, à gauche, appuyé sur un chien (?); devant, un personnage nu. Pâte.

N° 1373. *Silène*, de face, portant une coupe à la lèvre, et tenant un thyrse (?). Pâte.

N° 1374. *Id.*, *(?)*, emportant les armes d'un trophée. Pâte.

N°ˢ 1375 et 1376. Tête de *Silène*, de face, chauve et barbue. (Gorlaeus, Dactyl., II, 312 : *Socrate.*) Deux pâtes, la 2ᵉ *XVIIIᵉ s.

N° 1377. *Satyre* acrobate, à droite, sur une plate-forme soutenue par trois amphores. (Comp. Pistolezi, V, pl. xxix.) Scarabée en agate.

N° 1378. *Id.*, à gauche, tenant un couteau sur un objet en forme de 8. (Voir ci-dessus, nᵒ 1117.) N'était la queue du satyre, on pourrait voir dans ce sujet un des compagnons d'Ulysse éventrant l'outre d'Éole. Id., en jaspe noir.

N°ˢ 1379 et 1380. *Id.*, à gauche, trayant une chèvre; derrière, un arbre. Sardoine et cornaline.

N° 1381. *Id.*, saisissant une chèvre par les cornes. Sardoine.

N° 1382. *Id.*, sur un genou, caressant une chèvre au menton. Pâte.

N° 1383. *Id.*, faisant danser une chèvre. Sardoine.

N° 1384. *Id.*, dansant lui-même. Plasme.

N° 1385. *Id.*, assis, tenant une chèvre par les pattes de devant. Cornaline.

N° 1386. *Id.*, à droite, courbé, tenant un *pedum* et levant la main. Sardoine.

N° 1387. *Faune*, à droite, appuyé contre un arbre et jouant de la flûte (?). Pâte.

N° 1388. *Id.*, contre un arbre et tenant un *pedum* (?). Pâte.

N° 1389. Tête de *Faune*, à gauche. Cornaline.

N° 1390. Tête d'*Ariadne*, à gauche, couronnée de lierre. Pâte.

N° 1391. *Id.*, de face; à gauche, un thyrse. Calcédoine *.

DIVINITÉS INFÉRIEURES, ETC.

N°s 1392, à 1395. La *Fortune*, à droite, tenant une *cornucopia* et un gouvernail. Hyacinthe, cristal, cornaline et pâte.

N° 1396. *Id.*; de plus, un épi dans la main gauche. Cornaline.

N° 1397. *Id.*, casquée. Sardoine.

N° 1398. Même sujet que le n° 1396, avec trois épis. Hyacinthe.

N° 1399. *Id.*, casquée; de plus, une roue; derrière, un gouvernail. Pâte.

N° 1400. *Id.*, à gauche, assise, tenant deux épis avec un gouvernail et une *cornucopia*. Calcédoine.

N° 1401. *Id.*, à droite, tenant une roue et un rameau; devant, un arbre. Sardoine.

N° 1402. *Id.*, à gauche, tenant un gouvernail, et une *cornucopia* avec un rameau. Jaspe sanguin * XVIIe s.

N° 1403. *Id.*, casquée, sans *cornucopia*. Jaspe sanguin * XVIIe s.

N° 1404. Un *gouvernail*; en travers, deux *épis*. Hyacinthe.

N° 1405 et 1406. *Némésis* ailée, à gauche, tenant un rameau et une bride à laquelle elle est attachée (ou éloignant son vêtement de son sein?). Jaspe vert et jaspe jaune.

N° 1407. L'*Équité*, à droite, tenant une *cornucopia* et une balance. Jaspe rouge.

N° 1408 et 1409. La *Victoire*, à gauche, portant une couronne et une palme. Cornaline et hyacinthe.

N° 1410. *Id.*, sur un globe. Pâte.

N° 1411. *Id.*, à gauche, couronnant un trophée et tenant une palme. Cornaline.

N° 1412. *Id.*, érigeant un trophée. Pâte. .

N° 1413. *Id.*, à droite, levant la main. Pâte.

N° 1414. *Id.*, tenant une couronne. Pâte.

N° 1415. *Id.*, plus une palme. Cornaline.

N° 1416. *Id.*, à gauche, assise et tressant une couronne. Pâte.

N° 1417. *Id.*, à gauche, assise sur un gouvernail. (Comp. De la Chausse, Gemme Antiche, fig. 1, pl. 89 : *vittoria navale* ; Gorlaeus, Dactyl. : *victoria mari parta*.) Pâte.

N°s 1418 et 1419. *Id.*, à gauche, allant à la rencontre de *Jupiter*, tenant une haste et une patère, précédé d'un aigle, et suivi de *Mercure*, tenant un caducée avec une chlamyde et une bourse. Deux pâtes.

N° 1420. La *Victoire*, à droite, couronnant un trophée et se tournant à gauche vers un personnage assis. Pâte.

N° 1421. *Id.*, à gauche, tenant une palme et une couronne (?), dans un char attelé de trois chevaux empanachés. Pâte.

N° 1422. *Id.*, tête ailée, à gauche. Sardoine.

N° 1423. *Id.*, non ailée; devant, une palme. Calcédoine.

N° 1424. Personnage à gauche, agenouillé et tenant une *Victoire* (?); devant, un vase. Scarabée en jaspe noir.

N° **1425.** *Bonus Eventus,* à droite, tenant deux épis, et une patère (?). Jaspe rouge.

N° **1426.** *Id.;* devant, un autel. Hyacinthe.

N° **1427.** L'*Espérance (?),* à gauche, tenant une fleur et un..... Hyacinthe.

N° **1428.** *Divinité,* à droite, tenant une haste et une bourse (?); à ses pieds, un chien (?). Améthyste.

N° **1429.** *Id. (?),* à gauche, tenant une corbeille (?); le pied sur un rocher. Pâte.

N^{os} **1430** et **1431.** *Id.,* à droite, tenant un rameau. Agate brûlée (?), et onyx.

N° **1432.** *Dieu (?),* à gauche, tenant un *flagrum.* (V. ci-dessus, I, p. 420 et 463), et appuyé à un rocher. Peut-être un *lorarius.* (Rich, v. ce mot.) Pâte.

N° **1433.** *Id.;* sur le rocher, une édicule hors d'aplomb. Sardoine.

N° **1434.** *Divinité* (?), marchant à gauche, tenant une ténie et une couronne; devant, un animal (?). Cornaline.

N° **1435.** *Id.* (?), à gauche, tenant un masque (?). Pâte.

N° **1436.** *Id.* (?), se retournant à droite, et tenant un....; derrière, un arbre. Pâte.

CULTE.

N° **1437.** Femme nue, à droite, faisant des libations sur un *autel* enflammé, devant un *Terme,* auquel est suspendu *un parazonium* (?); derrière, un.... Pâte.

N° **1438.** Pâtre, à gauche; devant, un *autel* avec tête de bélier, et un arbre. Pâte.

Nº 1439. Pâtre, à gauche ; devant, un *autel*, surmonté d'un Apollon de Troade? (Comp. Nouv. gal. mythol., p. 123, pl. XXXII, nᵒˢ 13 et 14). Pâte.

Nº 1440. Pâtre, à gauche, assis devant une *colonne* (autel ou tombeau), et un arbre. Cornaline.

Nº 1441. Personnage, à gauche, tenant une serpe ; devant, un *Terme*. Sardoine.

Nº 1442. Id., tenant une patère et un rameau ; devant, une *colonne* surmontée d'une sphère. Plasme * XVIIᵉ s.

Nº 1443. Id., la main levée au-dessus d'un *autel* allumé et tenant un rameau. Jaspe tacheté * XVIIᵉ s.

Nº 1444. Pâtre, à gauche, tenant une couronne; derrière, un *Terme*, devant lequel un rameau est planté. Plasme.

Nº 1445. Un *autel*, à antes en tête de bélier ; surmonté d'une tête de taureau (?) ; épisème : un sphinx. L'autel est dans une édicule ; en exergue, un dauphin.

Nº 1446. *Id.*, d'où sortent en haut trois corps de chèvre, l'un de face ; en bas, deux têtes de (?) ; épisème : la Louve (?). Pâte.

Nº 1447. Un pâtre, à gauche, gravissant les degrés d'un *temple*, au milieu duquel est un Terme de Priape ; autour, des arbres. Jaspe rouge.

MYTHOLOGIE HISTORIQUE.

Nº 1448. *Ganymède*, à droite, caressant l'aigle de Jupiter; dessus, deux épis. Jaspe panthère.

Nº 1449. *Égine*, à gauche, assise; devant elle, un vase, une fourmi et un épi; derrière, un arbre; en haut, l'aigle de Jupiter avec un sceptre. (Panofka, Zeus und Aegina. Berlin, 1836; avant lui, on voyait dans ce sujet Tellus, Cérès, Proserpine, Psyché, etc.) Pâte.

N° 1450. *Phaéton*, à droite, renversé du char du Soleil. Pâte.

N° 1451. *Hercule*, enfant, se retournant à droite, étouffant deux serpents. Pâte.

N° 1452. *Id.*, à gauche, étouffant le lion de Némée; derrière, la massue. Revers, inscription : KKK traversés par une barre. Jaspe rouge.

N° 1453 à 1455. *Id.*, à droite, frappant de sa massue l'hydre de Lerne. Jaspe rouge et deux pâtes.

N° 1456. *Id.*, à gauche, sur le point d'assommer Diomède terrassé. Pâte.

N° 1457. *Id.*, à droite, tenant une massue et étendant la main. Pâte.

N° 1458. *Id.*, à droite, à genoux, dompté par l'*Amour*. Pâte.

N° 1459 et 1460. Tête d'*Iole* ou d'*Omphale*, coiffée de la peau d'un lion. Deux pâtes.

N° 1461. *Massue*, surmontée de deux palmes, entre lesquelles est un oiseau; aux côtés, deux cornes d'abondance. Pâte.

N° 1462. *Massue*, entre deux cornes d'abondance. Cornaline.

N° 1463. *Prométhée*, attaché à un rocher; au-dessus, un vautour qui lui ronge le foie. Jaspe sanguin *.

N° 1464. *Cadmus*, à gauche, combattant le serpent, et tenant un bouclier et une épée. (Müller, p. 103, n° 845.) Agate *.

N° 1465. *Orphée*, se retournant à gauche, assis et s'appuyant sur un rocher, tenant une lyre. Béril.

N° 1466. *Orphée*, debout; devant, un arbre (?). Pâte.

N° 1467. *Jason*, à gauche; casqué; devant, un arbre auquel pend la Toison d'or, et autour duquel un serpent est enroulé; plus un autel avec une tête de bélier (Comp. ci-dessus, n° 1438). Pâte.

N° 1468. *Amazone* (?) de face, avec un seul sein, le droit (donc le gauche sur l'empreinte). (Comp. Winckelmann, p. 89, n° 332.) Onyx.

N° 1469. *Méléagre*, à gauche, tenant un bouclier et un javelot; devant, un arbre, et sur une colonne (ou un tronc), une hure de sanglier; à ses pieds, un chien (?). (Comp. Winckelmann, p. 336, n°ˢ 117, 118; de Montfaucon, Suppl., I, pl. XLIV; Müller, p. 105, n°ˢ 859 et 860.) Plasme.

N° 1470. *Id.*, à cheval; devant, un arbre et le sanglier de Calydon. Pâte.

N° 1471. *Dédale*, à gauche, assis, travaillant aux ailes d'*Icare*. Pâte.

N° 1472. Tête de *Méduse* de face; derrière, une inscription non déchiffrée et non mentionnée, pas plus qu'aucune des autres de la présente collection, dans les inscriptions grecques des Gemmes du IV° vol. de Boeckh. Jaspe noir.

N° 1473. *Id.*, de trois quarts. Pâte.

N° 1474. *Bellérophon*, à droite, sur le point de monter Pégase (dont la jambe est attachée à un piquet ?). Pâte.

N° 1475. *Id.*, ailé, à droite, montant et portant les deux piques dont parle le précepte de Xénophon (Winckelmann, p. 173, n° 976). Au revers, un griffon. Cornaline.

N° 1476. *Id.*, au galop.

N° 1477. *Id.*, combattant la Chimère. Pâte.

N° 1478. *Id.*, *Léda*, à gauche, et le cygne. Camée.

N° 1479. Un des *Dioscures*, à gauche, tête nue, tenant un cheval par la bride. Cornaline.

N° 1480. *Id.* (?), à droite, casqué et armé. Pâte.

N° 1481. Les *Dioscures*, affrontés, et tenant chacun une haste et un sceptre; en haut, deux étoiles et un croissant.

N° 1482. Tête de *Pâris*, avec le bonnet phrygien. Pâte.

N° 1483. Le centaure *Chiron* (ailé ?), à gauche, jouant de la lyre. Cornaline.

N° 1484. *Achille*, à gauche, assis sur un rocher, jouant de la lyre; devant, une épée suspendue à un arbre; derrière, un bouclier et un casque. (De Caylus, Recueil de trois cents têtes, etc. fig. 294.) Pâte.

N° 1485. *Id.*, se retournant à gauche, dans un char, traînant le corps d'Hector autour des murs de Troie; au fond, Andromaque, éplorée, levant les bras. Inscription grecque non déchiffrée. Pâte.

N° 1486. *Priam* agenouillé, à droite, devant *Achille* assis à gauche; derrière, un bouclier; au second plan, Automédon et Alkimos, debout et armés. (Winckelmann, p. 379, n° 271; Müller, p. 108, n° 888. Ce sujet a aussi été expliqué : Achille et Télèphe; derrière, Machaon et Podalire, Winckelmann, Mon. inéd., II, pl. 12, où, en effet, Achille est courbé sur la blessure de Télèphe; Porus devant Alexandre, Maffei, Gemme antiche, figur., IV, p. 41, n° 29, etc.) Pâte.

N° 1487. *Achille*, se retournant à gauche; blessé et tombant sur les genoux (Winckelmann, P. grav., p. 381, n° 277; Gori, Mus. flor., II, pl. xxvi, n° 2; on représente aussi blessés et tombant sur un genou : Diomède et Eurypyle); à gauche, un bouclier; à droite, un *omphalos* (?). Pâte.

N°ˢ 1488 et 1489. *Ajax*, à droite, soulevant *Teucer* blessé (peut-être *Achille* et *Penthésilée*). Deux pâtes.

N° 1490. *Diomède*, debout sur un pied, et se tirant la flèche de l'autre pied où il a été blessé, (Comp. Winckelmann, p. 372, n° 239.) Peut-être simplement un *satyre* (il semble avoir une queue), se préparant à lancer, de haut en bas, un javelot ou harpon sur une proie. Travail dit étrusque. Scarabée en agate.

N° 1491. *Électre*, à gauche, assise près du tombeau d'Agamennon. (Müller, p. 113, n°s 930 et s.) Pâte.

N° 1492. *Id.*, sur un *omphalos*; le tombeau est une colonne. (De la Chausse, Gemme antich. figur., prend ce sujet comme relatif à Agrippine; Beger, Thes. elect. Brand., à une *praefica*; Lenormant, Nouv. gal. myth., pl. XXXVI, n° 3, à Polymnie.) Pâte.

N° 1493. *Ulysse*, avec le *pileus*, à gauche, le pied sur une proue, forgeant l'aplustre de son navire, en l'île de Calypso. (Winckelmann, p. 398, n° 351). Pâte.

N° 1494 et 1495. *Id.*, en marche, et faisant un appel de la main droite. (Winckelmann, p. 401, n° 359). Cornaline et jaspe.

N° 1496. *Ulysse (?)*, à gauche, en marche, tenant un bâton et un objet sphérique. Pâte.

N° 1497. *Othryades*, à gauche, mourant et écrivant sur un bouclier. Pâte.

N° 1498. *Id.*, à droite, érigeant un trophée, en plaçant un bouclier sur une cuirasse. Onyx.

N° 1499. La *Louve* romaine, se retournant à droite, allaitant Romulus et Rémus. Cornaline.

N° 1500. *Mucius Scaevola*, à droite, plaçant la main dans le brasier. Onyx.

N° 1501. *Id.*, casqué et portant une haste. (Cependant Scaevola est ordinairement représenté tenant un glaive dans la main droite: Winckelmann, p. 433, n° 164. Ce pourrait donc être simplement, comme le n° 1500, un sacrifice à Mars.) Lapis-lazuli.

ZODIAQUE ET ANIMAUX FANTASTIQUES.

On retrouvera ci-après plusieurs représentations d'animaux non caractérisés et qui peuvent être des signes du zodiaque ou des constellations : lion, cancer, scorpion, etc.

N° 1502. Le *Bélier*, à droite (cornes indistinctes); derrière, un poteau (?) ; en haut, un croissant. Lapis-lazuli.

N° 1503. Le *Cancer*, de face ; en haut, un croissant et trois étoiles ; dessous, un caducée. Opale.

N° 1504. Le *Capricorne*, à gauche. Sardoine.

N° 1505. *Id.*, ailé. Jaspe rouge.

N° 1506. *Id.*, non ailé ; en haut, une étoile. Cornaline.

N° 1507. Le *Verseau*, à gauche, assis, sous la forme d'un personnage versant de l'eau. (Comp. Winckelmann, p. 100', n° 1169.) Pâte.

N° 1508. Un *croissant*, avec les sept étoiles dites *Triones*. (Nouv. gal. myth., p. 136). Pâte.

N° 1509. *Id.*, avec huit étoiles. Cornaline.

N° 1510. *Id.*, avec une étoile, dans une couronne (la constellation de ce nom?). Pâte.

N° 1511. *Sphinx*, à droite, et hiéroglyphes. Scarabée égyptien en pâte verte.

N° 1512. *Id.*, à gauche. Agate.

N°s 1513 et 1514. *Id.*; devant, un autel. Deux pâtes.

N° 1515. *Id.*; sous le pied droit, une roue, Inscription : ZOAII (rétr.). Pâte avec dorure.

N° 1516. *Pégase*, à droite, attaché (?) à un rocher sur lequel est une édicule. (Winckelmann, p. 344, n° 166.) Pâte.

Nᵒ 1517. *Pégase*, volant à gauche. Sardoine.

Nᵒ 1518. *Id.*; dessous, un casque. Pâte.

Nᵒ 1519. *Id.*, se retournant à droite; travail dit étrusque. Scarabée en cornaline.

Nᵒ 1520. Un *cheval*, à gauche, se désaltérant à une fontaine; devant, *Pégase*, à gauche, hennissant. (Comp. Winckelmann, p. 544, nᵒ 8.) Jaspe sanguin.

Nᵒ 1521. Deux *animaux* dits *égyptiens* (chevaux à queue de lion), se retournant en sens inverse. Scarabée en jaspe.

Nᵒˢ 1522 à 1524. *Hippocampe*, à gauche. Agate, cornaline et pâte.

Nᵒ 1525. *Id.*, dans un char traîné par deux écrevisses. Jaspe rouge.

Nᵒ 1526. *Id.*; dessous, un gouvernail. Topaze.

Nᵒ 1527. *Truie* ailée, à gauche, animal consacré à Cérès. Pâte.

Nᵒ 1528. *Basilic* et *serpent* affrontés; aux côtés, un trident et un thyrse; au milieu, un rameau; en haut, un Ω. (Winckelmann, p. 225, nᵒ 1426, explique ce sujet comme étant la formation de l'*anguinum* des Celtes.) Jaspe sanguin.

Nᵒ 1529. Espèce de *dragon*, servant d'aplustre (?), percé par un gouvernail (?). Sardoine.

Nᵒ 1530. *Grylle*, à gauche : tête de cheval; pour poitrine, la tête de Socrate; une plume ou un rameau sort du cou. Selon Pline (XXXV, 37), Antiphile inventa ces sortes de monstres composés de parties d'animaux divers. Celui-ci semble formé d'après les vers d'Horace :

> Humano capiti cervicem pictor equinam
> Jungere si velit, et varias inducere plumas,
> Undique collatis membris...

Les Grylles, antérieurs aux Basilidiens et Gnostiques, n'ont rien de commun avec les Abraxas, contrairement à l'opinion de Chifflet (Macarii Abraxas, p. 36). Cornaline.

ANTIQUITÉ CIVILE.

SUJETS DIVERS.

N° 1531. *Concorde conjugale* : deux époux se donnant la main et portant chacun une *cornucopia* ; en haut, une tête à gauche. Inscription : xxix. Améthyste.

N° 1532. *Id.* ; au milieu, une fleur et un épi sur un autel allumé. Cornaline.

N° 1533. *Deux mains* unies. Camée.

N°ˢ 1534 et 1535. *Symbolum*, composé d'un anneau, entourant un dauphin ; une tête de chaque côté ; en haut, une tête à gauche entre deux épis. (Winckelmann, p. 510, n° 202 et s.) Deux exemplaires. Pâtes.

N° 1536. *Id.*, tête à droite ; dessous, autre tête, d'où sortent deux doubles épis et deux têtes de pavot. Pâte.

N° 1537. *Id.* ; main tenant une *cornucopia* d'où sortent des fleurs et des épis. Pâte.

N° 1538. *Id.* ; personnage avec queue de poisson, à droite, tenant un épi ; divers attributs : un anneau, un vase, un lièvre, etc. Pâte.

N° 1539. Double *cornucopia*, avec l'inscription ꜰ ‖ ʟ ‖ ʙ (rétr.). Cornaline.

N° 1540. *Homme* nu, à droite, *sur un cheval* au galop. (Bellérophon sur Pégase ailé?). Pâte.

N° 1541. *Homme*, à gauche, conduisant *un cheval*. Pâte.

N° 1542. *Quadrige* avec son *agitator*, à gauche. Améthyste.

Nº 1543. *Quadrige*, de face; au-dessus de la tête des chevaux, celle de l'*agitator*. Jaspe sanguin.

Nº 1544. *Scène de gymnase;* trois personnages, un à droite, avec bouclier, deux à gauche, l'un avec une haste, celui de devant plongeant la main dans une urne à terre. Tel est au moins le dernier état de la science archéologique (Toelken, Erklaer. Verzeichn, p. 303), pour l'interprétation de ce sujet, où l'on voit des hommes à l'héroïque (nus et armés), dont l'un se baisse et plonge la main dans une urne. Peut-être y a-t-il aujourd'hui une tendance trop grande à voir partout des scènes d'agonothètes et reviendra-t-on à l'une des interprétations anciennes. (Gori, Mus. flor., II, pl. 29, nᵒˢ 2 et 3 : Achille recueillant les cendres de Patrocle; Winckelmann, p. 167, nᵒ 966, et préface, p. XXVII : scène ordinaire de tirage au sort; Id., Mon. inéd., II, p. 219 : les Héraclides se partageant le Péloponèse; c'est celle-ci qui paraît la plus probable.) Cornaline.

Nº 1545. *Id.*, le jeu de l'*Encotylé* (v. ci-dessus, I, p. 201) : deux hommes, à gauche, armés à l'héroïque, portant sur leurs épaules des éphèbes; devant, un *parazonium* attaché à une colonne. (Autre sujet discuté : Maffei, Agostini, etc., y voyaient des scènes de Bacchanales, la danse pyrrhique, des guerriers transportant des blessés, etc.) Pâte.

Nº 1546. *Homme* nu, à gauche, assis par terre, et jouant à la *sphaera*. Cornaline.

Nº 1547. *Id.*, à droite, assis sur un tronc; même jeu. (Comp. Rich, v. Pilarius). Cornaline.

Nº 1548. *Pâtre*, à gauche, tendant un rameau à une chèvre. Pâte.

Nº 1549. *Id.*, à droite, avec le *cucullus* (v. ci-dessus, I, p. 391); devant, une chèvre qui se dresse devant un arbre. Béril.

N° 1550. *Pâtre*, à gauche, sur un genou, faisant courir un chien, et tenant un *pedum*. Sardoine.

N° 1551. *Id.* (?), à droite, sur un banc champêtre, au milieu d'arbres. Agate.

N°ˢ 1552 et 1553. *Sculpteur*, à gauche, travaillant à un Terme de Priape. Sardoine et cornaline.

N°ˢ 1554 à 1556. *Id.*, travaillant à un vase. Trois pâtes.

N° 1557. *Id.* (?), travaillant à une statue de femme (?). Pâte.

N° 1558. *Homme*, à gauche, flagellant un animal sur lequel il pose le pied droit. Pâte.

N° 1559. *Id.*, portant une main sur un arbuste (?) et l'autre à son pied gauche levé. Cornaline.

N° 1560. *Id.*, de face (la tête enlevée par un éclat), tenant un instrument formé d'une longue tige, traversant un X. Cornaline.

N° 1561. *Personnage* assis, tenant un instrument semblable. Sardoine.

N° 1562. *Femme*, à gauche, avec une lyre devant un puits. Cornaline.

N° 1563. *Homme*; même scène. Cornaline.

N° 1564. Prisme octogone, sur l'une des faces, une *femme* à droite; sur une autre, une *id.*, tenant une fleur. Agate.

N 1565. *Homme*, à gauche, semblant arroser des fleurs. Pâte.

N° 1566. *Id.*, à droite; même scène (?). (La raison de douter est qu'il semble porter une massue de la main droite : Hercule et l'hydre?) Travail dit étrusque. Scarabée en jaspe noir.

N° 1567. *Id.*, de face, se croisant les bras. (Silène?). Pâte.

N° **1568.** *Homme*, à gauche. Pâte.

N° **1569.** *Personnage*, à gauche, accroupi. Travail dit étrusque. Scarabée en cornaline.

N° **1570.** *Vieillard* nu, à gauche, assis sur un objet sphérique, et s'appuyant à un bâton. Id. en agate.

N° **1571.** *Personnage* casqué (?), se tournant à gauche, portant un rameau et un..., le genou appuyé sur un tronc (?). Travail dit étrusque. Agate.

TÊTES.

N°ˢ **1572** et **1573.** Deux *têtes couronnées* à droite. Sardoine et cornaline.

N°ˢ **1574** à **1576.** Trois *id.*, à gauche. Deux cornalines* et sardoine*.

N°ˢ **1577** à **1584.** Huit *têtes laurées*, à gauche. Sardoine*, calcédoine*, deux cornalines, la 2ᵉ*, plasme*, onyx, deux pâtes.

N°ˢ **1585** et **1586.** Deux *têtes diadémées*, à droite. Deux cornalines.

N°ˢ **1587** et **1588.** Deux *id.*, à gauche, fortement barbues. Les têtes d'empereurs ceintes d'un diadème ne peuvent appartenir qu'au temps de la décadence : Aurélien, le premier, introduisit cet usage. (Winckelmann, p. 448, n° 308.) Cornaline et pâte.

N°ˢ **1589** à **1592.** Quatre *id.*, à gauche. Sardoine*, calcédoine*, deux pâtes.

N° **1593.** *Id.*, à droite. Cornaline*.

N° **1594** à **1597.** Quatre *id.*, à droite. Cornalines* XIXᵉ s.

N° **1598.** *Tête*, de face, à cornes d'Ammon (V. les n°ˢ 1239 et 1313). Cornaline*.

N° 1599. *Tête*, à gauche, dite de philosophe, à chevelure et barbe bouclées. Depuis Antisthènes, les philosophes portaient la barbe entière. (Winckelmann, p. 421, n° 79.) Grenat.

N° 1600. *Id. d'Ésope* (?). Pâte.

N°ˢ 1601 à 1603. Trois *têtes*, à gauche, dans l'attitude d'*Aristote*, la main au menton. Pâtes.

N°ˢ 1604 à 1608. Cinq *id.*, à gauche, de philosophes. Pâtes.

N°ˢ 1609 et 1610. Deux *id.*, à droite. Pâtes.

N° 1611. *Tête* barbue, de face. Sardoine *.

N° 1612. *Id.*, avec barbe tressée. Pâte.

N°ˢ 1613 et 1614. Deux *id.*, à gauche ; dessous, un *lituus*. Pâte et cornaline.

N°ˢ 1615 à 1617. Trois *id.* de vieillard, à gauche. Agate et deux pâtes.

N° 1618. *Id.*, à droite. Cornaline * XIXe s.

N°ˢ 1619 à 1621. Trois *id.*, en relief. Cornaline *, émeraude * et cristal *.

N° 1622. *Buste*, à droite, en relief. Cornaline *.

N° 1623. *Tête* barbue, à gauche, portant une sorte de pétase tout au sommet de la tête. Pâte.

N° 1624. *Id.* jeune, à gauche. Inscription : ANTAP (rétr.). Pâte.

N°ˢ 1625 à 1629. Cinq *id.* Jaspe noir, améthyste, onyx, deux pâtes.

N° 1630. *Buste de femme*, à gauche. Onyx.

N°ˢ 1631 à 1638. *Têtes de femme*, à gauche. Jaspes, deux noirs, un blanc, deux onyx, cristal et deux pâtes.

N°ˢ 1639 et 1640. Deux *id.*, à droite. Cornaline et pâte * XVIIIe s.

N° 1641. *Têtes de femmes*, de types différents, de face; attributs non reconnaissables (deux rameaux renversés?) Cornaline *.

N° 1642. *Buste de femme*, de face. Pâte.

N° 1643. *Tête*, à gauche, de vieille *femme*. Cornaline.

N° 1644. *Masque*, à gauche. Onyx.

N° 1645. *Id.*, de face. Pâte.

N° 1646. *Tête composée; Janus* à deux faces, du milieu desquelles surgit une touffe de roseau (Nouv. gal. myth. p. 8, pl. I, fig. 14.) Pâte.

N° 1647. *Id.; Minerve* et *Socrate* (Lenormant, ibid., p. 106, voit dans la seconde tête: Silène, allusion à la fable de Marsyas.) Pâte.

N° 1648. *Id.; Socrate* et un *masque*. Cornaline.

N° 1649. *Id.;* un *sanglier* et *Socrate.* Pâte.

N° 1650. *Id.;* trois *têtes;* au milieu, celle d'une *femme.* Lapis-lazuli.

N° 1651. *Id.;* même sujet, surmonté d'un *modius* et de rayons; dessous, un croissant. Aigue-marine.

N° 1652. *Id.;* trois *têtes*, à deux yeux pour les trois. Pâte.

N° 1653. *Id.;* une *tête* servant de coiffure à deux autres, l'une d'*homme*, l'autre de *femme.* Jaspe blanc.

N° 1654. *Id.; tête d'homme* servant de coiffure à celle d'une *femme.* Pâte.

N° 1655. *Id.;* têtes de *satyre* et d'*homme.* Au-dessous, un *lituus.* Pâte.

N° 1656. Trois *têtes* d'animaux : *taureau, bélier;* au milieu, *chien.* (Winckelmann, p. 561, n° 232, indique comme 3ᵉ tête, un *cheval.*) Pâte.

ANIMAUX.

N° 1657. *Lion*, à gauche, avec l'inscription : AB ‖ ON ‖ IV ‖ NON. Camée. Don de M. Cass, ministre des États-Unis à Rome.

Nᵒˢ 1658 à 1663. *Id.*, à gauche. Jaspe rouge, quatre pâtes et Sardoine.

N° 1664. *Id.*, à droite. Cornaline.

N° 1665. *Id.*, de face, se retournant à droite, debout sur l'arrière-train, s'appuyant sur un bouclier, et tendant la patte gauche. Pâte.

N° 1666. *Id.*, à gauche, courant. Cornaline.

Nᵒˢ 1667 et 1668. *Id.*, à gauche, dévorant un bouc. Cornaline et jaspe panthère.

N° 1669. *Id.*, dévorant un cerf. Pâte.

N° 1670. *Deux lions*, dévorant une biche et un autre animal. Pâte.

N° 1671. *Lion*, se retournant à gauche, pour se défendre contre un serpent. Onyx.

N° 1672. *Tigre*, à droite, dévorant un crocodile (?). Jaspe rouge.

N° 1673. *Cheval*, paissant, à gauche. Pâte.

Nᵒˢ 1674 et 1675. *Id.*, levant la jambe gauche. Sardoine et pâte.

N° 1676. *Id.*, au galop, à gauche. Pâte.

N° 1677. *Id.*, à droite. Agate.

N° 1678. *Id.*, à gauche, la bride brisée. Cornaline.

N° 1679. Deux *id.*, au galop, à gauche, l'un se retournant à droite ; en haut, le soleil. Jaspe vert.

N° 1680. Tête de *cheval*, à droite. Pâte.

N°ˢ 1681 à 1683. *Id.*, à gauche. Onyx et deux pâtes.

N° 1684. *Id.*, sur un rang de perles. Pâte.

N° 1685. *Cheval*, à droite; au-dessus, un globe; dessin rudimentaire. Scarabée en pâte verte.

N° 1686. *Trois chevaux*, de face. Travail dit étrusque. Id. en cornaline.

N° 1687. *Quatre id.*, même travail. Id., en jaspe noir.

N°ˢ 1688 à 1690. *Chien*, courant, à gauche. Sardoine et deux onyx.

N° 1691. *Id.*, à droite. Scarabée en plasme.

N° 1692 et 1693. *Id.*, couché, ressemblant en creux aux n°ˢ 1163 à 1165. Deux pâtes.

N° 1694. *Id.*, à gauche, en arrêt devant un roc, sur lequel est un aigle. (Comp. Winckelmann, p. 81, n° 329 et s.) Cornaline.

N° 1695. *Id.*, devant un arbre. Pâte.

N° 1696. Deux *id.*, à gauche, le second couché se retournant à droite. Pâte.

N° 1697. *Taureau* cornupète, à droite. Pâte.

N°ˢ 1698 à 1700. *Id.*, à gauche. Trois pâtes.

N° 1701. *Taureau*, à gauche. Pâte.

N°ˢ 1702 et 1703. *Id.*, foulant un serpent. Deux pâtes.

N° 1704. *Vache*, à gauche, allaitant un veau. Pâte.

N° 1705. *Deux bœufs*, l'un, à gauche, paissant; l'autre à droite couché; derrière, un arbre. Jaspe jaune.

N°ˢ 1706 et 1707. *Chèvre*, à gauche. Onyx et pâte.

Nº 1708. Tête de *bélier*, à gauche. Pâte.

Nº 1709. *Mouton*, à gauche; devant, deux épis. Pâte.

Nº 1710. *Id.*; devant, une barrière (?). Pâte.

Nº 1711. *Quatre brebis*, affrontées deux par deux; au milieu, un arbre. Pâte.

Nº 1712. *Quadrupède*, à droite. Travail dit étrusque. Scarabée en jaspe.

Nº 1713. *Id.*, (éléphant?), à gauche. Pâte.

Nos 1714 et 1715. *Biche (?)* se retournant à droite et se grattant la tête du pied gauche de derrière. Deux pâtes.

Nº 1716. *Cerf* et *chien*, courant, à gauche. Onyx.

Nº 1717. *Lièvre*, à gauche. Cornaline.

Nº 1718. *Souris*, à droite; dessous un *colimaçon*, à droite. Grenat.

Nº 1719. *Lapin (?)*, à gauche, terrassant un personnage. Onyx.

Nº 1720. *Aigle*, se retournant à gauche. Cornaline.

Nº 1721. *Id.*, se retournant à droite, ailes éployées. Pâte.

Nº 1722. Tête d'*aigle*, à gauche. Pâte.

Nos 1723 et 1724. *Épervier*, à gauche. Deux onyx.

Nº 1725. *Id.*, sur une branche. Jaspe rouge.

Nº 1726. *Id.*, à gauche; devant, un *modius*; derrière, un papillon. Améthyste.

Nº 1727. *Ibis*, se retournant à droite. Agate.

Nº 1728. *Cygogne*, à gauche. Cornaline.

Nº 1729. *Id.*, tenant en son bec un rameau auquel est suspendu un autre oiseau (?) ou une grappe. Pâte.

Nº 1730. *Cygogne*, becquetant une grappe (?). Pâte.

Nº 1731. *Autruche*, se retournant à droite. Cornaline.

Nº 1732. *Oiseau*, à droite, l'aile éployée, baissant la tête vers le sol. Cornaline.

Nº 1733. *Hibou*, de face. Onyx.

Nº 1734 et 1735. *Coq*, à gauche. Grenat et Cornaline.

Nº 1736. *Id.*, ayant ramassé un grain. Agate.

Nº 1737. *Id.*; devant, une *cornucopia*. Jaspe rouge.

Nº 1738. *Id.*, avec un épi sous la patte; sur un autel d'où sortent deux cornes d'abondance. Plasme.

Nº 1739. *Deux coqs*, affrontés; entre eux, un *modius*. Pâte.

Nº 1740. *Palmipède*, à droite, levant la tête et criant (oie du Capitole ?). Cornaline.

Nº 1741. *Deux oiseaux*, grimpant aux deux côtés d'une *cornucopia*. Jaspe noir.

Nº 1742. *Id.*, affrontés ; dessous, une lyre. Pâte.

Nº 1743. *Oiseau*, à gauche, sur un rameau. Pâte.

Nºˢ 1744 et 1745. *Fourmi*, de face. Deux cornalines.

Nº 1746. *Colimaçon*, à gauche, sortant de sa coquille. Jaspe noir.

Nº 1747. *Lézard*, à droite. Onyx.

Nºˢ 1748 et 1749. *Scorpion*. Onyx et pâte.

Nº 1750. *Crevette et coquille*. Jaspe rouge.

Nº 1751. *Crabe* (le *Cancer*?), de face. Améthyste.

VASES, ETC.

Nº 1752. *Hydrie*, sur la panse, deux masques affrontés ; au milieu, un sphinx. Pâte.

Nº 1753. *Buire*, entre deux épis et une palme. Pâte.

Nº 1754. *Vase*, sur lequel est représentée une scène à trois personnages ; l'un jouant de la double flûte, le second appuyé sur un boisseau, le troisième mettant la main à ce boisseau. (Comp. le nº 1352) Améthyste.

Nº 1755. *Vase*, contenant trois fleurs. Cornaline.

Nº 1756. *Feuille de vigne*, avec vrille, en *or*, sur fond bleu. (Comp. le Recueil, etc., du comte de Caylus, I, pl. xciii.) Pâte.

Nº 1757. *Fleur*, entre *deux épis*, sortant d'une branche commune. Sardoine.

Nº 1758. *Fleur* (?). Onyx.

Nº 1759. *Arbuste*. Hyacinthe.

Lº 1760. *Mât* (?), avec son *carchesium*. Cornaline.

ABRAXAS.

V. ci-dessus, I, p. 453 ; on peut lire sur les Abraxas l'ouvrage de Macarius et de J. Chifflet, Abraxas sive Aristopistus, etc.; accedit Abraxas Proteus, etc., bien que, d'après Baudelot de Dairval, de l'Utilité des Voyages, I, p. 404, ces auteurs aient plus entassé de conjectures savantes et agréables sur cette matière, que de preuves et de lumières pour l'éclaircir. On peut consulter aussi J. J. Bellermann, Einladung zur öffentlichen Prüfung, etc., nebst einem Versuch über die Gemmen der Alten mit dem Abraxas-Bilde, Drittes Stück.

N° 1761. *Abraxas*. Serpent à tête, à gauche, lion, avec sept rayons ; derrière, xnoybic. Chnubis, d'après les auteurs cités, était un des trois signes du Cancer et l'un des 36 doyens de l'écliptique.

D'après Bellermann, c'était le génie du bien, un Agathodémon, couronné de 3, 5, 7, 9 ou 10 rayons. On portait ces gemmes en guise d'amulettes : c'est pourquoi l'inscription est directe, et non rétrograde comme sur les pierres gravées destinées à servir de cachet. Héliotrope.

N° 1762. *Id.;* même sujet, mais avec l'inscription xnoybic sur le côté de la face. Au revers un signe cabalistique. Plasme.

N° 1763. *Id.*, personnage, à droite, à tête de coq, et se terminant par deux queues de serpent; il tient un bouclier. Pâte.

N° 1764. *Id.*, *(?)*, personnage, à droite, tenant le bras au-dessus de la tête, et une lyre. Inscription en caractères grecs, sur la face et le revers. Ce monument est singulier : il n'a pas été donné d'y trouver rien d'analogue, malgré des recherches nombreuses et assidues. Voici les raisons qui semblent autoriser à rapporter ce monument aux Basilidiens ou aux Gnostiques : C'est d'abord l'emprunt fait à la mythologie, d'Apollon, dieu du soleil; le personnage a, en effet, la pose souvent assignée à Apollon. (V. notamment : Nouv. gal. myth., pl. xxxiii, n° 15.) C'est ensuite la répétition, à la suite les uns des autres, des mêmes caractères dans l'inscription, notamment du revers, caractères entremêlés de signes divers, et probablement cabalistiques, certaine apparence byzantine (?) du personnage et le mot ΑΓΙΟ.. (saint?), ne s'opposent pas à cette attribution, car on sait que les sectes secrètes qui continuaient la tradition des Gnostiques, pullulèrent depuis le V° ou VI° siècle jusqu'au supplice des Templiers, XIII° siècle. (Lenormant, Catal. Raifé, p. 189, qui ajoute qu'une explication définitive reste à donner des monuments de cette catégorie. On peut consulter aussi l'ouvrage de Matter, Histoire critique du gnosticisme et de son influence sur les sectes religieuses et philosophiques aux six premiers siècles de l'ère chrétienne, Paris, 1828.) Jaspe noir.　　H. S.

ANTIQUITÉS BELGO-ROMAINES.

Depuis 1830, le zèle pour nos antiquités nationales a pris un nouvel essor; on s'est appliqué surtout à éclaircir la période intermédiaire entre l'arrivée de César et l'invasion des Franks, période au sujet de laquelle il manque en effet quelques feuillets aux livres de nos historiens, prodigues de généralités, mais avares de détails sur la Belgique à l'époque belgo-romaine.

C'est ainsi qu'ont eu lieu, sous les auspices du gouvernement belge, les fouilles opérées par M. Del Vaux, dans la villa du Steenbosch, à Fouron-le-Comte, par M. l'ingénieur Guioth, à Majeroux, près de Virton.

C'est encore le gouvernement qui a subsidié les explorations de quelques tumulus et villas de la Hesbaye, dont il a été rendu compte dans les premiers volumes du Bull. des comm. roy. d'art et d'archéol.

Les Sociétés archéologiques de province ont, de leur côté, dirigé leurs études vers cette partie de nos antiquités nationales; l'Institut archéologique liégeois s'est enrichi d'inscriptions et de nombreuses antiquités sépulcrales découvertes dans le remarquable cimetière de Juslenville, près de Spa; la Société archéologique de Namur a visité de nombreux et riches cimetières, tumulus et villas, dont les dépouilles constituent une collection des plus curieuses et des plus intéressantes. Les Sociétés archéologiques du pays de Waes et de l'arrondissement de Charleroi, ont, de leur côté, opéré quelques fouilles belgo-romaines qui ont contribué à jeter du jour sur la même époque, etc., etc.

Les particuliers eux-mêmes se sont distingués par leur zèle pour les recherches de nos antiquités, et parmi eux on doit citer notamment MM. Joly, à Renaix; N. Cloquet, à Féluy; Galesloot, à Bruxelles; De Bove, à Élouges; Bernier, à Angre, etc.

M. de Meester de Ravestein ne pouvait rester indifférent aux rapports de Rome et de la Belgique aux premiers siècles; il ne pouvait manquer d'enrichir d'objets belgo-romains sa collection d'objets romains importés en Belgique; ces deux séries d'objets ont des corrélations tellement frappantes, qu'il fallait inévitablement les placer à côté les uns des autres. Ces corrélations, déjà signalées à propos du culte des divinités romaines, etc., en Belgique (I, p. 42, 359, 367, etc.), il fallait les suivre de plus près, en recherchant les mœurs, les usages même domestiques de nos devanciers.

C'est ainsi que les collections de Ravestein se sont peu à peu accrues, tant à l'aide d'acquisitions diverses, que de fouilles opérées par M. de Meester aux environs de sa résidence d'Hever, notamment en deux emplacements riches en antiquités belgo-romaines, Rumpst et Elewyt, celles-ci avec le concours de M. Cam. Van Dessel, qui habite cette dernière commune et qui a rendu compte de ses travaux dans les Annales de l'Académie d'archéol. de Belgique, IIe série, V, p. 393, et VI, p. 203.

Ce n'est plus de documents écrits que l'histoire peut se contenter aujourd'hui : les textes ont été tournés et retournés; on en a tiré tout ce qu'on peut en tirer; c'est dans la terre qu'il faut chercher; outre les textes nouveaux qu'il lui a même été donné de fournir, comme les inscriptions (la classe d'antiquités la plus intéressante au point de vue historique), la terre a multiplié les révélations de débris de la civilisation belgo-romaine : ces débris abondent dans tout notre pays, même dans les Flandres, où d'abord on en avait presque nié l'existence; partout, indépendamment de quelques villes, Tongres, Tournai, Arlon, la Belgique a été pendant trois à quatre siècles parsemée de villas opulentes, occupées par des individus lettrés et, sinon Romains, au moins initiés au culte, aux mœurs, aux usages de la métropole : ils s'étaient approprié jusqu'aux raffinements du luxe de celle-ci, parfois plus compatibles avec le climat méridional qui y avait donné naissance qu'avec le nôtre. C'est la civilisation de la Belgique à l'époque romaine que les objets étudiés dans le présent chapitre ont pour but de faire connaître.

ANTIQUITÉS TROUVÉES A TONGRES.

Le Musée de Ravestein a acquis, à la vente de la collection du comte de Renesse-Breidbach (2ᵉ partie, vendue à Gand, le 3 mars 1864), un lot ainsi désigné :

« N° 300. Une énorme quantité de tessons de vases en terre rouge » sigillée, trouvés à Tongres et aux environs.

» Ces nombreux débris sont extrèmement curieux, non-seulement » parce qu'ils nous font connaître les noms de potiers non cités » jusqu'ici, mais parce qu'ils nous montrent à quel degré de perfection » les Romains avaient porté l'art céramique. »

Les vases en « terre sigillée » dont il est question dans cette désignation sont certaines poteries (nuance et brillant de la cire à cacheter), qui portent le nom de « poteries samiennes, » bien que le plus souvent non faites à Samos, tout comme nos faïences ne proviennent pas toutes de Faenza.

A Samos, dont les potiers ont été chantés par Homère (V. ci-dessus 1, p. 84), cette branche de la céramique a sans doute pris son origine; peut-être même, dans le principe, la terre pour la fabrication des vases samiens venait-elle de Samos; toujours est-il que non-seulement les anciens parlent de *vases samiens* (tandis que l'expression rare de vases sigillés s'applique à tout autre chose), mais que les potiers eux-mêmes ont inscrit cette dénomination de

« samienne » à la suite de leurs noms sur les vases sortis de leurs mains; c'est ainsi qu'on lit sur des vases d'Arezzo : L. TETTI ‖ SAMIA (poterie samienne fabriquée par Lucius Tettius).

La terre samienne n'était pas, comme on l'a dit et répété longtemps, consacrée aux usages du culte : on peut considérer comme définitivement établi aujourd'hui que Plaute, dans certain vers où il parle de vases samiens employés dans une cérémonie religieuse, cite un cas particulier, un cas même exceptionnel, celui d'un vieil avare faisant usage, non de vases d'or ou d'argent que son Génie pourrait lui enlever, mais seulement de poteries samiennes qui ne tenteront pas la cupidité du prétendu voleur.

De là résulte la généralité de l'emploi de la poterie samienne, qui était à la portée de tout le monde, et non des seuls riches; c'est encore ce que dit fort bien Martial (XIII, 7), en s'écriant qu'on peut fort bien se passer d'une table luxueusement servie, quand on a de quoi se donner une portion de fèves dans un plat de terre rouge. *Samia in esculentis laudantur*, affirme de son côté Pline (XXXV, 46), après avoir dit que la majeure partie du genre humain se sert de vases de terre.

Aussi les poteries samiennes se retrouvent-elles en abondance dans toutes les parties de l'Europe qu'occupèrent les Romains pendant les premiers siècles de l'ère chrétienne.

Les principaux centres de la fabrication de ces vases sont cités par Pline; ce sont, indépendamment de Pergame et Tralles, en Asie mineure, les villes italiennes portant aujourd'hui les noms de Sorrente, Asti, Polenza, Modène et surtout Arezzo (V. T. I, p. 93); c'est en Espagne, Murviedro, l'antique Sagonte.

Les poteries samiennes s'exportaient au loin par terre et par mer (*ultro citroque per maria terrasque portantur, insignibus rotae officinis*, Pline, l. cit.) Cela est surtout vrai pour les lampes : à raison sans doute de quelque secret de fabrication (leur imperméabilité à l'huile?), les fabriques méridionales ont conservé, à leur égard, dans le nord comme dans le midi, un véritable monopole pendant toute la durée de l'Empire.

Mais pour la vaisselle de table, il ne tarda pas à se former, en de nombreux endroits, des fabriques qui répandirent partout leurs produits, en faisant une concurrence victorieuse aux établissements céramiques du Midi, comme on peut s'en convaincre en comparant les noms de la liste ci-après, à ceux, généralement différents, des listes de *sigles figulins*, publiées pour l'Italie, par Fabroni, Gamurrini, Riccio, etc., et pour l'Espagne, par E. Hübner, dans son Corpus inscriptionum relatif à ce pays.

On peut s'en convaincre, d'autre part, en retrouvant, au contraire, la plupart des noms ci-après dans la liste des *sigles figulins* d'Angleterre, insérée par Roach Smith dans ses Illustrations of Roman London.

La variété des marques est la même partout dans le nord de l'Empire romain ; c'est à peine si l'on a pu, à raison de la prédominance particulière de quelques noms, fixer en certains endroits le centre de l'industrie de ceux qui les portaient ; toujours est-il qu'on peut attribuer la plupart des poteries samiennes découvertes à Tongres à des ateliers du nord de l'Empire romain, mais non à des ateliers belges : jusqu'ici on n'a exhumé en Belgique les traces ou les ruines d'aucun atelier de fabrication de l'époque romaine, sinon pour des poteries tout à fait communes ou pondéreuses, comme « tèles, » briques, tuiles ; des objets de ce genre, le plus souvent, étaient faits sur place ou au moins se transportaient seulement à une distance peu considérable. Les produits de ce dernier genre ont, du reste, un mérite, celui de nous faire connaître les noms d'artisans belges, et non pas seulement et plus vaguement ceux de propriétaires de fabriques ou d'ouvriers potiers de Gaule ou de Germanie.

Dans les listes qui suivent seront désignées, (entre parenthèses) : par des majuscules, les lettres accolées en monogrammes ; par des italiques, les lettres suppléées par hypothèse, soit à raison de leur illisibilité, soit à raison d'une fracture.

N° 1765. *Sigles figulins* de poteries grossières :

ADAVCIVS   VH(IIR)A   VIRILISF

N° 1766. *Id.*, sur des tuiles ou briques :

f(...)A(...   NEH   ... Z) EC

N° 1767. *Id.*, sur des vases de terre plus fine, mais de couleur noire :

... *d*)IVI(*ti*   IV(*l*)VMA(*n*   M(AINV)

Plus deux exemplaires portant deux carrés accolés, au milieu de chacun desquels il y a un point.

N° 1768. *Id.*, sur le fond intérieur de poteries samiennes :

(MAC)VI, (A?)	ATEI	BIGA.FEC(..
ACVTVS (2 fois)	(ATE)I. X(NT)I	*billic*)ATI.M, (ILLICATIM?)
ALBIN(*i* (2 id.)	⎧ (ATE)I ⎫	BIS(SV)NI
ALBVS (A archaïque)	⎨ XA ⎬ (en *triquetra*)	*biss*)VNI (?)
ALBVS.F	⎩ (NTII)I ⎭	...)CALENVS(MS)F
ALX.(AE)MS (?)	CN.(ATE)I	OF.CALVI (point?)
AMA(*ndi*)	CN(ATE)I	CARIATVS
OF(*a*)MA(ND)I	ATTICI.M	CARI(ATV)SF
O(*fa*)MA(ND)	ATTIVS.FE (S renv.)	CARILLIF (2 fois)
ANNA	AVI(*l*)	CARVS (S renv.)
APOLINARIS	BAS(..	CARVSF (S id.)
. .)APRILI	*b*)ASSI	CATVLLVS (rétr., A arch.)
OFAQV (A arch.)	*b*)ASSIO (1er S renv.)	CATV (?)
o) FAQVI(...	OF.BASSI	CATVSF
OFAQVITA	*b*)ASSI.CO, (BASSECO?)	OFCATV
O. ARD	BELINI(*c*..	CELSI
OFARDA	OF BE(LLI)CI	OFC.EN (2 fois)
OF. ARDACI.(point dans o)	BIGA(...	OFCENS

<table>
<tr><td>OFCE(NIT)</td><td>(EF)AGER</td><td>OF.LABIONIS</td></tr>
<tr><td>OFF.CE</td><td>OFF(ELI)CIS (1er I ?)</td><td>OFLI(cin..</td></tr>
<tr><td>OFFI.CER</td><td>FELIXS.FE</td><td>OF.LICIN(...</td></tr>
<tr><td>M.CER.F</td><td>FIILIX (?)</td><td>LICINVS.(...</td></tr>
<tr><td>OFF(c)ERM</td><td>(OF)IFIR</td><td>LICINVS</td></tr>
<tr><td>CERMANIO (point en o)</td><td>OFIC.FIR</td><td>OF LVCCEI</td></tr>
<tr><td>GER(MA)NI</td><td>FIRM(...</td><td>(MA)CCI.(..</td></tr>
<tr><td>GE(RMANIOF</td><td>f)FIRMON</td><td>MACRO(..</td></tr>
<tr><td>CERTI</td><td>OFFRO</td><td>(MA)CCVRO</td></tr>
<tr><td>CERTV, (CENTV?)</td><td>OFR(on (?)</td><td>M(AINV) (?)</td></tr>
<tr><td>CIN(CV)INVS</td><td>OFRON(...</td><td>ma)LLEDV.F</td></tr>
<tr><td>C.IN(NA)MV (A arch.)</td><td>FRONT</td><td>ma)LLIACI.F</td></tr>
<tr><td>CIN(..)MV(..(CINNAMV?)</td><td>OFR°(NTI)</td><td>MARTIALIS</td></tr>
<tr><td>CI(NT)VSM(..</td><td>OFFVSC</td><td>(MA)RTI(a)LI)s</td></tr>
<tr><td>OFCOELI</td><td>OF.FVSC</td><td>OF. (MA)SCLI (A arch.)</td></tr>
<tr><td>COMVSFIIC (F arch.)</td><td>GALLI M</td><td>OF MASCLI</td></tr>
<tr><td>CON(s...</td><td>GRA(.c)VN (A arch.)</td><td>OFMATE, (OFMIATE?)</td></tr>
<tr><td>COSIRV(s</td><td>IABVS.FE (A arch.)</td><td>(ME)DDICFI (DD barrés)</td></tr>
<tr><td>COSRVF</td><td>IANVARI</td><td>MEDDIRIVS (id.)</td></tr>
<tr><td>CORVFI (?)</td><td>.ILLIXO.</td><td>MMORM</td></tr>
<tr><td>cot)TALV</td><td>OF.INGE</td><td>m)ERC</td></tr>
<tr><td>OFCRES</td><td>IO(SM)VSF, (COSMVSF?)</td><td>OFMERC</td></tr>
<tr><td>CREST(..</td><td>IOV, (LOV?)</td><td>m)ERCA</td></tr>
<tr><td>OFC(HR)ESTI</td><td>OFF.I(RI)NI, (NINI? PRIMI?)</td><td>me)RCATO</td></tr>
<tr><td>CRESTIO</td><td>OFIV.</td><td>MIIRCO</td></tr>
<tr><td>c(RVCVRO</td><td>OF.IVCVN</td><td>MICCIOF (rétr., F arch.)</td></tr>
<tr><td>DACOMA (A arch.)</td><td>IV(CVN)DO</td><td>MINVSFI (F arch.)</td></tr>
<tr><td>d)ARRAF, (TARRAF?)</td><td>IVCV(ND)V</td><td>OF. MO (point?)</td></tr>
<tr><td>DISETO.FE</td><td>i)(VCV)(ND)V</td><td>OFMO(..</td></tr>
<tr><td>DOCCALV</td><td>(TI).IVL.APIA / M</td><td>OFMO(d (2 fois)</td></tr>
<tr><td>DOC(calu</td><td></td><td>MOM</td></tr>
<tr><td>DOVI◁ICO</td><td>OF.(LA)BE(... (A arch.)</td><td>OMOM</td></tr>
</table>

OFMOM

MONT(*a*

MONTA(*n*.. (A arch.)

...)MO(NT)O

MOXSIVSF (rétr.)

OF. (MVR)RA

OF (MVR)(RAN)

NECI, (LV)ECI?

NIMF

(NV)DIF (F arch.)

NV T.Λ (N renv.)

NVXI (N renv.)

OCIIS (s renv.)

OIND.NCILO

OPA(...

OPAO(...

OPO

o)VPVS, (DVPVS?)

OVIDI.M

OVOVS

PASO.F

pa)SSEN

PASSEN(*i*

OFPA(TR)C (2 fois)

pat)RIC

PATRICI

PATRICI.M

OFPA(TR)ICI

PAVLL(..

{M.PERE }
{(NE)T(AVR)}

OF POLIO.

OF.PONTI

P(ONE), (ROIL?)

OFPR(?)

OFPRIM

OFPRIMI (2 fois)

PRIMIO

OFPRM

PRIMVSF(s renv.)

PRI(MIN)I

PRIMV(LL)

p)RIORF

OFQ(VA)RTI

q(VA)RTVSF

QE(*is*)AL, (*q*ERAL? rétr.)

QVINTI

qui(NT)I

F(*q*)VRI

REDITI.M (2 fois)

RE(*l*)ATVF

ROGAF(*f* arch.)

ROILV(*s*..

OFRVFIN (3 fois)

ofr)VFIN

OF.RVFIN

OF.RV(*fin*..

OF.RVFINI (2 fois)

OF.RVFNI

SAB

SACERI.OF, (SACERPOF?)
A arch.)

SACRAPV(..

SA(*crap*..

sacrot)I.MS (?)

SALVE

T(SAN)I.S (t renv.)

T.SENT)I.S (id., 2e T?)

SARINVSF(...

SCOTI(...

SCOTTI.OF

SCOTTVS

SCOTV (rétr.)

..)FSEC

OFSECV (2 fois)

SEC(VND)

SECV(ND)INI.OF

s)ENILIS

SENICI

SEVERF

F.SEVER.

OF.SEVER (rétr.)

OF.SEVER

OFSEVERI

OFSEX

SIIX.(MS)F

OF.SEXCAN

OF.SEXCN (2 fois)

CSILVI (s renv.)

SILVI.OF

s)ILVIN

silv)ANI

sil)VANI

silv)ANIM

SI(LVAN)I° F

SVLP

TASCIM	*of*)VAPV(*s*..	...OFLCVIRILI...
L.T¹T¹	VAT.ERF	VI(*rt*)HVS, (VIICHVS?)
C.T¹TTRAF.	VCVBA	OFVI(TA)
T¹TVRONIS	*v*(ER)ECV(ND)VS	VITAL
TITVS.FEC	VESPONI	OFVITAL
TOCSIVSF, (TOC(CIN)VSF?)	VIDV(*c*)OF	..).VITAL.I
TVLLVSFE (s incliné)	VIDVC(*us*	VLATIM
TVRMO, (TVRINO?)	VINIVI	VOCN
TVSCILIA(.. (s renv.)	OFLCVRILI	XVII

La collection possède, en outre, plusieurs fragments qu'il est difficile de rapporter à des noms précis : c(.. (2 fois); c(...)F; OFC(...; C.E(*r*..; CE(*r*..; OF...CVN; ...*d*)VS ; ..*e*)RV.S.F ; ...)FE; H(... ; *i*)CVS.F; ..)IMI ; ...)INVS.F.; ...)ISTIO; ...)IVS; M..AS; ...(MANVS); M(...(MANVS); ...(MA)(A arch.); ...)MES; OCO(...; ..*o*)ESAR(..)VS ; ....)OF (2 fois); *o*(f.... ; ...*o*)NI.M ; *o*)IAM ; OFP(*a*...; OFPA(...(A arch.) ; ..,)P(AM ; P..V(... ; OF.(*r*... ; RI(..)N; ...*r*)VSFE; ..SFIICIT(F arch.) ; OFSA(.... ; ...)TI.MN ; ...V.; VCV(...; OF.VE(...; (OF.VI(...?); OF.VI(.. (deux fois); OF(...)VS ; F(.)ANI ; OC(..)RN ; ..*c*)ORM ; O.C(.)TR ; IVCA (?); IMRX(...; ..*i*)IO; ..)IMI ; ..)INI(..; M ou (IVL)..(?); MA(.)OF ; ....)M; ...(NH)RS; MIIC(.. ; Q(... ; SIIRA ; ...)V(... ; ...)VCA ; ...)VIIIOF ; ...)VI ; ...)c(..., etc.

On peut consulter sur les noms de la liste ci-dessus, dont quelques-uns seulement sont inédits (quoi qu'en ait dit le Catalogue de Renesse), les Annales de l'Académie d'archéol. de Belg., II° série, III, p. 1 à 192, qui contiennent une liste de 6000 sigles figulins ; les conclusions de ce travail sur l'application du sigle OF à l'*officina*, ou atelier de potier, sont ici maintenues, malgré l'opinion du docteur Robert (Matériaux d'archéologie et d'histoire, par MM. les archéologues de Saône et Loire, etc., n°⁵ VIII et IX, p. 128), qui obéit certes trop à l'idée de rapporter à son art les vases samiens, en proposant de lire pour OF, officine d'apothicaire, et de rapporter à des remèdes certains noms que le hasard de l'étymologie permet, en effet, d'y appliquer par approximation : LVCVS, COSVIRI (*cosmianum virilium?)* COSCIRA, DIACOS *(diacodium?)* SVARA, TOCOS *(toxos?)* XANT *(xanthium?)*, APRONIOS, CACAR, VRSIO *(oleum?)*, PIIOC, BVRDO, CAVTERRA, TETTI SANIA, etc., qui, d'après lui, seraient des estampilles à marquer des drogues....

Nº 1769. *Marques*, pour tenir lieu de noms, sur les mêmes poteries. (Elles ont été dessinées dans le Bulletin de la Société scientifique et littéraire du Limbourg, t. VIII, pp. 23 et 87.)

Nº 1770. *Sigles figulins*, inscrits parmi les anaglyphes des vases à reliefs extérieurs :

IDV (... MAIAA(.. *r*)ER(*a*...

Nº 1771. *Graffitti*, ou inscriptions faites au poinçon :

D V S   I V I   M E(..

Le second, derrière le tesson portant le nom BASSI.CO.

Nº 1772. *Collection de tessons en poterie samienne.*

Cette collection peut se subdiviser de la manière suivante :

I. Ce sont d'abord les tessons appartenant à des vases destinés à triturer des comestibles, vases que Roach Smith appelle des mortiers (*mortaria*).

Tandis que les vases en poterie grossière (analogues à nos « tèles » ou vases à crèmer), ont souvent des marques de potiers sur les deux côtés du déversoir destiné à l'écoulement du liquide, les « mortiers » en terre samienne, également parsemés dans leur fond de petits cailloux de quartz, n'ont généralement pas d'inscription, et le liquide a pour issue, non un canal, mais des trous percés à travers des mufles de lion qui ornent à l'extérieur le bord vertical du vase. Le musée de Ravestein possède un grand nombre de ces mufles en relief.

II. Ce sont ensuite les fragments de vases de dimensions moindres, qui ont pour tout ornement, sur leur rebord, des feuilles de lierre ou de nénuphar modelées en relief à la barbotine.

En un exemplaire, des ornements à la barbotine sont des enroulements ou arabesques en blanc sur fond rouge et se trouvent sur la panse.

III. Quelques vases, parmi les moins grands, sont simplement ornés de guillochis; ils ont la forme de plateaux, jattes, salières, etc., quelquefois avec des anses en relief, ou simplement figurées par un relief moulé ou modelé à la barbotine.

D'autres vases sont ou en cones tronqués ou bilobés : ils ont souvent des marques de potiers.

IV. Un très-grand nombre de vases se distinguent par les ornements en relief qui décorent leur panse.

Lenormant, Catalogue Raifé, p. 157, dépeint parfaitement le procédé employé pour orner de ces anaglyphes certains récipients en poterie samienne, notamment ceux qui ont la forme de bols : Les ornements en relief des poteries rouges gallo-romaines à glaçure silico-alcaline, avaient le plus souvent la saillie et la dépouille convenables pour être facilement moulés; aussi s'obtenaient-ils dans des moules en pâte d'argile rouge presque semblable à la pâte des pièces, mais moins dense et plus absorbante. Ces moules étaient d'une seule pièce; ils n'avaient pas besoin de chape. Plusieurs moules indépendants, représentant tantôt le même sujet, tantôt des sujets et ornements différents, étaient posés à la suite les uns des autres, pour compléter la décoration de la circonférence d'une coupe ou d'un vase. Les figures et les ornements étaient presque toujours estampés en creux dans les moules au moyen de ces poinçons de terre cuite en forme de cachet avec une espèce de queue servant de manche. (On peut lire encore à ce sujet un très-intéressant mémoire, inséré par M. Le Maistre, dans les Mémoires des antiquaires de France, XVI, N. Série, VI, 1842, et intitulé De la poterie chez les Romains.)

Des traités spéciaux auraient seuls à s'occuper en détail des menues preuves qu'on pourrait accumuler pour démontrer que tel genre de dessin, appartenant à tel ou tel potier, date de telle époque plutôt que de telle autre ; ce serait usurper une place trop grande pour l'importance relative de cette minime partie du Musée de Ravestein, que de développer ici ce thème. Qu'il suffise de présenter un simple aperçu du parti à tirer de semblables études : certain tesson à ana-glyphes porte à l'intérieur du vase, le sigle ofmascli *(officinâ Mascli pour Masculi).* Or, ces dessins en relief sont d'une facture toute spéciale ; ils se retrouvent sur un certain nombre de tessons sans noms, et constituent des combinaisons des fleurs, guirlandes et oiseaux qu'*a priori* (et la chose a été vérifiée ailleurs), on peut attribuer au potier Masculus. Or, la même marque ofmascvli a été découverte dans le cimetière de Flavion (Namur), qui, d'après les monnaies trouvées, a cessé de servir aux sépultures sous Commode (Annales de la Soc. archéol. de Namur, X, p. 170). Il résulte de là que les produits du potier Masculus sont antérieurs à la fin du IIe siècle, et qu'ils ont dès lors comme date, quand on les découvre, la même importance que les monnaies.

Autre exemple : si l'on trouve à Tongres un certain nombre de lampes portant les marques atimeti, strobili (on en a déjà découvert quelques-unes), ou ornées des dessins spéciaux qu'Atimetus et Strobilius imprimèrent sur leurs lampes, on augmentera le nombre des preuves qui tendent à rendre définitive l'identification complète de cette ville avec l'Atuatuca de César. En effet, des lampes de ces deux potiers (ou familles de potiers) ont été découvertes à Pompéii et Herculanum, villes détruites en l'an 79 ; ces lampes étaient déjà fabriquées au Ier siècle de l'ère chrétienne, et Tongres a dû s'en approvisionner à une époque voisine de leur fabrication ; elle était donc dès lors une ville de certaine importance, attirant, dès la 1re partie du 1er siècle, les colporteurs étrangers...

La zône extérieure réservée aux anaglyphes est, dans la plupart de ces vases, bordée en haut d'une frise d'oves, ornement d'archi-tecture grecque qu'on retrouve précisément dans le temple de Samos, et qui est pour ainsi dire, dès lors, un certificat d'origine de la première fabrication à Samos de la poterie appelée samienne.

Ces oves n'ont pas conservé leur forme primitive d'œufs séparés par des fers de lance ou des langues de serpent; peu à peu on a arrondi l'ovale, et les oves dégénérés ont été séparés par des torsades, des cordons de perles, des fils dont l'extrémité est un gland, un disque, une étoile. Plus la forme de ces ornements s'écarte de l'ove primitif, plus on s'éloigne aussi, et par le temps et par les lieux, de l'industrie de Samos : les ateliers de la Gaule et de la Germanie ne pouvaient guère avoir conservé les traditions dans la même pureté que leurs devanciers d'Italie et même d'Espagne.

Sur de rares exemplaires, les oves font défaut et sont remplacés par des ornements en forme de κ et de c entremêlés, des étoiles, etc.

Les reliefs à oves sont surtout réservés aux scènes avec personnages et animaux. Ceux de la collection représentent plusieurs divinités et demi-dieux : Jupiter, Apollon, Mars, Bacchus, Vénus, Hercule, des nymphes, génies, centaures, la louve romaine; différents personnages, comme cavaliers, guerriers, conducteurs de chars, gladiateurs, danseuses; un grand nombre de têtes, des animaux, lions, chiens, sangliers, cerfs, lièvres, poissons, coqs, cygnes, et d'autres oiseaux; des sphinx, griffons, dauphins, hippocampes; différents objets comme foudres, siéges, etc.

Dans les anaglyphes, la collection présente seulement quelques noms incomplets.

Ces vases ont rarement des anses; la collection en offre un seul exemplaire : l'anse y est plutôt fictive que réelle; elle est figurée par un simple relief.

V. Au contraire, les sujets empruntés au règne végétal sont généralement imprimés sur des bols portant, au lieu de la guirlande d'oves, une bordure de fleurs en enroulements (mêlée quelquefois d'animaux), terminée en haut par des guillochis. Ces vases représentent, mais rarement, des génies ailés.

Une étude curieuse pourrait se faire à l'aide de ces tessons, par rapport à la botanique des anciens, sujet effleuré déjà par Roach Smith, dans ses Collectanea antiqua (VI, p. 76: Archaeology of Horticulture); un simple aperçu donnera encore ici une idée de la fertilité de cette étude : Viollet-le-Duc, en son Dictionnaire raisonné de l'Architecture française du XIe au XVIe siècle, V, p. 507, démontre que les archivoltes et cordons d'arcs doubleaux de l'abbaye de Vézelai, bâtie au moyen âge, présentent déjà la fleur dite *diclytra spectabilis,* plante importée de Chine au XIXe siècle seulement, d'où l'auteur conclut à des rapports entre l'Europe et la Chine dès le XIe siècle. Or, les représentations de la même fleur, et bien plus caractérisées qu'à Vézelai, se retrouvent en grand nombre sur les tessons de la collection; nous voilà donc de plus en plus sur les traces des rapports de la Chine avec l'Europe dès les temps les plus reculés, thèse soutenue avec succès par de Guignes, Reinaud, etc. (V. aussi ci-dessus, I, p. 114.)

Les poteries de ce genre sont généralement plus minces et plus légères que les poteries à oves; rarement ces dernières présentent exclusivement des sujets appartenant au règne végétal.

VI. De ces séries se distingue une autre, constituée de poteries d'une terre rouge beaucoup plus commune et ornée de zones parallèles de dessins divers, constitués soit de traits faits à la molette, soit de suites de parallélogrammes, où l'on retrouve depuis l'ove jusqu'aux dessins qui ornent les poteries frankes.

Serions-nous ici en présence de poteries de la décadence, fabriquées par les derniers ateliers romains pour les conquérants?

Cela n'est pas impossible, car de la décadence romaine au commencement du moyen âge il y a eu transition et transaction entre les conquérants et les vaincus, mais non extermination de ceux-ci avec abolition de leurs usages: n'a-t-on pas trouvé, en effet, en Angleterre, une inscription romaine sur une urne saxonne (Collectanea antiqua, V, p. 120), qui porte Roach Smith à croire que les premières poteries saxonnes employées en Angleterre ont fort bien pu être fabriquées par les derniers ateliers de l'époque romaine ?

Ce n'est pas, du reste, la première fois que des fragments semblables donnent occasion de poser cette question ; on peut lire ce que dit à ce sujet M. Janssen (Noorbrabant's Oudheden, de Hermans, I, p. 133), à propos de trouvailles, à Maestricht et à Tongres, d'objets romains portant des ornements franks.

H. S.

ANTIQUITÉS TROUVÉES A RUMPST.

N° 1773. *Main* en bronze, trouvée à Rumpst en 1823.

Cette main est creuse, de manière à pouvoir recevoir un manche sur lequel, sans doute, on la posait. On voit qu'elle n'a jamais appartenu à un bras.

Le pouce, l'index et le doigt du milieu sont levés en signe d'invocation : les deux derniers doigts retiennent une pomme de pin. Un serpent à crête entoure le poignet et se déploie jusque sous le pouce.

Dans l'intérieur de la main se voit la tête de Méduse entre deux croix qui pourraient représenter les étoiles de Castor et de Pollux.

Sous le petit doigt est un caducée, puis un phallus, suivi d'un objet que nous croyons être un épi, semblable à ceux qui se trouvent sur certains as romains. Une lyre est très-visible, suivie d'une flèche ou d'un dard. Deux figures, que nous considérons comme des instruments de musique, font suite aux précédents.

Sous l'index est un objet que nous prenons pour une fibule, surmontée d'un croissant, dont les pointes, tournées en haut, indiquent la nouvelle lune.

Sous le pouce, à côté de la tête de serpent, est un arbre, peut-être un pin, cher à Cybèle en mémoire d'Atys.

Une main, à peu près semblable à la nôtre, a été trouvée en Belgique, près de Tournai. De Bast, dans son Recueil d'antiquités romaines et gauloises, en parle à la page 192 et en donne un dessin.

M. O. Jahn, dans une dissertation relative à la croyance du mauvais œil chez les anciens, publiée dans les Berichte über die Verhandlungen der Königlich sächsischen Gesellschaft der Wissenschaften zu Leipzig, 1855, p. 28 et suiv., donne, à la page 101, une liste de toutes les mains connues; il en est de semblables, sous plusieurs rapports, à la main de Rumpst.

M. H. Mayer parle également de ces mains, Eine römische Bronze von Aventicum, dans les Mittheilungen der antiquarichen Gesellschaft in Zürich, vol. XI, cahier 2, 1856.

Ces mains, dites votives, paraissent donc avoir été destinées à éloigner le *mauvais œil* et à conjurer les *jeteurs de sorts*.

La croyance au mauvais œil, à la fascination, existe encore en Grèce aussi bien qu'en Italie; elle existait en Grèce au temps de Théocrite, en Italie au temps de Virgile; alors, comme aujourd'hui, avec des ressemblances de détails surprenantes. Nous en avons été souvent témoins : peu de Romains peuvent se défendre d'une certaine inquiétude, quand ils rencontrent un homme dont le regard passe pour porter malheur, ils attribuent même cette influence funeste *(jettatura)* au regard de Pie IX.

Nous avons dit que notre main en bronze a été trouvée à Rumpst. C'était en 1823, dans un terrain nommé *het Meuleveld*, qu'elle fut déterrée. Voici le texte d'une lettre que M. Springael, secrétaire communal à Rumpst, a écrite à M. De Crane, qui avait acheté cette main à la vente du comte de Renesse.

Rumpst, den 18ⁿ mey 1838.

Mynheer De Crane!

De metaele hand de welke Uw Edele in bezit heeft, is alhier tot Rumpst, digt by de kom van het Dorp, op een stuk land toebehoorende aen Fr. Deboeck, over circa 15 jaeren uyt den grond ter diepte van twee en halve voeten gegraeven; met twee metaele schotelkens en een kleyn metaelen beeldeken wel gemaekt, ter grootte van omtrent eenen halven voet, de twee schotelkens zyn verkogt geweest door Josephus Vanhoezen, landbouwer, alhier aen den heer Fransquin, te Mechelen, en de hand en beeldeken aen den heer Fr. Van Reeth alhier, welken my dit zoo als genoemden Jos. Vanhoezen heeft verklaert.

Men zegt dat over veele eeuwen Rumpst eene stad is geweest, en waerlyk de geduerige uytgravingen van oude mueren, geldspeciën, steenen, kelders, enz., geeven getuygenis dat de kuyp van Rumpst uytgestrekter is geweest.

Ziet daer, Mynheer, de inligtigen welke ik deswegens hebbe ingewonnen, en de eer heb Uw Edele medetedeelen.

Gelieft den zelven tyde te aenveerden myne byzondere hoogagting met welke ik de eer heb te zyn

Uw Edelen ootmoedigen dienaer,

(Signé) : Springael.

Nous avons, de notre côté, voulu examiner la localité où la dite main avait été découverte.

D'Anville a signalé une voie romaine de Bavay vers la Batavie. Il n'en suit toutefois les traces que jusqu'au bourg d'Assche, mais il conclut de son alignement qu'elle traversait la rivière du Ruppel à Ruysbroeck et se rendait à Anvers. Le nom de Hoogstraeten, *alta strata*, dans la Campine, lui paraît un indice d'une continuation de voie qui se dirigeait par cet endroit vers la Meuse, allant probablement au *Batavorum oppidum* et plus loin à *Noviomagus* ou Nimègue.

L'opinion du géographe français a été adoptée par Heylen et par Des Roches. De Bast, au contraire, s'en écarte relativement au trajet d'Assche à Hoogstraeten, qu'il suppose avoir eu lieu par les villages de Zellick, d'Elewyt et de Nylen. M. Van der Rit se prononce, dans le texte de son Mémoire sur les routes romaines de la Belgique (Revue de l'architecture, IV), pour le tracé de d'Anville, mais il ajoute en note que des informations récentes lui ont appris que le passage de la route sur le Ruppel avait été retrouvé à Rumpst. Cette circonstance lui fait croire que d'Assche elle avait pris la direction de Bollebeek, Wolverthem, Ramsdonck, Blaesveld et Rumpst.

Aidé des conseils éclairés de deux de nos amis, habitant la localité, M. de Jongh de Keerberghen et M. Montfort, nous avons ouvert diverses tranchées dans le *Meuleveld*. Nous y trouvâmes des amas de cendres, d'ossements brisés, des traces d'inhumations anciennes avec vases, presque tous en fragments, des charbons, des tuiles à rebords en grande quantité, des pierres cubiques, mais pas un seul tesson de poterie samienne, une tête de marteau en fer, un double crochet du même métal, etc., objets dont nous nous occuperons plus bas.

Ne trouvant rien de bien intéressant, après trois journées de travail avec vingt ouvriers, nous avons cessé les fouilles, ayant, toutefois, bien constaté l'existence d'un établissement ancien qui donne raison à l'opinion émise par M. Van der Rit et qui prouve bien qu'une traversée de la rivière s'opérait autrefois à Rumpst.

Acheté, en 1862, à la vente de M. de Crane d'Heisselaer, à Malines.

N° 1774. *Tête de marteau* et *double crochet* en fer, trouvés en 1863, à Rumpst.

Les fouilles opérées en 1863 nous ont encore laissé ces deux objets en métal de peu de valeur. Ils étaient déposés avec des cendres dans une urne fragmentée.

Nous eussions beaucoup désiré trouver des médailles pour déterminer l'époque à laquelle existait la nécropole de Rumpst, mais nos efforts n'obtinrent aucun succès.

N° 1775. *Pipe* en fer; même provenance.

Pendant nos fouilles à Rumpst, un ouvrier nous remit cette pipe, que nous refusâmes d'accepter, croyant avoir affaire à un mauvais plaisant. Ce ne fut que lorsqu'il nous eut montré le morceau de vase en terre grise avec lequel elle avait été déterrée, que nous consentîmes à la placer parmi le peu d'objets que le *Meuleveld* nous avait donnés.

Nous ne pensions plus à la pipe de Rumpst quand, lisant dernièrement le Recueil d'antiquités suisses, par le baron de Bonstetten, nous fûmes fort étonné d'y voir, page 36, planche XIV, la description d'une pipe semblable à la nôtre.

Voici ce qu'il écrit à ce sujet :

« La pipe en fer reproduite ici de grandeur naturelle, a été découverte en 1854 dans le bois de Faoug, près d'Avenches, sous le tronc d'un vieux chêne, au pied d'un mur romain. Un dessin de pipe sur une planche consacrée à des objets romains, donnera déjà bien assez à rire aux incrédules sans que j'ose prétendre encore garantir l'antiquité de l'original. Je me bornerai donc à citer ici quelques faits; le lecteur en déduira lui-même la conclusion.

» Waechter, Hannoversches Magazin, 1841, mentionne de *petites pipes en terre*, qu'on trouve souvent dans des tumulus des districts de Freesen et d'Osnabrück. Ces tumulus, dit-il, désignés dans le pays sous le nom de *Aulkeen-Gräber*, renferment des urnes, des haches, des couteaux en silex et de *petites pipes en terre* de cinq à six pouces de long et à ouverture *coupée en biais*. Lorsque ces pipes sont accompagnées d'urnes, les gens du pays disent qu'un *Aulk* a été enterré là. (Voir Keferstein, Kelt. Alterth. I, 249.)

« On a encore trouvé des pipes dans des *ruines romaines* près de Lausanne, et dans celles de St Prex, entre Rolle et Morges. Ces pipes étaient de la même forme que celle fig. 5, et également *en fer*. »

A Burwein, près de Conters, canton des Grisons, on a découvert en 1786 deux vases en bronze qui contenaient des fibules à spirales, des bracelets en or, des monnaies massaliotes, un vase à encens en argent et de *petites pipes* qu'on a cru être des instruments employés par les augures romains.

Ces pipes sont connues sous le nom de *celtic* ou *Elfin pipes* en Écosse, de *Danae's pipes* en Irlande et de *pipes des fées* en Angleterre. (Voir Wilson, Arch. of Scotland, 679-681.)

L'abbé Cochet, qui a également trouvé dans les couches supérieures du cimetière romain de Dieppe de petites pipes en terre, cite, à cette occasion (Normandie souterraine, page 66, note 2), le passage suivant de l'ouvrage de l'archéologue anglais Collingwood-Bruce sur le Roman wal : « Rangerons-nous les pipes à fumer, comme celles qui figurent dans nos gravures, parmi les objets appartenant à l'époque romaine? Quelques-unes d'entre elles ont, il est vrai, une grande physionomie du moyen âge, mais le fait de les trouver dans des *stations romaines*, avec *de la poterie et autres restes incontestablement antiques*, ne doit pas passer inaperçu. La plus grande de ces pipes vient de la station romaine de Pierse-Bridge, et la plus petite du Nord du Northumberland ; quelques-unes ont été trouvées depuis à Bremenium, et on en a découvert d'autres en nombre considérable pendant les excavations qui révélèrent sur un très-court espace le noble reste du mur romain de Londres, dans le voisinage de la Tour.

« Ces pipes sont connues dans le Nord de l'Angleterre sous le nom de *pipes des fées*. »

« Le docteur Wilson, ajoute l'abbé Cochet, en parle en ces termes dans son Archéologie d'Écosse: Une autre classe de reliques trouvées en grand nombre à North-Berwik, aussi bien que dans d'autres districts, sont de petites pipes vulgairement connues en Écosse sous le nom de *celtic* ou *Elfin pipes*. A quelle époque ces restes curieux appartiennent-ils? Je ne saurais le dire. Les noms populaires qui y sont attachés indiquent d'une manière manifeste une époque antérieure à celle de sir Walter Raleigh et de la reine Vierge, ou de l'auteur royal de l'*anti-tabac*, et les objets avec lesquels elles ont été découvertes sembleraient aussi accidentellement conduire à des conclusions semblables. Dans ce cas, nous serions forcés de dire que l'herbe sauvage d'Amérique fut seulement introduite comme une substance supérieure aux anciens narcotiques. Le chanvre doit, selon toute probabilité, avoir formé un de ces derniers : il est encore employé en Orient pour cet usage. »

Certaines tribus sauvages du Nord de l'Amérique fument, au lieu de tabac, un mélange qu'elles appellent *kinikinec*, et qui se compose d'écorces de saule et de racines de certaines plantes.

En Belgique, on croit également avoir trouvé de ces pipes, dites celtiques, en des substructions de l'époque franke. (Annales de la Société archéol. de Namur, VI, p. 350.)

N° 1776. Deux *vases*, sans anses, en terre noirâtre, de la forme dite urne ; même provenance.

Ce sont là les deux seuls objets entiers que nous ayons trouvés parmi une masse de fragments de poterie. Tous ces fragments étaient d'une pâte grossière et noirâtre ; mais le tour n'avait pas été étranger à leur fabrication.

L'un de nos vases nous donne un spécimen de la pâte grossière.

L'autre est d'une terre plus noire, mieux lavée et même orné de trois zones de stries.

Mais ce qui est singulier, c'est que ce dernier vase est perforé comme un pot à fleurs ; toutefois, cette perforation semble avoir été pratiquée postérieurement à sa cuisson. Nous n'avons pas trouvé de fragments semblables à la terre noire et mieux lavée dont il est confectionné, ce qui nous fait supposer qu'il devait avoir été apporté d'une localité étrangère.

On a, du reste, en Belgique même, trouvé des vases de l'époque romaine, perforés comme nos pots à fleurs. (Bull. des Comm. roy. d'art et d'archéol., V, p. 448.)

Dans le moyen âge, d'après l'abbé Cochet, Bull. monumental, 4e série, t. VII, n° 5, p. 356, des vases auraient été ainsi forés après la cuisson pour servir d'encensoir pendant les funérailles, puis jetés immédiatement dans la tombe avec le charbon qui les remplissait.

Cet usage du moyen âge était probablement une imitation des âges antérieurs, et notre vase perforé, comme les vases semblables trouvés dans les tombeaux antiques, aura servi à brûler des parfums. C'est ainsi que l'eau bénite a remplacé l'eau lustrale et que nous avons vu l'autel chrétien, *petit et monolithe,* succéder à l'autel païen.

N° 1777. Deux *tuiles* à rebords. Même provenance.

Nous avons rencontré tant de tuiles à rebords, *tegulae,* entières et en fragments, sans aucune espèce de maçonnerie, que nous supposons qu'on les plaçait simplement au-dessus des urnes pour les protéger. Peut-être cette disposition était-elle adoptée pour que la terre fût légère aux cendres des morts. Virgile a dit : « Molliter ossa quiescant », et Ovide : « Molliter ossa cubent! »

Toutefois, nous pensons que des urnes ont aussi été placées dans des cercueils en bois pour être protégées contre le poids des terres, et que ces coffres étaient d'une grande épaisseur, à en juger par les clous fort longs et encore attachés à des fragments de bois, que nous avons déterrés.

Ces urnes étaient-elles placées, dans ces cercueils, à côté des corps?

Nous ne le pensons pas, parce que toutes celles qui ont été découvertes renfermaient des cendres et des ossements calcinés et, quand elles étaient brisées, les cendres se voyaient à côté.

Nous croyons donc que l'incinération était généralement adoptée dans la nécropole de Rumpst, sans pouvoir toutefois l'affirmer, n'ayant pas porté nos investigations plus loin, découragé que nous étions par le peu d'objets intéressants découverts et surtout après avoir appris que le propriétaire d'un champ situé au S.-O., n'y permettait aucune fouille, champ qui paraît n'avoir jamais été fouillé et dans lequel on suppose que la partie principale de la nécropole existe.

Nous avons aussi trouvé dans le *Meuleveld* des fragments de tuiles faîtières, *imbrices,* mais en petit nombre.

N° 1778. *Pierre cubique.* Rumpst, 1863.

Nous avons conservé cette pierre ou plutôt cette concrétion calcaire, parce que nous en avons trouvé un très-grand nombre dans les fouilles du *Meuleveld* et qu'elles ont paru à M. de Jongh de Keerberghen, tout à fait étrangères non-seulement à la localité, mais à toute la contrée.

Ces pierres, d'après le savant M. Habets, président de la Société archéologique de Maestricht, sont du béton et non de la pierre naturelle.

ANTIQUITÉS TROUVÉES A VENLOO.

N° **1779**. Collection de *poteries* belgo - romaines, formée par M. Belthamel.

Elle se compose de soixante pièces qui nous montrent les formes les plus usitées et adoptées comme vases cinéraires, etc.

D'après ce que l'antiquaire Jüsten nous a dit, en nous vendant cette collection, M. Belthamel, officier du génie, était de Venloo, et nous supposons que les poteries qu'il a réunies proviennent des environs de cette ville.

ANTIQUITÉS TROUVÉES A ELEWYT.

Depuis quelques années, M. Camille Van Dessel, géomètre à Elewyt, s'occupe avec un zèle des plus louables à rechercher et à étudier les antiquités belgo-romaines que renferme le sol de cette commune.

Les articles qu'il a déjà publiés dans les Annales de l'Académie d'archéologie d'Anvers et ceux qu'il se propose de livrer encore à la publicité, feront, il ne faut pas en douter, parfaitement connaître cet établissement romain.

C'est à l'obligeance de M. Van Dessel que nous devons les objets suivants, et comme les médailles les moins anciennes que cet archéologue a trouvées dans la localité, sont de Constantin 1 (274-337), elles nous indiquent la période la plus récente à laquelle on puisse rapporter les objets ci-après, trouvés en 1871 et 1872.

N° 1780. Buste d'*Io*, en bronze.

La tête, d'un dessin correct, a de petites cornes et des oreilles de génisse, posées au milieu des torsades d'une épaisse et riche chevelure. La petite bouche est légèrement lippue et sensuelle.

Ce beau buste, qui se ressent, peut-on dire, de l'influence grecque, est accolé à une plaque hexagone, également en bronze, mais dont quatre côtés n'existent plus. Les conglomérats ferrugineux, trouvés derrière cette plaque, et que nous y avons laissés en partie, prouvent, croyons-nous, que ce bronze faisait l'ornement d'un meuble auquel il était attaché avec du fer.

Occupons-nous maintenant de la représentation mythologique que nous avons devant nous.

Nous lisons dans Ovide, Met. I, 8 : « Cependant Junon abaisse » ses regards sur la campagne, et, surprise de voir que des nuées » passagères aient changé le jour en une nuit profonde, elle recon- » naît bientôt que ces vapeurs ne s'élèvent point du fleuve, ni du » sein humide de la terre; elle cherche de tous côtés cet époux » dont elle a si souvent surpris les larcins infidèles, et, ne le trou- » vant point dans le ciel : je m'abuse, dit-elle, ou je suis outragée, » et, s'élançant du haut de l'Olympe sur la terre, elle commande » aux nuages de s'éloigner. Mais Jupiter avait prévu l'arrivée de son » épouse, et, déjà la fille d'Inachus *était changée en une blanche* » *génisse*, Elle est belle encore sous cette forme nouvelle; la fille » de Saturne, en dépit d'elle-même, admire sa beauté. »

Virgile, dont les œuvres sont un peu antérieures à celles d'Ovide, nous dit aussi qu'Io fut changée en génisse (Énéide, III, 787) :

« Sur l'orbe poli du bouclier de Turnus. la belle Io, » dit-il,
« dressait ses cornes d'or, Io déjà couverte de poils, déjà *trans-*
» *formée en génisse* : longue et lamentable histoire gravée sur
» l'airain. »

Sur les vases, Io, quand elle n'est pas représentée sous la forme
d'une génisse, a, en général, sur la tête deux petites cornes; tout
le corps est nu, mais une riche draperie, retenue aux hanches,
enveloppe les reins et les jambes.

Millin, Gal. myth., II, p. 140, dit qu'il semble que sur les théâtres,
où Io était au nombre des interlocuteurs, on la faisait paraître
avec un corps de génisse et une tête de femme.

Le même auteur, dans ses Monuments antiques, t. I, p. 46,
dit cependant que, dans le Prométhée d'Eschyle, Io paraissait avec
un corps de femme et un masque de génisse.

Ott. Müller, Nouveau manuel d'archéologie, § 357, dit que la
nymphe Io est figurée tantôt sous la forme d'une génisse, tantôt
sous les traits d'une jeune fille ayant simplement des cornes.

M. le baron de Witte décrit, parmi les antiquités du Vᵗᵉ Beugnot,
au n° 349 du Catalogue, un candélabre orné de deux têtes d'Io,
avec les oreilles de génisse seulement.

Nous trouvons Io, sans cornes, représentée comme toute autre
jeune fille, dans le Museo Borbonico, t. II, pl. 12, et dans le choix
de peintures de Pompéii, pl. 4, de Raoul-Rochette.

Nous pensons que ces différentes manières de représenter Io,
prouvent que l'art, à mesure qu'il se développa, tendit à éliminer
les combinaisons bizarres où s'était complue l'imagination des artistes
primitifs, ces mélanges de l'animalité et de la forme humaine, qui
pouvaient être agréables, décrits par un poëte, mais qui, réalisés
par le sculpteur, choquaient les yeux, et que, peu à peu, une plus
fine intelligence des conditions essentielles de la plastique conduisit
l'artiste à ramener tout mythe à la représentation du corps humain.

C'est ainsi que nous avons vu qu'Io a été représentée en génisse, avec une tête de femme, en femme avec un masque de génisse, en femme avec des cornes, en femme avec des oreilles de génisse, et enfin, en femme sans aucun attribut d'animalité.

Mais nous avons dit que notre Io d'Elewyt a des cornes et des oreilles de génisse. Ces doubles attributs, sur une tête de femme, sont, pour autant que nous sachions, une représentation assez rare de la fille du fleuve Inachus. Nous l'avons rencontrée pour la première fois sur notre tête d'Io décrite sous le n° 480 et, celle-ci, est la seconde.

Comment concilier maintenant cette Io avec les principes sur l'art, développés plus haut?

Nous allons tâcher de l'entreprendre en achevant de narrer le mythe d'Io.

Io finit par obtenir de Jupiter, comme on le sait, d'être rendue à sa première forme. Ayant repris cette forme et sa beauté, elle mit au monde Épaphus, le fondateur de Memphis. Elle épousa ensuite Télégone, roi d'Égypte, ou Osiris; et telle fut sa bonté pour ses sujets, qu'après sa mort, suivant les Évhéméristes, elle reçut les honneurs divins et fut adorée sous le nom d'*Isis*.

Évhémère était un philosophe grec du IVe siècle av. J.-C. Il expliquait la mythologie par l'histoire. Il supposait que Saturne, Jupiter et les autres dieux étaient d'anciens rois ou des personnages attachés à leur suite, et les faisaient vivre dans une île fictive. Ses écrits, vantés par les Épicuriens, furent traduits en latin par Ennius et l'on en trouve des fragments dans les Pères de l'Église qui ont écrit contre les païens.

Athénagore, philosophe grec du IIe siècle, converti au christianisme, et Eusèbe, évêque de Césarée, né en 270, mort en 339, — époque à laquelle existait la bourgade belgo-romaine d'Elewyt, — étaient évhéméristes.

Nous pouvons donc croire qu'au quatrième siècle de notre ère, on regardait souvent Io comme Isis et que, pour rendre sa représentation plus artistique, on l'a souvent préférée à celle-ci. On doit convenir que la statue d'une belle et jeune femme, même avec de petites cornes et de petites oreilles de génisse, est plus agréable à regarder et intéresse autrement l'imagination qu'une statue de femme de style égyptien.

Maintenant, après ce que nous avons dit, t, I, p. 42, sur l'étendue qu'avait prise le culte d'Isis, il n'est nullement surprenant d'en trouver des vestiges à Elewyt et de les y rencontrer sous une forme adoptée par les Évhéméristes, dont les doctrines devaient encore être reçues et discutées du temps de l'existence de la bourgade belgo-romaine d'Elewyt.

N° 1781. Trois *fibules*, en bronze.

L'une a encore un morceau de son ardillon qui se déroule du haut pour aller s'arrêter contre une plaque. Des deux autres, il n'existe plus que le corps de la fibule.

(Voir ce que nous avons dit des fibules sous le n° 864.)

N° 1782. Deux *feuilles de fougère* palmées et une *feuille de laurier*, en bronze.

Nous pensons que ces feuilles en bronze ont fait partie d'une couronne funéraire. Nous avons parlé de ces couronnes sous le n° 975.

Nous ne nous rappelons pas avoir encore vu des feuilles de fougère sur des monuments romains. Est-ce que les nôtres seraient parmi celles qui ont donné plus tard l'idée de ces tailles en feuilles de fougères que l'on rencontre sur les tombeaux de l'époque mérovingienne?

N° 1783. *Plaque* en bronze d'une largeur de près de douze centimètres sur onze de hauteur. On y lit: T TIXI (Titus Tinius, peut-être T(*i*)tinius).

M. Schuermans pense que c'est le nom d'un esclave qui se trouve sur cette plaque, destinée à être placée sur une des loges d'un *ergastulum;* ce serait alors Titinius, sans prénom.

Par le mot *ergastulum* les Romains comprenaient aussi les prisons en général, comme nous le prouve le passage suivant de la correspondance de Cicéron, lettre 871 : « partout sur son passage, Antoine » a ouvert les prisons (quacumque iit, *ergastula* solvit). » Cependant ce mot paraît plus spécialement désigner l'endroit où l'on tenait aux fers les esclaves rebelles, ainsi que nous le voyons dans Columelle, I, 6 : « les chambres des esclaves libres auront l'exposition du midi » équinoxial. Quant aux esclaves enchaînés, on leur fera sous terre » une prison (subterraneum *ergastulum)* aussi saine que possible, et » éclairée par des fenêtres nombreuses, étroites et assez exhaussées » pour qu'ils ne puissent y atteindre avec la main. »

Plus loin, le même agronome, I, 8, ajoute : « En général, les » esclaves enchaînés (ergastuli) doivent être, de la part du maître, » l'objet d'une surveillance particulière. Il s'assurera par lui-même » s'ils ne sont privés ni de vêtements, ni des autres choses qui leur » sont nécessaires. Il doit y veiller d'autant plus scrupuleusement » que ces malheureux étant soumis à plusieurs supérieurs, au métayer, » aux chefs d'atelier et aux geôliers, sont, plus que les autres, exposés » à souffrir toutes sortes d'injustices. »

Apulée, Apolog., p. 231 de la trad. Nisart, confirme cette opinion, quand il dit :

» Quinze hommes libres, c'est tout un peuple ; autant d'esclaves, » c'est tout une maison ; autant d'enchaînés, c'est un bagne (er-» gastulum). »

Maintenant que nous avons vu tous les soins que Columelle conseille au maître de donner à ses esclaves enchaînés, il est fort probable que, pour les retrouver facilement, il ait fait mettre sur les portes de l'ergastulum des plaques avec le nom de ceux qui y étaient enfermés.

M. Van Dessel a trouvé, à peu près dans le même endroit, une seconde plaque en bronze, semblable, pour la grandeur, à la première, mais sans inscription ; on peut donc supposer que, quand l'esclave n'était condamné aux fers que pour peu de temps, on se bornait à écrire son nom sur la plaque de manière à pouvoir le changer facilement.

N° 1784. Quatre *sondes*, en bronze.

Nous lisons dans Cicéron (Nature des dieux, III, 22): « Le premier » des Esculapes, le dieu de l'Arcadie, qui passe pour avoir inventé » *la sonde* et la manière de bander les plaies, est fils d'Apollon. »

Nos sondes d'Elewyt sont terminées par un demi-globule creux et elles nous semblent devoir être classées parmi celles que les anciens appelaient μηλωτίς, le *specillum auriculare*.

Celse, VII, 8, nous parle de l'emploi de ces sondes quand il dit: « à côté des affections de l'œil, qui non-seulement exigent des remèdes » multipliés, mais réclament souvent encore le secours de la main, » viennent se ranger les maladies de l'oreille, pour lesquelles les » soins de la chirurgie se réduisent à peu de chose. Quelquefois » cependant, par vice de naissance ou par le fait d'une cicatrice » qui remplace une ulcération, le conduit auditif est fermé, ce qui » enlève au malade la faculté de l'ouïe. Il faut alors employer *la* » *sonde* pour voir si l'oblitération s'étend au loin dans le conduit, » ou si elle n'est que superficielle. »

Scribonius Largus, élève de Celse, nous parle aussi des sondes pour l'oreille, dans son ouvrage intitulé: De compositione medica-mentorum, 230.

Parmi les cent et douze pièces placées sous le n° 575, que nous croyons être des instruments de chirurgie, il y a huit sondes sem-blables à celles d'Elewyt, dont trois sont dans notre trousse de chirurgien, trouvée à Pompéii avec des spatules, etc. (Voir, t. I, p. 428.)

Les archéologues qui prennent ces sondes pour des styles sont, croyons-nous, dans l'erreur. En effet, le style est pointu d'un bout, comme une sonde peut également l'être, mais de l'autre, il doit être terminé en forme de palette ou de ciseau *pour aplanir*, opération pour laquelle, on s'en aperçoit tout de suite, nos sondes ne sont pas faites.

Si c'est une tablette à écrire que l'on a trouvée à Flavion (voir Annales Soc. arch. de Namur, t. VII, p. 19), — à laquelle adhérait encore un étui avec des instruments semblables à ceux dont nous nous occupons, — nous ne voyons rien d'étonnant à ce qu'un chirurgien ait placé près de ses sondes une tablette pour écrire, et que le style dont il se servait n'ait pas été retrouvé. Bien plus, nous pensons précisément que, comme il y avait plusieurs de ces instruments dans l'étui, tous inégaux, ce sont plutôt des sondes que des styles dont un doit suffire pour écrire, tandis qu'on peut avoir besoin de sondes de différentes longueurs ou de différentes formes pour une opération chirurgicale, comme c'est, en effet, le cas pour les prétendus styles de Flavion (pl. vi, l. cit.)

Toutefois, comme nous l'avons vu sous le n° 571, nous ne nions pas qu'il existât des gaînes pour renfermer les styles.

N° 1785. Trois *styles*, en fer.

Le style est, d'après Isidore de Séville, Origines, VI, 9, un instrument fait de fer ou d'os, pointu seulement à l'un de ses bouts.

Nous avons cependant vu (t. I, p. 422, n° 571) qu'il y avait des styles d'autres matières. Mais comme Isidore était né en 570 de notre ère, il est probable que, de son temps, les styles en fer et en os étaient ceux dont on se servait généralement.

En comparant ces styles avec les sondes, que certains archéologues ont prises pour des styles, on voit parfaitement combien leur erreur est grande.

N° 1786. *Menotte*, en fer.

C'est un anneau qui s'ouvre en deux et aux extrémités duquel sont deux ouvertures circulaires pour y passer la chaîne et y mettre le cadenas. « *Cum manicis*, catulo collarique, » avec les menottes, la chaîne et le collier, dit Lucilius, Sat. XXIX, 15, édition Gerlach.

La trouvaille de cette menotte, à Elewyt, confirme l'opinion émise par notre ami, M. Schuermans, au sujet de l'existence d'un *ergastulum* dans cette localité.

N° 1787. *Bague*, en fer.

Dans son chaton est une intaille en lazulite, représentant Chiron combattant un lion.

Nous savons que Chiron a eu des disciples célèbres, entre autres Hercule, Thésée, Jason et Achille. Nous avons dit, t. I, p. 187, qu'il avait nourri ce dernier de cervelles de lion ; c'est peut-être pour procurer cette nourriture à son élève qu'il veut tuer ici le roi des animaux.

Nous ne pensons pas, toutefois, devoir fouiller si loin la mythologie pour expliquer ce sujet. La bague aura tout bonnement appartenu à un chasseur. Xénophon, De la chasse, I, dit : « D'Apollon et de Diane viennent les chasses et les chiens ; ils en » ont fait présent à Chiron pour honorer sa justice. »

De même chez nous, nous avons pris St-Hubert, à cause de son ancienne passion pour la chasse, comme patron des chasseurs, et quand nos vieux poëtes chantaient avec bonheur la Saint-Hubert, nos ancêtres portaient l'anneau sur lequel était le saint avec le cerf, ayant un crucifix entre ses bois.

(Voir ce que nous avons dit des bagues *en fer* au n° 940).

Sous le n° 775, t. I, p. 509, nous avons eu l'occasion de parler de l'ancienneté de l'emploi du fer. Depuis, un passage d'Hérodote, I, 25, nous a appris qu'on *soudait* déjà ce métal de 761 à 747 av. J.-C. Voici ce passage : « Alyatte le Lydien envoya à Delphes » des présents qui consistaient en un grand crater d'argent avec » une soucoupe *de fer soudé :* c'est le plus digne de remarque de » tous les objets consacrés à Delphes, et c'est l'œuvre de Glaucus

» de Chios ; qui, le premier de tous les hommes, *inventa l'art de*
» *souder le fer.* »

N° 1788. *Aiguille*, en fer.

Homère nous parle déjà d'aiguilles à broder dans un passage de
l'Iliade, III, où Hélène est représentée dans son palais occupée à
tisser « un immense voile de pourpre à doubles contours; elle y
» trace à l'*aiguille* les nombreux combats que soutinrent, pour sa
» cause, les Troyens habiles à dompter les coursiers et les Grecs
» cuirassés d'airain. »

Si le poëme burlesque intitulé la Batrachomyomachie, peut être
attribué à Homère, le grand poëte y fait encore mention d'aiguilles aux vers 129 et 130. On y trouve, en effet, que l'un des
combattants (un rat) s'arme, en guise de lance, d'une longue aiguille
d'airain « œuvre du dieu Mars. »

Le musée égyptien du Louvre possède un certain nombre d'aiguilles à coudre, en bronze, de formes et de grandeurs diverses.
Elles ressemblent beaucoup à celles que nous avons placées sous
le n° 580, t. I, p. 431.

Les Romains donnaient à l'aiguille le nom d'*acus*.

L'*acus sarcinatrix* était l'aiguille de bronze employée par les
tailleurs pour la confection des vêtements. Celles de Cypra étaient
les plus recherchées.

Acus phrygiac était le nom donné aux aiguilles à broder, tandis
qu'on désignait par celui d'*acus babylones* ou *semiramiae* les aiguilles
à faire de la tapisserie.

Les Romains se servaient également du mot *acus* pour désigner
les épingles de toilette. Nous lisons dans Apulée, Met., VIII :
« Après cette imprécation, Charite tire une aiguille à coiffer (*acus
» crinalis*) de sa chevelure, perce de mille coups les yeux de Thra-
» sylle et ne cesse pas qu'elle ne les ait anéantis. »

Ils donnaient aussi le nom d'*acus* à l'instrument que la Vulgate nomme *emunctorium* (V. t. 1, p. 513, n° 782). Virgile nous l'apprend dans le passage suivant (Moretum, vers 11) : « Simulus, » le front penché, abaisse sur le foyer sa lampe, en tire du bout » de l'aiguille l'étoupe (producit *acu* stupas) desséchée, et d'un » souffle haletant réveille dans l'âtre la flamme assoupie. »

On ne connaissait, aux temps de la haute antiquité et même jusqu'à la fin de notre moyen âge, que des aiguilles faites d'os ou de métal autre que le fer, c'est-à-dire de bronze. On croyait que la plus ancienne notion que l'on eût de l'emploi d'aiguille de fer ou d'acier en Europe se rattachait à l'établissement d'une fabrique de ces sortes d'aiguilles à coudre à Nuremberg, dans le XIVe siècle.

L'aiguille d'Elewyt nous prouve le contraire.

N° 1789. Douze *clefs*, en fer.

Hérodote, III, 153, nous parle déjà de clefs quand il fait dire par Zopyre à Darius : « Je ne doute pas que, après m'avoir vu » accomplir des hauts faits, les Babyloniens ne me confient toutes » choses et entre autres *les clefs des portes.* »

On voit que nos clefs ont eu sur leurs pannetons des dents élevées ; elles sont donc probablement de l'espèce dite *laconique*, dont nous avons fait mention, t. 1, p. 436. (Voir aussi Millin, Dict. des beaux-arts, III, p. 477 ; Noël, Dict. des origines, II, au mot Serrure.)

Toutefois, comme parmi les clefs d'Elewyt, nous en voyons avec des tiges longues, ces dernières pourraient bien être d'une espèce qui n'exigeait pas qu'il y eût un trou dans la porte pour l'ouvrir, lorsque l'on était dehors. Alors on enfonçait simplement la clef dans une petite ouverture faite à cet effet, comme nous le faisons de nos jours, et on soulevait ainsi le verrou.

Les anciens donnaient aux fausses clefs le nom de clef adultérine ; comme nous le dit Ovide, Art d'aimer, III, v. 643 : « Que peut » faire le gardien d'une femme..... quand le *nom d'adultère*, donné » à une fausse clef, indique l'usage qu'on peut en faire. »

N° 1790. Six *couteaux*, en fer.

Sous le n° 592 nous avons déjà eu l'occasion de parler des couteaux.

Parmi les six couteaux d'Elewyt, deux appartiennent à la classe de ceux que l'on rencontre sur les bas-reliefs de sépultures et qui étaient employés par le *cultrarius*. (V. A. Rich, au mot Culter, n° 2.)

Les quatre autres sont droits, mais de différentes grandeurs, le dos un peu large et la pointe aiguë.

N° 1791. Une *clochette*, en fer.

Elle a perdu son battant, mais on voit encore fort bien l'endroit où il était attaché.

Cette clochette ressemble, pour la forme, à celles que nous avons placées sous le n° 590.

N° 1792. Deux *éperons*, en fer.

Dans le premier volume, p. 441, nous avons parlé de deux éperons. L'un, avons-nous dit, n'est composé que d'une petite pointe fixe et solide; celui que nous plaçons sous ce n°, lui ressemble tout à fait; seulement, étant en fer, sa pointe fixe a disparu.

L'autre éperon a également de la ressemblance avec celui dont nous avons parlé en second lieu au même endroit; toutefois, sa forme est plus élégante.

En parlant des éperons, dans le premier volume, nous avons indiqué une des manières pratiquées par les anciens pour monter à cheval avant l'invention des étriers. Cette invention est cependant très-ancienne puisqu'elle existait déjà en Égypte vers l'an 569 avant notre ère, comme le prouve le passage suivant d'Hérodote, II, 162. qu'il nous faut bien citer complet : « Amasis, dit cet » historien , était à ce moment à cheval; il se souleva *sur ses* » *étriers*, fit un pet et dit : emporte cela pour Apriès. »

PORPHYRES, GRANITS, MARBRES, ETC.

Peut-être cette classe eût-elle été mieux placée avant les antiquités belgo-romaines ; mais elle se rattache de si près à notre collection lithologique que nous n'avons pas voulu les séparer : la première pourra être considérée comme une sorte d'introduction à la seconde.

N° 1793. Deux *vases,* en porphyre gris, trouvés dans les propriétés du prince d'Angri, près de Paestum.

Ces deux beaux vases antiques sont d'un porphyre gris très-rare et dont nous ne connaissons d'autres exemplaires que les deux colonnes qui se trouvent dans la cathédrale de Salerne.

Ces vases, dont les deux anses découpées à jour sont prises dans la masse, n'ont jamais pu servir qu'à l'ornement ; ils n'ont été travaillés qu'extérieurement ; ils sont massifs ; mais la forme et l'exécution en sont très-belles. Leur courbure extérieure est d'un beau galbe.

La dureté de la roche leur a conservé jusqu'à présent le poli qu'ils ont reçu des anciens.

N° 1794. *Mortier,* en porphyre rouge, trouvé en 1855 à Pompéii; il nous a été donné par M. le commandeur Quaranta.

C'est dans l'excavation que l'on fit, en présence du duc et de la duchesse de Brabant, de plusieurs boutiques dans la rue de Stabie, que ce mortier fut déterré, parmi un précieux dépôt de couleurs dont nous possédons quelques échantillons.

Vu que les carrières égyptiennes de porphyre sont regardées, par les écrivains anciens comme les plus fameuses, il est arrivé que, dans l'Hieracosophium de Démétrius de Constantinople, *mortarium aegyptium* (Script rei accipit., Rigalt., p. 80) est employé pour signifier un mortier de porphyre. C'est de l'usage de ces mortiers dans la pharmacie qu'est aussi venu le mot technique porphyriser.

Deux figures de femmes, emblèmes de la médecine, étaient représentées avec un mortier et un pilon sur le coffre de Cypsélus à Olympie. « Elles ont, » dit Pausanias, V, 18, » des mortiers à la » main, et des pilons qu'elles plongent dans les mortiers. L'opinion » regarde ces deux femmes comme instruites dans la connaissance » des médicaments. »

N° 1795. Fragment d'une *statue* égyptienne, trouvé dans la villa Hadriana.

Ce fragment est d'un granite très-rare; il n'existe pas même dans la célèbre collection de pierres du cardinal Antonelli.

Il est probable que toutes les statues qui proviennent de cette localité sont de celles qu'Hadrien avait importées d'Égypte ou qui furent travaillées sous le règne de cet empereur à l'imitation des anciennes figures égyptiennes.

Sur ce beau fragment de statue agenouillée, une main moderne a voulu tracer des hiéroglyphes.

N° 1796. Fragment de *vase,* en granite rouge d'Égypte.

On voit que ce vase était couvert de sculptures hiéroglyphiques tant au dedans qu'au dehors.

Collection Lambruschini.

N° 1797. *Grenouille* fruste, en basalte vert.

N° 1798. *Pied,* en serpentin, trouvé près de la porta Pia, à Rome.

Ce pied de serpentin doit avoir appartenu à une figure colossale qui ne représentait assurément pas un personnage ordinaire. Nous avons donc ici la chaussure peut-être d'une divinité ou du moins celle d'un homme distingué, et nous l'avons positivement, sans être obligés de faire aucune conjecture.

Cette chaussure doit être, selon nous, du genre de celles que les Grecs appelaient *sandales à courroies étroites*. On les nommait *leptoschides* ou *schistae*. Elles étaient la chaussure la plus noble du genre des sandales. Elle se composait d'une semelle assujettie aux pieds par plusieurs cordons, dit Pollux, liv. VII, ch. 22.

On remarque souvent dans les peintures de Pompéii l'absence de courroies; il ne faut l'attribuer qu'au caprice ou à l'inadvertance des artistes.

Pline, XXXIV, 14, mentionne une statue assise de Cornélie, la mère des Gracques, statue remarquable parce qu'elle n'avait sous le pied qu'une semelle sans courroie pour l'attacher.

Ce pied paraît avoir fait partie d'une statue qui n'était point tirée du même bloc, car il n'existe point de morceau de serpentin assez grand, et celui dont ce pied est formé est déjà un des plus grands que nous ayons rencontrés. (Voir notre collection lithologique, n°s 678 et suiv.)

Peut-être que l'usage de sculpter une pierre aussi dure n'est pas antérieur au temps d'Hadrien, car nous apprenons de Pline que les statues de porphyre qui furent connues sous le règne de Claude, n'étaient plus en usage de son temps, parce que cette nouveauté n'avait pas été favorablement accueillie. L'emploi des marbres de couleur pour la sculpture fut, sans doute, un effet de ce luxe qui amena le dépérissement de l'art.

N° 1799. La belle *rosace*, en serpentin, que nous voyons sous ce n° a été trouvée à Ostie en 1857. Elle doit avoir occupé le milieu d'un compartiment en caissons d'une voûte de tombeau ou de villa.

N° 1800. Jolis *fragments*, en pierre, qui peuvent servir à donner une légère idée des motifs si variés que les architectes romains ont su employer à décorer leurs monuments.

N° 1801. *Vases* à onguent, en albâtre, de formes diverses.

Spanheim, V, 13, II., in tav. pail., remarque que les vases onguentaires étaient ordinairement d'albâtre et d'autres pierres. Ces sortes de vases servaient non-seulement à la toilette, mais encore aux bains.

Les Grecs et les Romains multipliaient les bains si nécessaires pour entretenir la fraîcheur du corps; et pour les rendre plus agréables, ils faisaient usage d'eaux parfumées.

Dans les premiers siècles de l'Église, la sévérité de la morale chrétienne proscrivit ces soins délicats, qui tenaient de si près à la mollesse et à la volupté. La fille spirituelle de St Jérôme, Ste Paule, dame romaine et veuve, prit à la lettre ce point de discipline des saints Pères. Parmi les réglements qu'elle donna à ses religieuses rassemblées à Bethléem, il en est un par lequel elle leur défend, en termes exprès, *la propreté du corps. C'était,* disait-elle, *un emblème de la saleté de l'âme.*

N° 1802. Fragment d'un *pavement* en mosaïque, provenant d'Ostie.

Ces mosaïques sont formées de petits quadrilatères cubiques, incrustés dans un mastic et assis sur un ciment; ils sont de plusieurs couleurs différemment assorties et dessinent tous les sujets que l'on peut désirer.

L'usage des mosaïques est trop ancien pour qu'il soit permis d'en fixer l'origine. L'opinion la plus accréditée est qu'il fut transmis aux Romains par les Grecs qui le tenaient eux-mêmes des Perses; mais ce n'est guère que vers le règne d'Auguste qu'on le vit paraître à Rome et se répandre en Italie. Il y acquit, en peu de temps, une grande vogue : chaque propriétaire voulut avoir dans sa villa un salon pavé en mosaïque.

Il y avait encore une autre espèce de mosaïques; celle des tableaux, des meubles et des bijoux. Elle consistait à donner diverses formes à une quantité de marbres précieux de différentes couleurs, de manière à pouvoir, en les réunissant, en former un dessin régulier; ou bien à colorier de petites pierres ou des aiguilles de verre pour en former une composition quelconque. (Voir n° 1136.)

Le personnage représenté sur ce fragment, dont on ne voit plus que les jambes nues et le panier ou le seau qu'il portait, nous rappelle une statue du musée du Vatican, où un panier ou seau semblable à celui de notre mosaïque, se voit dans la main gauche d'un homme auquel on a donné le nom de pêcheur.

Les pêcheurs de Rome (*corpus piscatorum*) célébraient tous les ans, le 7 juin, une fête en l'honneur du Tibre (*ludi piscatorii*).

N° 1803. *Mosaïque* romaine, du XVIIIe siècle.

Nous y voyons cinq personnages. Ils sont occupés à vider un *fiasco* du célèbre vin d'Orvieto. Leur costume est celui des environs de Rome.

N° 1804. *Table* carrée oblongue, en porphyre rouge.

Ce porphyre est d'un rouge violet, parsemé de taches blanches, roses et noirâtres.

Nous avons acheté cette table à la vente du cardinal Lambruschini.

N° 1805. Deux *tables* rondes, en granite rose.

Ce granite est composé de gros grains de feldspath rose, de feldspath gris, de quartz transparent et d'amphibole noir.

Ces plaques ont été sciées d'un fragment de colonne trouvé, en 1856, près d'Ostie.

N° 1806. Grande *table* ronde, en marbre de Carrare, incrustée d'une collection de marbres antiques et modernes.

Cette table a été faite à Rome en 1847.

N° 1807. Petite *table* ronde, en noir antique, incrustée de marbres rares, à la manière dite *Borghesiana*.

Faite à Rome en 1853.

N° 1808. *Table* ronde, en marbre noir, dans laquelle nous avons fait incruster les fragments de verres antiques que nous possédions en doubles, et qui n'étaient d'aucune utilité dans notre collection placée sous le n° 1101.

Ce travail a été exécuté à Rome en 1858.

N° 1809. *Table* carrée oblongue, en lumachelle orientale grise.

On ignore pourquoi les marbriers romains ont donné le nom de lumachelle d'Égypte à cette roche composée de fragments d'huîtres en morceaux gris-violet et noirs dans une pâte blanche grisâtre et quelquefois jaunâtre.

Ces lumachelles ne se sont trouvées que dans les fouilles faites à Rome, où on la rencontre maintenant dans les musées et dans les églises.

On n'a jamais déterré de colonnes de cette roche et en voyant qu'on l'a presque toujours employée en plaques, on doit supposer qu'elle est restée d'une grande rareté.

C'est pourquoi l'on peut dire que le marquis A. Mutti Papazzurri, trouva, en 1830, un trésor dans sa vigne près du Testaccio, en y déterrant un beau bloc de cette roche dont il fit faire trois tables, desquelles la nôtre est la plus grande et la plus belle.

Voir notre collection lithologique, n° 144.

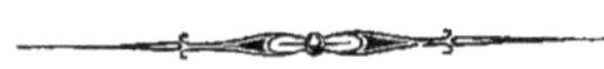

COLLECTION LITHOLOGIQUE.

Nous restons longtemps saisis d'admiration à la vue du Panthéon, du Colysée et de tous ces autres monuments gigantesques, prodiges de l'art, que la grandeur romaine a élevés; mais en présence des reliques de ces générations célèbres, de ces restes imposants d'une grandeur, d'une puissance déchue, un tout autre sentiment s'empare de notre âme, notre admiration se change en deuil.

Ces monuments construits depuis une longue suite de siècles, ces édifices solides, ces blocs de granit qui semblaient défier le temps et ses ravages, ne sont plus aujourd'hui que des monceaux de ruines.

Goths, Vandales, Hérules, Lombards, Germains, Normands, peuplades barbares ou peuples civilisés, tous à l'envi se sont jetés sur la cité des Césars, tous, jaloux de sa puissance et de sa grandeur, ont brûlé, pillé, ravagé, avides de se partager les dépouilles de la reine du monde.

Malgré ces terribles désastres, les ruines ont encore conservé à Rome tant de trésors que cette antique cité est toujours le plus vaste musée du monde.

Notre but n'est pas de parler ici de tout ce qui attire l'admiration des étrangers. Peut-être bien des personnes ont-elles été à Rome sans faire même attention à un luxe qui devait rendre les constructions romaines d'une grande magnificence. Ce luxe consistait dans l'emploi de pierres de décoration : c'est de celles-ci que nous allons nous occuper.

D'où viennent ces roches, si belles, si variées, que l'on rencontre à Rome dans les musées, dans les palais et surtout dans les nombreuses églises?

Les Romains, maîtres du monde, les ont fait transporter de divers points de l'univers dans leur capitale pour en orner les édifices. Les Papes, quand le fanatisme détruisait ce que les guerres avaient laissé debout, en ornèrent les églises et en enrichirent leurs musées et leurs palais.

Mais quand et comment les pierres de luxe commencèrent-elles à être appréciées chez les Romains?

Après six siècles d'une vertu austère, Rome commença à s'éloigner de sa simplicité primitive et permit l'introduction des pierres étrangères. D'abord elles excitèrent le mépris: « M. Lépidus, consul avec » Q. Catulus, fit, le premier, dans sa maison, les seuils en marbre » de Numidie, et il fut *grandement blâmé*, » dit Pline XXXVI, 7. Puis on reçut les marbres avec dérision. Pline, XXXVI, 3, nous apprend, en effet, que « L. Crassus, l'orateur, celui qui le premier » eut des colonnes de marbre étranger sur le mont Palatin, avait » été nommé à cause de cela, dans une querelle, *la Vénus du* » *Palatin.* »

Plus tard la mode prit les marbres sous sa protection. « Le premier, » suivant Pline XXXVI, 7 « qui à Rome revêtit en marbre » les murs de sa maison tout entière, sur le mont Célius, fut, » au dire de Cornélius Nepos, Mamurra, né à Formies, chevalier » romain et préfet des ouvriers de Jules César dans les Gaules. »

Lucius Lucullus, se livrant sans réserve à des plaisirs splendides et somptueux, fit venir, l'an 670 de Rome, d'une île sur le Nil, une grande quantité de roches noires, auxquelles on donna le nom de *marbre luculléen.*

L'année suivante, Caius Silius Italicus enleva les colonnes du temple du Jupiter Olympien, à Athènes, et les fit transporter dans le Capitole, sans opposition ni du peuple, ni du sénat.

Enfin, Marcus Émilius Scaurus, étant édile, l'an 696, orna son célèbre théâtre de trois cent-soixante colonnes de marbre luculléen et l'entrepreneur des égouts publics se fit donner caution pour le dommage que pouvait occasionner le transport de ces colonnes.

« A la vue d'un si mauvais exemple, dit Pline, XXXVI, 2, n'était-ce » pas le cas de veiller à la conservation des mœurs? Cependant les » lois se turent quand ces masses énormes passèrent devant le faîte » en argile des temples des dieux. »

On voit, par l'action que l'administration des égouts publics intenta à Scaurus pour qu'il déposât caution afin de réparer les dégâts que pourrait occasionner le transport d'un si grand poids, qu'on n'avait jamais vu tant et de si grandes masses de pierres à Rome.

On mit un droit sur l'importation des colonnes étrangères; toutefois, il paraît que cette mesure ne fut pas longtemps en vigueur, puisque Cicéron écrivait déjà à Atticus : « Vous avez très-bien » arrangé l'affaire de l'aquéduc. Voyez à ce que je ne paie pas » le droit sur les colonnes, quoiqu'il me semble avoir ouï dire à » Camille que la loi était modifiée » (lettre 609.)

Sous Octave-Auguste, l'usage des roches étrangères devint si général que, d'après Suétone, II, 29, cet empereur pouvait « se » vanter avec raison de laisser la ville de Rome de marbre, après » l'avoir reçue de briques »

L'émulation des nobles seconda les vues de l'empereur : Agrippa, son ami, fit construire le Panthéon. Quand on voit les richesses en pierres ornementales qui y sont encore de nos jours, quand on songe à celles qui ont été enlevées, on a bien là une preuve sans réplique de ce luxe.

Les temples, les basiliques, les amphithéâtres, les arcs de triomphe, les fontaines, les maisons, les villas et les tombeaux étaient décorés des plus beaux marbres, on en plaçait même isolément des colonnes dans le seul but d'en faire admirer la beauté, et la passion pour ce luxe était si grande qu'Horace, Liv. II, od. 18, s'écrie : « Et toi,

» à la veille de mourir, tu fais scier *des marbres;* tu oublies la
» tombe, et tu élèves un palais. »

Nous lisons aussi dans Tibulle, Élég. III, 3, « qu'ai-je besoin d'un
» palais qui s'appuie sur des *colonnes* venues de Phrygie, de Ténare
» ou de Caryste? d'avoir chez moi des parcs, rivaux des bois sacrés,
» des poutres chargées d'or, *un pavé de marbre?* »

Nous voyons par le passage suivant de Plutarque, Publicola, XVII,
que sous Domitien les marbres étaient toujours fort appréciés :
« On dirait de même avec raison à Domitien : Tu n'es ni religieux
» ni magnifique; tu as une maladie, c'est d'aimer à bâtir; et comme
» ce fameux Midas, tu voudrais que dans tes mains tout devînt
» or et *marbre.* »

Les carrières ne purent bientôt plus suffire pour satisfaire la manie
des roches de luxe et l'on imagina de les scier en tablettes. « Je
» ne sais, » dit Pline, XXXVI, 6, « s'il faut attribuer à la Carie
» l'invention de l'art de scier le marbre en tablettes. L'exemple le
» plus ancien de cette pratique, à ma connaissance, est fourni par
» le palais de Mausole à Halicarnasse : les murailles, en briques,
» sont recouvertes en marbre de Proconnèse. Mausole mourut la
» seconde année de la cent-sixième olympiade, l'an de Rome 402. »

Plus loin, Pline dit, XXXVI, 8 : « Je ne saurais dire si les
» murailles du théâtre de M. Scaurus étaient en *marbre plaqué* ou
» *en marbre massif* et poli, comme est aujourd'hui le temple de
» Jupiter Tonnant dans le Capitole; car je ne trouve jusqu'alors
» aucune trace de *marbre plaqué* en Italie. »

On a découvert en France, dans les environs de Vienne, que les
Romains tapissaient aussi à l'étranger leurs constructions de *pla-
cage de marbre.* (Voir à ce sujet le Bulletin de l'institut de correspondance archéologique de Rome de 1867, p. 195.)

Pline nous apprend encore, XXXV, 1, que les Romains falsi-
fiaient le marbre en le peignant et en l'incrustant. « Nous nous
» sommes mis, » dit-il, « à *peindre même la pierre.* C'est une

» invention du temps de l'empereur Claude. Sous Néron, on a
» imaginé d'incruster dans le marbre *des taches* qui n'y étaient pas,
» et d'en varier ainsi l'uniformité, afin que celui de Numidie offrît
» des ovales et que celui de Synnade fût veiné de pourpre, tels
» enfin que le luxe aurait voulu que la nature les produisît. C'est
» ainsi que l'on supplée au défaut des carrières. »

Nous avons déjà vu que Caius Silius Italicus n'était pas fort
délicat sur les moyens employés pour se procurer des pierres de
luxe. Tite-Live, XLII, 3, nous fournit un second exemple de cette
manière d'agir quand il dit : « Q. Fulvius Flaccus faisait bâtir un
» temple à la Fortune équestre, en exécution d'un vœu qu'il avait
» formé en Espagne, où il dirigeait comme préteur la guerre contre
» les Celtibériens ; il mettait tout son zèle à en faire le plus vaste
» et le plus magnifique temple qui se vît à Rome. Il crut ne
» pouvoir mieux faire pour l'embellir que de le couvrir en tuiles
» de marbre, et il se rendit au pays des Bruttiens, *où il fit dé-*
» *couvrir* environ la moitié du temple de Junon Lacinienne : cette
» quantité lui paraissait suffisante pour la couverture de son édifice. »

Aussi une loi fut publiée (on croit que c'était vers l'an 71 de
notre ère), afin d'empêcher d'acheter des anciens édifices pour en
enlever les marbres, en laissant subsister les ruines. (Voir Code
Justinien, leg. 2, de aedif. privat.)

L'exploitation des carrières était également réglée par des lois.
(Voir le Code Thédosien, leg. 1 et 4, de sepulchr. violat.; leg. 2,
11 et 13, de metall. etc.)

Eusèbe de Césarée, VIII, 8, dit qu'on condamnait les prisonniers
à aller travailler dans les carrières.

On nomma des surintendances pour les exploitations, afin que
les droits du gouvernement fussent assurés. Les surintendants portaient différents noms; savoir : *rationarii a marmoribus* ou *a lapi-*
cidinis. (Voir Reinesius, Synt. inscr. antiq., p. 475, n° 2, et Smetius
Thes. inscrip., p. 17, n° 12.)

L'administration des carrières résidait à Rome, d'où les instructions étaient transmises dans tout l'Empire.

On avait des navires construits d'une manière spéciale pour transporter les colonnes, les obélisques, etc., qui venaient des pays d'outre-mer. Pline, XXXVI, 14, dit : « L'entreprise la plus difficile, » ce fut de faire venir des obélisques à Rome. Les vaisseaux. qu'on » y employa ont eux-mêmes excité l'admiration. » On débarquait ces monolithes à Porto, à l'une des embouchures du Tibre, d'où on les faisait arriver jusqu'à Rome, passé le mont Aventin; là il y avait toujours un grand dépôt de roches étrangères, comme le prouvent encore les fouilles faites en 1868 et en 1869. Voir le Bulletin de l'Institut de Rome pour 1868, p. 145-152, et les détails donnés plus tard sur les fouilles de l'*Emporium* qui ont fait connaître que de nouveaux travaux de creusement, entrepris sur un point plus éloigné, ont mis à nu de nouvelles masses de roches précieuses parmi lesquelles on prétend avoir trouvé *quinze morceaux de murrha!!*

A la suite de toutes ces découvertes, le gouvernement pontifical avait proposé aux érudits un prix consistant en une médaille d'or pour celui qui fournirait la meilleure dissertation « sur les carrières » de marbre des anciens Romains, spécialement sur les carrières » qui existèrent en Asie et en Afrique, sur leur administration, » enfin sur le commerce de marbres chez les Romains. »

Cette dissertation aurait dû être remise avant le 20 juin 1871.

Mais continuons nos modestes recherches et voyons quels noms on donnait aux ouvriers.

Le Code Théodosien, leg. 1., de excusat. artific., nous fait connaître les différents noms que l'on donnait aux hommes qui travaillaient les roches; nous y trouvons des *caesores*, des *quadratarii*, des *lapidarii*, des *marmorarii*, des *musivarii*, des *characterarii*, des *politores*, des *sculptores*, et des *statuarii*.

Élius Lampride (Alex. Sevère, XXIV), nous apprend que cet empereur fut l'inventeur des mosaïques en pierre pour les pavements. « Il inventa, dit-il, pour les constructions en marbre, *un mélange* » *de porphyre et de marbre lacédémonien,* sorte de composition qui » porte son nom, et dont il orna le palais. »

L'art du polisseur devait être très-avancé, puisque nous lisons dans Vitruve, II, 8 : « Dans la ville d'Halicarnasse, le palais du puis- » sant roi Mausole a des murailles de briques, quoiqu'il soit partout » orné de marbre de Proconnèse; et l'on voit encore aujourd'hui » ces murailles, fort belles et fort entières, couvertes d'un enduit » si poli, qu'il ressemble à du verre. »

Pline dit, XXXVI, 9, « qu'on donne le dernier poli avec le sable » thébaïque, et avec un sable fait de la pierre poreuse ou de la » pierre ponce. »

Dioscoride, Materia medica, lib. 5, cap. 123 (édit. de Bâle, 1557) rappelle que les polisseurs se servaient avec grand succès de l'émeri pour donner le dernier poli aux roches.

Mais il paraît dans tous les cas que très-anciennement on don- nait déjà un certain poli aux pierres, car nous lisons dans Denys d'Halicarnasse, III, 20 : « Avant Tarquin, les murs de Rome étaient » des pierres brutes, *mal polies* et posées l'une sur l'autre sans » aucun art. Il commença le premier à les faire bâtir de grosses » pierres de taille *bien polies,* dont chacune faisait la charge d'une » charrette. »

Nous ne pensons pas qu'un catalogue d'une collection de pierres soit astreint aux règles impérieuses d'une méthode savante. Il doit, avant tout, se faire comprendre et, pour atteindre ce but, il est nécessaire qu'il se soumette aux usages établis et au langage des marbriers. En effet, un savant viendrait à Rome et voudrait se procurer une roche en se servant de son nom scientifique, qu'il chercherait fort longtemps avant d'être compris et avant de pouvoir se procurer ce qu'il désire.

Nous croyons donc qu'il faut se soumettre aux désignations,

quelquefois bizarres et arbitraires des marbriers, et c'est ce que nous avons fait en imitant notre honorable ami, M. l'avocat François Belli, qui a publié un catalogue d'une collection de pierres dont les anciens se servaient pour construire et orner leurs édifices. (*Catalogo della collezione di pietre usate dagli antichi per costruire ed adornare le loro fabbriche*. Roma, typ. Mugnoz, 1842).

Cette collection se composait de cinq cent et un échantillons. La nôtre est plus nombreuse, elle en contient sept cent quatre-vingt-un. Des fouilles nouvelles continuent à prouver que nous ne connaissons pas encore toutes les richesses en belles pierres dont les Romains disposaient.

D'un autre côté, il nous a été impossible de recueillir des morceaux de toutes les roches de la collection Belli; il n'en existait plus dans le commerce.

Quoique nous adoptions en général les noms donnés aux roches par les marbriers de Rome, il nous eût été bien difficile de les ranger dans un certain ordre sans les conseils et les remarques judicieuses de M. Belli, qui, non-seulement nous a procuré une grande quantité de pierres que nous ne serions pas parvenu à découvrir, mais qui a encore bien voulu les classer dans un certain ordre et nous en donner les noms italiens dans un catalogue publié à Rome, en 1857.

Nous avons précieusement conservé ces désignations ; elles se trouvent après la traduction française que nous en avons faite.

Nous avons également eu soin de conserver les astérisques que M. Belli a mis après les noms :

Quand il n'y en a pas, c'est que la pierre n'est pas rare ; quand elle en a un, c'est qu'elle n'est pas ordinaire ; quand elle en possède deux, c'est qu'elle a de la valeur, et quand elle est suivie de trois astérisques, c'est qu'elle est placée parmi les plus précieuses.

Après chaque nº, nous avons indiqué, quand nous avons pu le connaître, l'endroit où l'on pourra voir en grand la roche dont nous parlons.

On nous demandera peut-être quel but nous nous proposons d'atteindre en formant une collection de roches, collection qui ne peut jamais se compléter, vu que la diversité des pierres qui se trouvent sur le globe est innombrable.

Le savant indulgent pourra tout au plus répondre que nous faisons une espèce de jardin de la géologie.

Quoi qu'il en soit, pour le moment, nous ne nous occuperons que de ces pierres, dont les anciens se servaient pour les constructions, l'architecture, l'ornement et la sculpture, et qui unissent à une beauté exquise une variété déjà presque infinie. Notre limite est donc tracée, et nous pensons qu'il y a là un sujet d'études comparatives sur le rapport du lieu de provenance, quand on parviendra à le connaître, avec le lieu de la découverte, qui est Rome et ses environs. C'est là une branche de la science pour laquelle des savants contemporains proposent le nom d'*archéo-géologie*.

Notre but est d'engager à imiter les anciens. Nous croyons non-seulement que la connaissance de ces pierres, dont l'origine et le nom antique sont en grande partie inconnus, gagnerait infiniment par la comparaison avec les pierres analogues que nous pouvons découvrir de nos jours, mais, de plus, nous sommes pénétré de l'idée que notre collection comparée doit ouvrir de nouvelles voies à l'art et à l'industrie modernes. En effet, si chaque pays connaissait et savait apprécier, sous ce rapport, les productions qu'il renferme dans son sein, nul doute qu'il n'y trouvât bientôt, avec un choix éclairé, une source abondante de richesses, comme aussi des matériaux naturels pour servir à l'ornement des édifices et surtout des monuments publics.

Et en comparant entre elles les richesses de ce genre que renferment les différents pays, en les confrontant ensuite avec les matériaux des anciens, on arriverait bientôt à une appréciation juste des avantages propres à chaque contrée, et ceci conduirait naturellement les nations déjà si unies par le commerce, à s'occuper de préférence des pierres qui auraient une supériorité prononcée sur les productions semblables des autres pays.

C'est avec cet espoir que nous [avons commencé à former une seconde collection de pierres dites *modernes*, parce que leurs carrières sont connues et exploitées de nos jours. Nous nous proposons de les classer par pays.

Déjà l'ingénieur Perronet, ami et contemporain de Buffon, possédait une collection lithologique composée de pierres propres aux grandes constructions : chaque échantillon, de forme et de volume égaux, portait une étiquette où le poids du pied cube était indiqué. M. Rondelet a cité trois cent vingt-neuf espèces de pierres de taille dans son Traité théorique et pratique de l'art de bâtir : on en trouve sept cent quarante-cinq dans la Table lithologique des ponts et chaussées, publiée par l'ingénieur français Lesage. Ainsi notre projet n'est qu'un développement d'une idée déjà mise à exécution, que les relations suivies entre les divers pays rendent tous les jours d'une exécution plus facile.

Mais laissons là ce projet pour nous occuper des pierres anciennes, ainsi nommées parce que les Égyptiens, les Grecs et les Romains en ont fait usage pour orner et construire leurs édifices. Ce qui est singulier, c'est que les Romains eux-mêmes nommaient les roches étrangères des *marbres antiques*. En effet, Horace, liv. I, *épit*. 6, voulant louer la simplicité des anciens, dit : « Allez donc,
» argent, *marbres antiques*, bronzes, chefs-d'œuvre, merveilles,
» diamants, pourpre éclatante de Tyr . . . . »

Il est certain que Déjocès, roi des Mèdes (733 — 690 av. J.-C.) savait déjà apprécier les pierres de différentes couleurs, comme le prouve le passage suivant d'Hérodote, I, 98 : « Déjocès fit davantage;
» comme il y avait en tout sept enceintes à Ecbatane, il eut soin
» de renfermer dans la dernière son palais et ses trésors..... Les
» créneaux de la première muraille sont de *pierres blanches*; ceux
» de la seconde, de *pierres noires*; ceux de la suivante sont *couleur*

» *de pourpre;* ceux de la quatrième, *bleues;* ceux de la cinquième,
» *rouge* de sardoine. Ainsi, à chaque cercle, les créneaux sont de
» diverses couleurs. Mais aux deux derniers murs, ils sont plaqués,
» les uns d'argent, les autres d'or. »

Les anciens confondaient avec le marbre (*marmor*) les granites,
les porphyres, et ils lui attribuaient ainsi une dureté beaucoup plus
considérable que celle dont il jouit réellement, et de là nous est
venu cet adage : *dur comme du marbre*, qui sert si souvent de
terme de comparaison.

Les fouilles de l'Emporium du Tibre, dont nous avons parlé plus
haut, donnent en ce moment une nouvelle activité aux recherches
des personnes qui s'intéressent aux pierres anciennes.

M. Bruzza, dans la séance de l'institut de Rome, du 21 janvier 1870
(voir le Bulletin de cet institut pour la dite année, page 9), dit que
le nombre des roches trouvées jusqu'à présent, grandes et petites,
est d'environ 600, parmi lesquelles l'africain, le cipollin, le pavonazzetto, le settebasi et le jaune paraissent être représentés le plus
souvent. Il croit que chaque morceau, en arrivant, avait une inscription ou au moins un sigle ou un chiffre. Les inscriptions trouvées
sont latines (excepté une qui est grecque, sur un bloc de marbre
gris, *bigio).*

M. Bruzza présente encore sur ces blocs d'autres observations
intéressantes qu'il se réserve de publier plus tard.

ALBATRE.

Nous croyons nécessaire de donner quelques idées succinctes sur le
gisement et la formation de l'albâtre, afin de nous mettre plus à
portée de le distinguer des marbres avec lesquels on pourrait le
confondre à plusieurs égards.

L'albâtre calcaire tend à remplir les cavernes ou les excavations qui se rencontrent si fréquemment dans les terrains de cette nature; il y est transporté par les eaux qui s'infiltrent dans le sein de la terre, en partant de la surface du sol, et qui traversent tour à tour les couches calcaires et ferrugineuses, en se chargeant de tout ce qu'elles peuvent dissoudre, jusqu'au moment où elles parviennent au plafond des cavernes.

Arrivées à ce point, elles s'y arrêtent jusqu'à ce que de nouvelles eaux viennent les forcer à tomber sur le sol de la grotte; et, comme ce liquide est plus ou moins saturé de la matière de l'albâtre, que l'air qui circule dans ces souterrains doit nécessairement en diminuer la masse par l'évaporation, pendant tout le temps qu'il reste suspendu à la voûte, il en résulte qu'il commence à y déposer un atome de véritable albâtre; mais, comme l'eau est forcée de tomber avant d'avoir abandonné tout ce qu'elle tient en dissolution, elle finit par déposer sur le sol le reste des molécules pierreuses dont elle était chargée; c'est pourquoi, au bout d'un certain temps, il se forme à la voûte une grande concrétion qui croît de haut en bas et qui porte le nom de *stalactite*, en même temps qu'il s'en forme une autre sur le sol, qui s'élève de bas en haut et qui s'appelle *stalagmite*; bientôt elles se rencontrent, se réunissent, se soudent bout à bout, croissent et augmentent de concert, et se changent en piliers énormes qui semblent destinés à soutenir la voûte. Mais comme il suinte également sur toutes les parois de l'intérieur de la caverne de l'eau saturée des mêmes molécules, et qu'elle passe sur toutes les inégalités qui existent sur ces murs, il en résulte que les dépôts d'albâtre qui s'y forment se replient sur eux-mêmes en contours et en plis verdoyants qui les font ressembler à d'immenses draperies largement retroussées en festons élégants.

C'est alors que ces grottes prennent un aspect imposant. Le naturaliste y admire et y suit en silence les travaux souterrains de la nature, tandis que le visiteur qui y pénètre pour satisfaire une simple curiosité, se livre à toutes sortes d'illusions. Il croit voir, dans son enthousiasme, des animaux, des meubles, des figures humaines, des cascades pétrifiées, etc.

Mais, à mesure que ces concrétions grossissent dans tous les sens, la décoration de ces grottes merveilleuses change totalement d'aspect; la voûte s'abaisse, le sol s'élève, les défilés se rétrécissent, les colonnes se joignent, les arcades se couchent et cette caverne, qui fut visitée par les savants et les curieux, se change insensiblement en une carrière d'albâtre exploitable. Il ne faut point croire cependant que cette obstruction totale soit l'ouvrage de quelques années seulement; car, quoique les progrès en soient très-sensibles, il est certain que plusieurs siècles sont nécessaires à la transformation.

En résumant ce que nous venons d'exposer sur la formation et le gisement de l'albâtre calcaire, on peut en conclure :

1° Que l'albâtre est le dernier produit terreux de la nature, puisqu'il se forme encore de nos jours, et pour ainsi dire sous nos yeux, comme aux bains de St Philippe, en Toscane;

2° Qu'il résulte de l'infiltration d'une eau chargée de principes calcaires;

3° Que les couleurs, les veines et les taches de l'albâtre sont dues aux différentes couches ferrugineuses que l'eau traverse avant d'arriver à la voûte de la cavité qui doit se remplir d'albâtre, et que pour cette raison il est extrêmement rare de trouver de l'albâtre calcaire d'un blanc parfait;

4° Que la demi-transparence de l'albâtre est due à sa texture cristalline, parce que la lumière a un accès beaucoup plus facile dans l'épaisseur d'une pierre ainsi composée, que dans celle d'une roche, par exemple, dont l'intérieur présente une infinité de petites lamelles qui brisent les rayons lumineux sans leur permettre de pénétrer.

De toutes les roches on peut dire que l'albâtre est la plus belle à cause de la vivacité de ses teintes, de la variété et des beaux dessins de ses taches, ainsi que de la finesse de son grain ; l'homogénéité de sa pâte, le beau et doux poli que cette pierre reçoit, sa demi-transparence, sont des qualités qui la rendent très-précieuse pour la sculpture et pour la fabrication de tant d'objets si beaux que nous voyons dans les musées du Vatican, du Capitole et dans les palais de Rome.

Les albâtres antiques provenant de l'Asie et de l'Afrique sont plus clairs et dotés de couleurs plus vivaces. Ils sont beaucoup plus beaux et plus variés que ceux d'Europe.

Une des classifications les plus difficiles est, sans contredit, celle des albâtres. Toutefois, comme il est nécessaire de mettre un certain ordre dans notre collection, nous croyons pouvoir les diviser principalement :

1° En *albâtres rouges*, c'est-à-dire tous ceux où domine tout à fait cette couleur.

2° En *albâtres roses* qui sont les albâtres colorés de rouge pâle, de jaune et de blanc.

Les *albâtres laineux* sont la continuation des albâtres roses. En effet, ils en diffèrent seulement par les dessins; le rouge s'y voit.

3° En *albâtres couleur de miel*. Ce sont tous ceux où le jaune miel domine. Pline, XXXVI, 12, dit qu'on recherchait beaucoup les albâtres couleur de miel.

4° En *albâtres violets*. Il n'en existe pas une grande variété.

5° En *albâtres gris* ou *cendrés*. Ils sont aussi peu nombreux.

6° En *albâtres palombins*, ainsi nommés parce que l'on trouva pour la première fois cette espèce d'albâtre dans des fouilles faites à la villa Palombara, hors la porta Pia. Il diffère des autres albâtres en ce qu'il est toujours d'un blanc opaque, et que, quand il est taché, et quoique ses taches varient, elles sont le plus souvent d'un brun marron.

7° En *albâtres tortues*. On donne ce nom à un albâtre jaune noirâtre passant quelquefois au blond rouge foncé. Ces couleurs sont mêlées entre elles sans ordre. Il a quelque ressemblance avec l'écaille de la tortue. On n'en trouve que de petits fragments dans les fouilles et les lapidaires en font souvent des tabatières.

8° En *albâtres sardoines*, ainsi nommés à cause de leur couleur orange passant au brun marron, et

9° en *albâtres fleuris*. Ce sont tous ceux qui ne sont pas compris dans les huit classes précédentes.

Nous subdiviserons souvent ces neuf classes en albâtres *rubanés*, quand ils offrent des rubans coloriés; en albâtres *galonnés*, quand les dessins du ruban ressemblent à cette passementerie que l'on met au bord ou sur les coutures des vêtements; en albâtres *frangés*, quand il y a des rubans qui ont de la ressemblance avec des franges; en albâtres *lisérés*, lorsque ces rubans sont étroits; en albâtres *veinés*, quand des marques longues et étroites vont en serpentant dans la roche; en albâtres *pommelés*, quand les dessins ressemblent à ces petits nuages ordinairement arrondis qui paraissent quelquefois au ciel; en albâtres *nuageux*, lorsqu'ils ont la forme de grands nuages; en albâtres *œillés*, quand ces dessins présentent des taches rondes, composées de plusieurs cercles concentriques, très-déliés et parfaitement arrêtés; en albâtres *laineux*, lorsque les dessins rappellent la laine; en albâtres *arborisés*, *herborisés* ou *dendritiques*, lorsque les dessins forment des buissons, des arbres, des rameaux qui ressemblent à des végétaux cryptogames; en albâtres *périgones* ou à *fortifications*, quand les dessins forment des angles rentrants et saillants qui ont quelque ressemblance avec ceux des fortifications.

N° 1. Albâtre rouge (*alabastro rosso*).

Les taches rouges qu'on y remarque ont la couleur de cinabre, minéral fort pesant, qui résulte d'une combinaison naturelle du mercure avec le soufre.

La structure de ce morceau est compacte et l'apparence grasse. Les différentes parties blanches et rouges produisent un bel effet.

Eglise du Jesu : troisième chapelle à droite, une plaque dans le stylobate.

Nº 2. Albâtre rouge tacheté (*alabastro rosso macchiato*).

Le rouge domine, mais on y voit aussi du jaune rougeâtre et du gris.

Un cerf, au musée du Vatican, salle des Animaux.

Nº 3. Albâtre rouge rubané (*alabastro rosso listato**).

Différents lisérés rouges, les uns à côté des autres, forment un beau ruban. D'un côté de cet échantillon, on voit des dessins laineux.

Nº 4. Albâtre rouge frangé (*alabastro rosso frangiato*).

Albâtre rouge de différentes teintes et qui, en partie, offre les dessins d'une frange.

Deux colonnes à St Jean de Latran.

Nº 5. Albâtre rouge ondulé (*alabastro rosso ondato*).

Fond rouge, tacheté de blanc; texture compacte.

Les taches blanches relèvent bien la beauté du rouge. Elles sont entourées d'une bordure nuageuse noirâtre.

Nº 6. Albâtre rouge périgone (*alabastro rosso fortezzino **).

Rouge et jaune doré avec des taches irrégulières qui offrent une image grossière des ouvrages d'une place forte.

St Laurent *in Fonte* : le devant du maître-autel.

Nº 7. Albâtre rouge nuageux (*alabastro rosso nuvolato*).

Toujours beaucoup de rouge, formant des nuages roses, parmi lesquels il y en a aussi qui ont une teinte jaunâtre et grisâtre.

Nº 8. Albâtre rose (*alabastro rose*).

Jolis dessins roses et rouges sur un fond jaune clair.

Ste Marie *della Traspontina* : seconde chapelle à gauche, quelques balustres,

Nº 9. Albâtre rose cinabre rubané (*alabastro rose cinabrino fasciato* **).

Les rubans que l'on voit sur cet échantillon sont nuancés d'un jaune doré et de blanc.

Église du Jesu : chapelle à gauche de la tribune, les plaques des pilastres des balustres.

Nº 10. Albâtre rose cinabre liséré (*alabastro rose cinabrino listellato* **).

Fond rougeâtre avec des lisérés de différentes teintes rouges et quelques-uns noirâtres.

Nº 11. Albâtre rose cinabre frangé (*alabastro rose cinabrino frangiato* **).

Des nuages d'un rouge très-vif sur un fond transparent d'un côté; de l'autre, deux belles franges d'un rouge noirâtre également sur un fond translucide.

Nº 12. Albâtre rose couleur de chair (*alabastro rose carnicino*).

On croirait voir différentes veines dans un morceau de chair.

Ste Cécile dans le Transtévère : dans les petits piliers autour de la statue de la sainte, du côté de l'intérieur.

Nº 13. Albâtre rose orange rubané (*alabastro rose ranciato fasciato* *).

Couleur rose-orange à rubans, avec des teintes brunâtres.

St Pierre : chapelle Grégorienne, au cintre de l'autel.

Nº 14. Albâtre rose orange chargé de rubans (*alabastro rose ranciato fettucciato* *).

Il a des rubans compactes jaunes dorés, d'autres sont roses laineux et oranges translucides. On en voit aussi un qui est liséré de rouge et de jaune.

N° 15. Albâtre rose et blanc et jaunâtre (*alabastro rose bianco giallognola*).

Il est transparent, d'un blanc légèrement jaunâtre avec des taches rosées.

N° 16. Albâtre rose violet (*alabastro rose violetto ***).

Beau fond d'un vert rosé transparent sur lequel se dessinent des lisérés violets, d'un blanc laiteux et d'un beau rose.

N° 17. Albâtre rose rubané (*alabastro rose listato **).

La bande rose foncé à côté du linéament demi-translucide blanc-gris est de toute beauté.

N° 18. Albâtre rose liséré (*alabastro rose listellato **).

Ce morceau offre des zones de différentes teintes d'un rose pâle.

N° 19. Albâtre d'un rose foncé liséré (*alabastro rose listellato scuro **).

Le rose y domine, mais les lisérés d'un jaune doré, ceux d'un blanc gris translucide et ceux d'un rose foncé sont remarquables, ainsi que la frange orange.

N° 20. Albâtre rose frangé (*alabastro rose frangiato*).

Franges roses, rouges, blanches et d'un jaune doré, le tout avec des dessins nuageux.

N° 21. Albâtre rose périgone (*alabastro rose fortezzino **).

Il offre des dessins colorés, surtout de rose, autour d'un noyau et donne ainsi une image grossière des ouvrages d'une ville forte. Ces dessins rappellent aussi un peu ceux du granite orbiculaire de Corse.

N° 22. Albâtre rose œillé (*alabastro rose occhiuto **).

On croit y voir des globes d'œil. Les deux extrémités de cet échantillon sont d'un jaune grisâtre et le milieu d'un rouge rosâtre.

Nº 23. Albâtre rose dendritique (*alabastro rose dendritico* *).

Une quantité de jolies dendrites mélangées au jaune et au rose sur un fond blanc grisâtre rendent ce morceau précieux. Ces dendrites sont dues aux infiltrations d'eaux chargées de particules ferrugineuses.

Nº 24. Albâtre rose nuageux (*alabastro rose nuvolato* **).

Ce beau morceau d'albâtre translucide a de la ressemblance avec ces pierres précieuses dont la transparence est terne en quelques endroits et que les joailliers appellent *pierres nuageuses*.

Une quantité de petites zones en forme de tourbillons produisent des dessins charmants.

Nº 25. Albâtre rose foncé et nuageux (*alabastro rose nuvolato scuro* *).

En partie, translucide; taches et nuages roses d'un gris sale et de couleur orange.

Nº 25ª. Albâtre rose pâle nuageux (*alabastro rose nuvolato pallido* *).

Les teintes nuageuses de cet échantillon sont fort pâles, mais les dessins en sont bien marqués.

Nº 26. Albâtre rose nuageux et doré (*alabastro rose nuvolato dorato* *).

Fond rose clair avec des nuages rouges et d'un orange doré.

On voit du même albâtre dans l'église de Ste Cécile, au Transtévère. Il se trouve au bas des colonnes du tombeau du cardinal Sfrondato.

Nº 27. Albâtre rose orbiculaire (*alabastro rose orbicolato* **).

On a donné la qualification d'orbiculaire à ce morceau d'albâtre parce qu'on y voit des dessins dont les contours sont sensiblement arrondis et se rapprochent de la forme du cercle.

Nº 28. Albâtre rose sardoine (*alabastro rose sardonico* **).

La couleur orange, plus ou moins altérée par des nuances de jaune, de roussâtre et de brun que nous rencontrons sur cet échantillon d'albâtre rose, lui a valu ce nom.

Nº 29. Albâtre rose sardoine périgone (*alabastro rose sardonico fortezzino* **).

Comme ce morceau offre de plus que le précédent une image plus ou moins semblable aux ouvrages d'une place de guerre, on y a adjoint l'épithète de périgone.

Nº 30. Albâtre minime foncé (*alabastro leonato cupo* *).

Ainsi nommé parce que cet échantillon est d'une couleur sombre, semblable à celle des habits des Minimes.

Nº 31. Albâtre jaune de miel (*alabastro melleo*).

Fond d'un jaune-gris pâle, nuagé de gris et pointillé de noir. Sa structure est semi-translucide.

Quelques balustrades de la seconde chapelle à gauche de l'église de Ste Marie de la Traspontina sont de cet albâtre.

Pline, XXXVI, 12, parle de cet albâtre et dit : « On recherche » le plus les albâtres couleur de miel, qui ont des taches disposées » en tourbillons, lesquelles ne sont point transparentes. »

On doit entendre par cette dernière qualité, non pas un manque absolu de transparence, mais seulement une transparence affaiblie qui laisse passer la lumière, à travers laquelle on ne peut voir cependant, et par là ne ressemblant pas à la transparence du verre.

Nº 32. Albâtre jaune de miel rubané (*alabastro melleo listato* *).

Fond d'un jaune clair avec des taches et des veines d'un jaune plus foncé. Les dessins qu'on y voit ressemblent à l'albâtre laineux. Sa structure est compacte.

On trouve de cet albâtre dans les socles des candélabres du premier autel à droite de Ste Dorothée.

N° 33. Albâtre jaune de miel liséré clair (*alabastro melleo listellato chiaro* *)

Le fond est d'un jaune rosé, liséré de gris, de rose, de jaune ; picoté de blanc et formé de couches parallèles, dont les unes sont translucides, les autres opaques.

N° 34. Albâtre violet (*alabastro violetto* ***).

Fond blanc avec des zones circulaires violettes et d'un rouge cerise.

Il y a huit petites colonnes de cet albâtre dans le tabernacle du grand autel de St Laurent *in Panisperna*.

N° 35. Albâtre gris tirant sur le noir (*alabastro bigio morato* **).

Sur un fond gris très-foncé se trouvaient des veines d'un blanc sale. De côté on dirait voir un soleil dont les rayons traversent les différentes veines.

N° 36. Albâtre cendré rubané (*alabastro cenerino listato* *).

Fond blanc avec des dessins linéaires gris cendrés et pommelés.

Ce morceau a été trouvé dans le beau colombaire, découvert, en 1851, dans la *vigna Cerasa-Codini*.

N° 37. Albâtre cendré nuageux (*alabastro cenerino nuvolato* **).

Fond blanc gris cendré avec dessins d'un gris foncé, qui ressemblent à des nuages arrondis.

Trouvé dans le même colombaire.

N° 38. Albâtre cendré périgone (*alabastro cenerino fortezzino* **).

Sur un fond blanc sale on voit un dessin cendré à côté duquel il y en a un jaune doré et plus loin un jaune de miel. Le tout a quelque rapport avec des redans de fortifications.

On trouve un albâtre semblable à celui-ci dans le devant d'autel, au fond de la nef de droite, à l'église de St Marc.

N° 39. Albâtre palombin rubané (*alabastro palombino fasciato*).
Fond blanc opaque avec des rubans de différentes teintes brunes.
Cet albâtre est compacte et à grain fin.

On en voit dans la seconde chapelle à droite de l'église de
Ste Praxède.

N° 40. Albâtre palombin liséré (*alabastro palombino listato*).
Le fond est toujours d'un blanc opaque; les lisérés ne suivent
pas tous la même direction.

Le buste d'Hadrien, au musée du Capitole.

N° 41. Albâtre palombin arqué (*alabastro palombino arcuato* *).
Le fond reste toujours d'un blanc opaque, mais les dessins semblent
indiquer une voûte.

N° 42. Albâtre palombin arqué (*alabastro palombino arcuato*).
Semblable, sous bien des rapports, au précédent, mais le dessin qui
forme arcade n'est que d'une ligne entourée d'un jaune rougeâtre.

N° 43. Albâtre palombin œillé (*alabastro palombino occhiuto* **).
Toujours le fond d'un blanc opaque, mais sur lequel se dessinent
cette fois des globes d'yeux de couleur tortue.

N° 44. Albâtre palombin frangé (*alabastro palombino frangiato* *).
Fond blanc sur lequel se voient des couleurs jaunes, roses et
brunes en forme de franges.

N° 45. Albâtre palombin nuageux (*alabastro palombino nuvolato* *).
Fond blanc jaune sur lequel sont jetés des dessins nuageux.

N° 46. Albâtre palombin oolithique (*alabastro palombino oolitico* *).
On dirait voir des oolithes sur le fond blanc gris jaunâtre. Des
taches d'un beau jaune miel se trouvent aussi sur cet échantillon,
dont une partie est semi-translucide.

N° 47. Albâtre-tortue (*alabastro tartarugato* *).

Ainsi nommé parce qu'il a quelque ressemblance avec l'écaille de la tortue.

N° 48. Albâtre tortue noirâtre (*alabastro tartarugato scuro* **).

Il est d'un brun sombre comme celui de l'écaille des tortues.

C'est peut-être de cette roche que parle Pline, VI, 24, quand il dit :

« Mais Taprobane même, quoique reléguée par la nature au delà
» du monde, n'est pas exempte de nos vices ; l'or et l'argent y
» sont aussi en estime ; *un marbre semblable à l'écaille de tortue,*
» les pierres précieuses, les perles remarquables, y sont à haut
» prix ; en un mot, c'est notre luxe tout entier porté à son comble. »

On voit deux petites plaques ovales de cet albâtre dans les gradins de la seconde chapelle à gauche de l'église de St André de la Valle.

N° 49. Albâtre tortue liséré (*alabastro tartarugato listato*).

Comme le précédent, mais liséré d'une teinte moins foncée et jaunâtre.

On en trouve au second étage du Casino de la villa Pamphili, entre des plaques courbées en arc.

N° 50. Albâtre tortue orbiculaire (*alabastro tartarugato orbicolato* **).

Sur un fond brun noirâtre se dessinent une quantité de petites taches orbiculaires d'un blanc grisâtre. Cette roche semble s'être formée comme la pisolithe.

N° 51. Albâtre tortue nuageux (*alabastro tartarugato nuvolato* *).

Fond blanc sale avec de grandes taches d'un brun marron, qui ressemblent à des nuages.

N° 52. Albâtre sardoine rouge (*alabastro sardonico rosso* *).

Fond gris rougeâtre passant au brun rougeâtre.

Nº **53**. Albâtre sardoine rouge pommelé (*alabastro sardonico rosso pomellato* ***).

Ce bel échantillon nous offre des taches arrondies d'un rouge brun. Elles ressemblent à ces petits nuages qui paraissent quelquefois au ciel en forme de petits cercles.

Nº **54**. Albâtre sardoine rouge obscur (*alabastro sardonico rosso scuro* *).

Fond rouge brunâtre avec une tache allongée de la même couleur, mais moins sombre, imitant ainsi la vivacité de la sardoine.

Nº **55**. Albâtre sardoine rouge palatin (*alabastro sardonico rosso palatino* **).

Fond rouge foncé, taches plus pâles, le tout imitant la sardoine.

Cet albâtre s'est formé dans les tuyaux des latrines du palais des Césars, sur le mont Palatin. C'est la raison sans doute pour laquelle les marbriers romains l'ont nommé aussi *sterco imperiale*.

On sait que le cardinal Girolamo Colonna en avait fait scier des ais de table; mais on ignore ce qu'ils sont devenus.

Nº **56**. Albâtre laineux (*alabastro pecorella* *).
Quantité de flocons d'un rose foncé sur un fond blanc.
Deux blocs, dans la cour du Belvédère, au Vatican.

Nº **57**. Albâtre laineux sombre (*alabastro pecorella scuro*).
Une grande ligne de laine rouge foncé sur un fond blanc.

Nº **58**. Albâtre laineux liséré (*alabastro pecorella listato* *).
Sur un fond blanc translucide on voit des lisérés d'un rouge clair avec de jolis flocons d'un rose très-foncé.

Nº **59**. Albâtre laineux frangé (*alabastro pecorella frangiato* *).
Tout ce morceau, traversé par une bande blanchâtre, qui dessine une frange sur le fond, est parsemé de flocons d'un rouge foncé et de noir. On y remarque aussi des taches d'un rouge de feu.

N° 60. Albâtre à fines laines (*alabastro pecorella minuto* *).

Cet échantillon semble couvert de laines fines plus également éparpillées que sur le morceau précédent.

N° 61. Albâtre à fines laines nuageuses (*alabastro pecorella minuto nuvolato* *).

Fond rose avec de fins dessins laineux rouges formant des nuages.

N° 62. Albâtre orbiculaire (*alabastro orbicolato* *).

Le contour des dessins est sensiblement arrondi et se rapproche de la forme du cercle. Tout le morceau a une teinte jaune rougeâtre.

N° 63. Albâtre annulaire (*alabastro orbicolato* *).

Fond jaune orange sur lequel se dessinent des anneaux blancs et d'autres d'un jaune orange plus clair que le fond.

N° 64. Albâtre orbiculaire rougeâtre (*alabastro orbiculato rossiccio* **).

Fond jaune orange rougeâtre présentant des espèces d'anneaux blanchâtres qui entourent des parties plus claires.

Avant l'incendie de St Paul hors des murs, 1823, on voyait de belles plaques dudit albâtre dans cette basilique.

N° 65. Albâtre perlé (*alabastro perlato* **).

Cet albâtre est très-translucide, de couleur perle, et offre de beaux rubans, quand on le tient à la lumière.

On le nomme à Rome *alabastro di S. Giovanni in fonte*, parce qu'on en voit une colonne dans une chapelle, du côté gauche, de l'église de St Jean à la Fontaine.

N° 66. Albâtre vitreux liséré (*alabastro cristallino listato* *).

Il a de la ressemblance avec un verre jaunâtre dont il a le luisant.

Les Romains s'en servaient pour clore les fenêtres.

Nº 66ᵃ. Albâtre vitreux nuageux brun de St Étienne (*alabastro cristallino nuvolato bruno di S. Stefano* **).

Cet échantillon est d'une translucidité admirable; une partie d'un rouge de feu entoure une partie compacte brunâtre sur les bords de laquelle on remarque des taches d'un blanc mat.

On voit de cet albâtre dans l'église de St Étienne le Rond, ancien temple de Bacchus.

Nº 67. Albâtre vitreux opale (*alabastro cristallino opalino* **).

Albâtre d'une teinte claire verdâtre, à reflets allongés, flamboyants et parallèles.

Nº 67ᵃ. Albâtre vitreux doré (*alabastro cristallino dorato*).

Tout ce morceau, parsemé de veines, a une teinte d'un jaune doré).

Nº 68. Albâtre osseux (*alabastro osseo* *).

Cet albâtre, ou plutôt cette dolomie, est d'un tissu solide, d'une substance de la nature des os. Sa blancheur éclatante est semblable à celle de la neige. Il est plus blanc que le plus beau marbre statuaire.

Pline dit, XXXVI, 12, que l'albâtre le plus blanc se trouvait dans les environs de Damas, en Syrie.

Nº 69. Albâtre osseux liséré (*alabastro osseo listellato* *).

Aussi blanc que le précédent, toutefois on y remarque de petits lisérés d'un blanc gris.

Nº 70. Albâtre d'ivoire (*alabastro eburneo* *).

Il a la couleur et la texture de l'ivoire.

On en voit au Jesu, dans la chapelle à droite de la tribune.

D'après la description de Brard, il y a, au musée de Paris, une statue égyptienne de cet albâtre, représentant Oro (?).

Nº 71. Albâtre d'ivoire rubané (*alabastro eburneo fasciato* *).
Fond blanc sur lequel on remarque des rubans d'un rouge jaunâtre. Il est semi-transparent.

Nº 72. Albâtre d'ivoire rosé (*alabastro eburneo rosato* *).
Le même que le précédent ; seulement on y voit des lignes
légèrement teintes de couleur rose.

Nº 73. Albâtre d'ivoire liséré (*alabastro eburneo listellato* *).
C'est encore un albâtre de la même texture que les trois précédents.
Toutefois on y observe des lisérés blancs bordés de rose.

Nº 74. Albâtre d'ivoire jaune rougeâtre (*alabastro eburneo giallo
rossastro*).
Fond transparent rouge-pâle jaunâtre, sur lequel se voient une
quantité de petites taches plus ou moins foncées.

Nº 75. Albâtre oriental couleur de coing (*alabastro orientale cotognino* *).
Il est translucide et surtout très-beau quand on le regarde à la
lumière.

On a retrouvé les carrières de cet albâtre en Égypte. Le vice-roi,
Mehemet-Ali, en a envoyé de superbes colonnes pour la nouvelle
basilique de St Paul. C'est la raison pour laquelle les lapidaires
romains le nomment maintenant *albâtre de St Paul*.

Nº 76. Albâtre oriental jaune pâle (*alabastro orientale cotognino
pallido*).
C'est la même espèce d'albâtre que le précédent ; seulement c'est
un morceau de couleur pâle.

Nº 77. Albâtre oriental jaune rubané (*alabastro orientale cotognino
fasciato*).
Cet échantillon est formé de courbes parallèles grisâtres et blanchâtres sur un fond jaunâtre.

N⁰ 78. Albâtre oriental violet (*alabastro orientale violetto* **).

Plusieurs rubans violets grisâtres, séparés par d'autres d'un jaune sale et un blanchâtre, tous ourlés d'un filet foncé, forment cet échantillon, sur le bas duquel est une tache roussâtre.

N⁰ 79. Albâtre oriental palombin (*alabastro orientale palombino* **).

Fond d'un beau blanc opaque; quelques nuages oranges et gris-pâle, rubans gris, ourlés de gris-violet.

N⁰ 80. Albâtre oriental œillé (*alabastro orientale occhiuto* *).

On a donné l'épithète d'œillé à cet albâtre, parce qu'on y distingue un dessin qui rappelle un œil.

On trouve de beaux morceaux de cette roche dans la superbe chapelle de St Ignace au Jesu.

N⁰ 81. Albâtre oriental œillé (*alabastro orientale occhiuto* *).

Ce morceau est beau à cause du soi-disant globe d'œil qui s'y trouve et autour duquel on croit voir, quand on se sert d'une loupe, de petits flocons de neige.

Basilique de Ste Marie Majeure : chapelle Borghèse, des plaques à droite et à gauche.

N⁰ 82. Albâtre oriental œillé (*alabastro orientale occhiuto* ***).

Quoique nous soyons obligé de lui donner le même nom qu'aux deux précédents, la vivacité de la couleur orange que l'on voit dans cet échantillon le rend des plus précieux.

N⁰ 83. Albâtre oriental œillé (*alabastro orientale occhiuto* *).

Le milieu de ce morceau ressemble beaucoup à des nuages gris transparents. La tache blanche orbiculaire, entourée d'une ligne orange, nous engage toutefois à lui donner aussi le nom d'albâtre œillé.

N° 84. Albâtre oriental rubané et pommelé (*alabastro orientale fasciato pomellato* *).

L'épithète de pommelé nous paraît lui convenir parfaitement; ne dirait-on pas, en effet, voir entre ses rubans gris bordés d'orange, ces petits nuages blancs et grisâtres, ordinairement arrondis, qui paraissent quelquefois au ciel ?

N° 85. Albâtre oriental liséré (*alabastro orientale listato*).

Il est en partie transparent, ses lisérés sont de différents gris et jaunâtres.

N° 86. Albâtre oriental liséré (*alabastro orientale listato* *).

Il est semi-translucide avec des lisérés gris, blancs et jaune de coing.

N° 87. Albâtre oriental rayé (*alabastro orientale rigato* **).

Cet échantillon est traversé par des raies brunes, jaune doré, grises et noirâtres, comme celles que l'on fait sur certaines étoffes.

N° 88. Albâtre oriental finement rayé (*alabastro orientale rigato minuto* **).

Une partie de ce morceau est translucide et d'un beau jaune de coing, puis l'on voit des raies blanches, grises et une amarante.

N° 89. Albâtre oriental périgone (*alabastro orientale fortezzino* *).

Fond gris jaunâtre avec des zones de différentes teintes, qui semblent indiquer les ouvrages avancés d'une forteresse.

N° 90. Albâtre oriental périgone (*alabastro orientale fortezzino pallido*).

On y voit également des espèces de zones jaunes et blanches qui paraissent imiter le plan d'une forteresse, devant laquelle se trouverait de l'eau.

N° 91. Albâtre oriental périgone de St Pierre (*alabastro orientale fortezzino di S. Pietro* **).

Les zones sont disposées de telle manière qu'elles dessinent à peu près le plan d'une forteresse. On croit y reconnaître un bastion entouré d'eau.

N° 92. Albâtre oriental onyx (*alabastro orientale onichino* *).

De grands rubans d'un rouge-grisâtre, bordés de lisérés blancs, oranges et rougeâtres sur un fond semi-transparent.

Les lisérés blancs donnent à cet albâtre une certaine ressemblance avec l'onyx.

C'est probablement de cette pierre que parle Pline, XXXVI, 12, quand il dit : « Nos anciens ont pensé que l'onyx se trouvait seulement » dans les montagnes de l'Arabie; mais Sudines savait qu'il s'en » trouve aussi en Carmanie; on en a fait d'abord des vases à boire, » puis des pieds de lit et des siéges. Cornélius Népos rapporte que » grand fut l'étonnement quand P. Lentulus Spinther (an de Rome » 691) montra des amphores en onyx aussi grandes que des barils » de Chio : cinq ans après, ajoute-t-il, j'ai vu des colonnes de cette » matière hautes de trente-deux pieds. Plus tard on en rabattit; » car quatre médiocres colonnes furent placées par Cornélius Balbus » (an de Rome 741) dans son théâtre, comme une merveille remar- » quable. Pour nous, nous en avons vu trente plus grandes dans » la salle à manger qu'avait fait construire Calliste, cet affranchi » de Claude, connu par son pouvoir. Quelques-uns *nomment cette* » *pierre* ALABASTRITE. »

N° 93. Albâtre oriental nuageux (*alabastro orientale nuvolato* *).

Des nuages jaunes et blancs au milieu, entourés de zones ver- dâtres et laiteuses.

On voit le même albâtre dans l'église de Ste Marie de la Victoire, aux parois de l'autel de la croisée où l'on admire également quatre belles colonnes de vert antique.

Nº 94. Albâtre oriental nuageux (*alabastro orientale nuvolato*).

Le même que le précédent, mais d'une qualité inférieure et ne présentant que des teintes moins bien marquées.

Nº 95. Albâtre oriental oolithique (*alabastro orientale vajolato* **).

La ressemblance de notre albâtre à l'oolithe est visible. Comme dans l'oolithe on y remarque une accumulation d'une multitude de globules à couches concentriques, réunies, dirait-on, par un ciment jaunâtre.

Nº 96. Albâtre oriental lumachelle (*alabastro orientale lumachellato* *).

Les lumachelles qu'on y distingue sont de vraies nummulaires; c'est un albâtre qui appartient à la classe des rubanés, comme on le voit dans un coin, et qui s'est attaché à une roche formée d'une agrégation de nummulaires de l'espèce de celles qu'on rencontre en abondance dans les déserts de l'Égypte.

Nº 97. Albâtre des Apennins (*alabastro appennino*).

Fond verdâtre sur lequel se dessinent des rubans et des veines de différentes teintes.

Nº 98. Albâtre doré des Apennins (*alabastro appennino dorato*).

En partie d'une couleur jaune doré et en partie gris-vert nuageux.

Un pied de statue colossale dans la galerie des candélabres au musée du Vatican.

Nº 99. Albâtre fleuri rougeâtre (*alabastro fiorito rossiccio*).

Un large ruban de rouge brunâtre au milieu; d'un côté, du blanc sale avec une tache d'un beau rouge; de l'autre, des veines verdâtres.

Musée du Capitole : Buste de Trébonianus Gallus, successeur de Trajan Décius. Il est tout massif d'un morceau d'albâtre fleuri rougeâtre et fut trouvé dans les fouilles de Latran, ouvertes par ordre de Clément XIV.

N⁰ 100. Albâtre fleuri rouge-brun (*alabastro fiorito rosso-bruno* *).
La vivacité des couleurs rouges et brunâtres est relevée par les taches blanches de cet échantillon.

N⁰ 101. Albâtre fleuri jaunâtre (*alabastro fiorito giallastro*).
Fond jaunâtre semi-translucide, tacheté de blanc, veiné de zigzags rouges, blancs et gris.

N⁰ 102. Albâtre fleuri orangé (*alabastro fiorito ranciato* *).
Beaux nuages oranges, entourés de jolis petits dessins roses et gris.

N⁰ 103. Albâtre fleuri orangé et liséré (*alabastro fiorito ranciato listellato* *).
Une frange au milieu, plusieurs lisérés oranges, quelques veines rouges se voient sur cet échantillon semi-transparent.

N⁰ 104. Albâtre fleuri vert (*alabastro fiorito verdiccio* *).
La couleur verdâtre domine, un coin passe au jaune sale et au milieu on voit une tache brunâtre nuageuse.

N⁰ 105. Albâtre fleuri œillé (*alabastro fiorito occhiuto* *).
Il est marqué de taches imitant la prunelle de l'œil, les dessins de différentes teintes de jaune qu'on y remarque sont très-finement tracés.

N⁰ 106. Albâtre fleuri liséré (*alabastro fiorito listato*).
On voit sur cet échantillon des lisérés, des franges et des dendrites.

N⁰ 107. Albâtre fleuri liséré foncé (*alabastro fiorito listato scuro* *).
Ce morceau remarquable par la vivacité des couleurs renferme divers lisérés entre lesquels se trouvent des dendrites et une belle frange d'un rouge foncé, mêlé de blanc et de jaune gris.

N° 108. Albâtre fleuri frangé (*alabastro fiorito frangiato*).

Fond jaunâtre et mat, séparé au milieu par deux franges, l'une d'un rouge violet, l'autre rose. Des parties transparentes se remarquent aux deux côtés de l'échantillon.

N° 109. Albâtre fleuri périgone (*alabastro fiorito fortezzino* *).

Un orange vif, du rose, des parties transparentes comme l'agate (le tout offrant une certaine ressemblance avec des ouvrages militaires), forment un très-bel exemplaire de cet albâtre précieux.

N° 110. Albâtre fleuri clair périgone (*alabastro fiorito fortezzino chiaro*).

On dirait vraiment voir deux forteresses avec leurs fossés et tous les ouvrages qui environnent ordinairement ce genre de travaux.

N° 111. Albâtre fleuri rougeâtre périgone (*alabastro fiorito fortezzino rossiccio*).

Fond gris blanc opaque; dessins roses jaunâtres qui pourraient figurer des ouvrages fortifiés d'une manière irrégulière.

N° 112. Albâtre fleuri topographique (*alabastro fiorito topografico* *).
Sur un fond jaunâtre des dessins d'un rouge brun semblent indiquer la description détaillée d'un lieu.

N° 113. Albâtre fleuri orbiculaire (*alabastro fiorito orbicolato*).
Gris noirâtre, jaune miel, taches d'un blanc sale avec des dessins orbiculaires.

N° 114. Albâtre fleuri arborisé (*alabastro fiorito alberino* *).
Blanc jaunâtre avec des taches d'un jaune de miel d'un côté; de l'autre, des arborisations ou des groupements dendroïdes.

N° 115. Albâtre fleuri dendritique (*alabastro fiorito dendritico* *).
L'ensemble est analogue au précédent; mais si on l'observe atten-

tivement on y découvre des imitations rouges et jaunes d'herbes. Ces accidents ne sont pas dûs à des végétaux, comme il paraîtrait au premier coup d'œil, mais à des infiltrations minérales.

N° 116. Albâtre fleuri nuageux (*alabastro fiorito nuvolato* *).

On dirait voir un lac blanc entouré de nuages derrière lesquels sont de belles arborisations.

N° 117. Albâtre fleuri sombre et nuageux (*alabastro fiorito nuvolato scuro*).

Fond gris sale, nuages jaunâtres et violets, le tout embrouillé.

N° 118. Albâtre fleuri tortue (*alabastro fiorito tartarugato* *).

Couleur de l'écaille de la tortue, sur laquelle se trouvent des taches oblongues d'un jaune de feu et des rubans d'un jaune paille.

N° 119. Albâtre fleuri oolithique (*alabastro fiorito oolitico* *).

Une infinité de petites taches ont beaucoup de ressemblance avec l'oolithe.

La belle couleur et les dessins de cet échantillon, pris dans son ensemble, lui donnent aussi de la similitude avec la peau du serpent.

N° 120. Albâtre fleuri bréché (*alabastro fiorito brecciato* *).

Ce morceau est rempli de fragments anguleux et irréguliers empâtés dans un ciment d'albâtre.

N° 121. Albâtre fleuri disloqué (*alabastro fiorito dislocato* *).

On dirait que l'on a fait sortir les dessins de leur place pour en mettre horizontalement à côté de ceux qui sont perpendiculaires.

N° 122. Albâtre fleuri disloqué et bréché (*alabastro fiorito dislocato brecciato*).

Dans un coin se trouve un fragment de brèche; le reste est d'un albâtre transparent blanc gris, veiné d'orange.

LUMACHELLES, ou MARBRES COQUILLIERS.

On donne ce nom à des carbonates de chaux composés d'une infinité de coquilles en substance, ou simplement en moules ou en empreintes, de polypiers, de madrépores, entassés pêle-mêle et formant des taches de différentes couleurs et de différentes formes.

Les minéralogistes désignent cette roche sous le nom de chaux carbonatée granulaire coquillière.

Il est dans la nature des animaux recouverts de coquilles de vivre en agglomération; d'où il résulte que, quand ils sont pétrifiés, les roches qui en sont formées ont souvent les mêmes taches et la même couleur, mais souvent aussi elles sont colorées par l'oxyde de fer et forment des variétés sans nombre parmi l'espèce dite lumachelle.

L'attention des Grecs avait été très-anciennement appelée sur ces roches. Nous lisons déjà, en effet, dans Xénophon, Expédition de Cyrus et retraite des Dix mille, III, 3 : « L'armée arrive près » d'une grande muraille abandonnée..... la base, construite d'une » pierre polie *incrustée de coquilles*, a cinquante pieds d'épaisseur. »

On donne des noms aux lumachelles, soit d'après les carrières d'où on les tire, soit d'après leur couleur, soit d'après les coquilles desquelles elles sont composées.

N° 123. Lumachelle rouge oolithique (*lumachella rossa oolitica* **).
Fond rouge grisâtre avec une infinité de petites coquilles qui ressemblent à des œufs de poisson.

N° 124. Lumachelle violette (*lumachella pavonazza*).
Pâte violette grisâtre, en partie recouverte de très-fins débris de coquilles et en partie d'une pâte coquillière dans laquelle les fragments ne se distinguent plus.

N° 125. Lumachelle violette encrinitique (*lumachella pavonazza encrinite* *).

Une infinité de fins débris d'un genre de polypiers échinodermes qui pourraient être des encrines et qui couvrent presqu'entièrement une pâte violette.

N° 126. Lumachelle violette embrouillée (*lumachella pavonazza disfatta*).

Toujours un fond violet avec des débris de coquilles réduits en pâte, dont on ne peut distinguer la forme et qui produisent des dessins gris et rougeâtres.

N° 127. Lumachelle plombifère (*lumachella plumbea* *).

Fond gris plomb avec de beaux fragments de coquilles blanches.

Les anciens ont souvent employé, à Padoue, cette roche qui, probablement, se trouvait dans les environs, mais qui de nos jours n'existe plus.

N° 128. Lumachelle plombifère grandiose (*lumachella plumbea gigantea* *).

Fond gris plomb avec de fins débris de coquilles et un morceau d'une grande coquille qui paraît être un buccin fossile, coquille en volute ou à plusieurs spirales.

Basilique de St Paul : deux grandes plaques rondes dans l'abside.

N° 129. Lumachelle brune (*lumachella bruna*).

Les débris de coquilles paraissent avoir été déplacés après s'être brisés. Le fond est brun.

N° 130. Lumachelle brune nuageuse (*lumachella bruna nuvolata*).

Pâte brunâtre avec des débris de coquilles d'un blanc gris-jaunâtre, groupés en forme de nuages.

Nº **131**. Lumachelle grise (*lumachella bigia*).

Ciment gris azuré avec des veines brunâtres et des fragments très-brisés de coquilles blanches.

Basilique de St Laurent hors des murs : à l'entrée des catacombes.

Nº **132**. Lumachelle noire luculléenne (*lumachella nera lucullea* *).

Fond noir grisâtre avec de jolis fragments blancs de coquilles qui forment des cercles et des parties de cercle.

Nº **133**. Lumachelle noire palatine (*lumachella nera palatina* **).

Débris de coquilles encore assez bien conservées dans un fond noirâtre.

Cette roche, dit l'avocat Corsi, est très-rare. On n'en connaît à Rome que quelques fines plaques dans le dernier autel de l'église des Augustins et dans le pavement du presbytère de l'église de Ste Marie *in via lata*.

Nº **134**. Lumachelle noire du Tasse (*lumachella nera del Tasso* *).

De longs et minces fragments de coquilles dans un ciment qui paraît être, en grande partie, du quartz noir verdâtre.

On en voit dans l'église de St Onuphre, au tombeau du Tasse.

Nº **135**. Lumachelle noire tariérée du Tasse (*lumachella nera del Tasso trapanata* **).

Le ciment paraît être le même que celui du précédent échantillon, mais les fragments de coquilles qu'on y remarque sont grands et paraissent appartenir à la classe des tarières, genre de coquilles univalves distinct des bulles, dont on connaît trois espèces, une vivante, qui habite l'Océan indien, et deux fossiles.

Nº **135ª**. Lumachelle polychrome (*lumachella policroma*).

L'ensemble de ce morceau offre une couleur qui a du rapport avec du plomb phosphaté. C'est une roche très-visiblement coquillière.

Nº 136. Lumachelle couleur Minime (couleur de la robe de ces moines, v. nº 30) de St André (*lumachella di S. Andrea leonata.*)

Dessins baroques, formés de lignes de coquilles blanches dans une pâte brunâtre.

Église de St André *della Valle.*

Nº 137. Lumachelle jaune de St André (*lumachella di S. Andrea gialla*).

Fond jaune gris avec des coquilles cristallines d'un blanc gris et d'un jaune brunâtre.

Église de St Laurent *in Fonte* : quelques balustres des deux chapelles.

Les colonnes du temple de la Concorde, à Agrigente, étaient de ce calcaire coquillier jaune brun. (V. Ott. Müller, Manuel d'archéologie, § 81, 1-4).

Nº 138. Lumachelle fine et jaune de St André (*lumachella di S. Andrea gialla minuta*).

Fond jaune pâle tacheté de rose avec des fragments de coquilles, comme dans le précédent morceau, mais plus petites. Les marbriers romains disent que cette lumachelle est féminine et l'autre masculine.

On en trouve aussi dans l'église de St Laurent *in fonte*, parmi les balustres des deux chapelles.

Nº 139. Lumachelle jaune verdâtre de St André (*lumachella di S. Andrea gialla verdastra*).

Le fond jaune verdâtre est parsemé de coquilles vitreuses.

Église de St André *della Valle* : grand autel, quelques balustres.

Nº 140. Lumachelle violette de St André (*lumachella di S. Andrea violetta* *).

La même que la précédente, seulement on y remarque une teinte violette grisâtre.

St André *della Valle* : chapelle Strozzi.

Nᵒ 141. Lumachelle laurentine (*lumachella lauretana*).

Ciment jaune grisâtre avec de gracieux fragments noirs, gris et blanc de coquilles. On a trouvé que cette roche avait quelque ressemblance avec la laurentine, étoffe à fleurs, de soie, de coton et de poil.

Nᵒ 142. Lumachelle capitoline (*lumachella capitolina* ⋆).

Fond blanc gris, débris de coquilles joliment dessinés, les uns noirs, les autres gris, parmi lesquels on voit des taches jaunâtres.

Église de Ste Marie de Lorette : deux colonnes sur le premier autel à gauche. Palais des conservateurs au Capitole : antichambre, un bas-relief représentant la louve avec Romulus et Rémus.

Nᵒ **143**. Lumachelle capitoline capillaire (*lumachella capitolina minuta* ⋆).

A peu près la même que la précédente, mais les débris de coquilles sont plus fins et déliés comme des cheveux. La teinte jaunâtre se découvre en plusieurs endroits.

Palais des conservateurs au Capitole : antichambre, une grande partie du bas-relief représentant la louve avec Romulus et Rémus.

Nᵒ 143ᵃ. Lumachelle gabienne (*lumachella gabina*).

. Fond gris noirâtre dans lequel se trouvent des fragments de coquilles d'un gris bleuâtre.

On a déterré cette lumachelle dans les ruines de Gabies, ville des Volsques, colonie d'Albe, où furent élevés Romulus et Rémus.

Nᵒ 144. Lumachelle orientale grise (*lumachella orientale bigia*).

Fond gris avec de grands débris de coquilles blanches, d'autres plus petites, noirâtres et d'un gris violet,

Ste Marie *in via lata* : presbytère, quatre plaques dans le pavement.

Nous avons déjà parlé (II, p. 170) de cette roche de pâte blanche grisâtre et quelquefois jaunâtre, comme est celle de cet échantillon et des trois suivants. C'est de cette roche qu'est faite la cuirasse du buste de Gordien le Jeune, n° 65, au Capitole.

Quelquefois les fragments coquilliers sont grands, d'autres fois ils sont petits, mais la forme et la couleur se ressemblent. Plus il y a de jaune dans la pâte, plus on estime cette lumachelle.

N° 145. Lumachelle orientale jaune (*lumachella orientale gialla* **).
Fond d'un jaune doré avec les mêmes débris de coquilles que ceux du morceau précédent.

Église de *Traspontina* : maître autel, plaques autour d'une armoire.

N° 146. Lumachelle orientale grise jaunâtre (*lumachella orientale gialla e bigia* *).
Fond gris et d'un côté jaunâtre avec de petits débris de coquilles blanches et d'un gris noirâtre et bleuâtre.

Ste Marie *in Aquiro* : troisième chapelle à droite, quelques plaques sur l'encadrement de l'autel.

N° 147. Lumachelle orientale brûlée (*lumachella orientale focata* *).
Une teinte rougeâtre s'étend sur cet échantillon.

ASTRACANE.

N° 148. Astracane jaune (*astracane giallo* *).
Roche d'un jaune doré avec des coquilles vitreuses d'un jaune orange.

La base de ce marbre est d'un brun très-foncé, mais il renferme une multitude de coquilles broyées dont les débris sont d'un jaune d'orange, qui se dessinent sous la forme de petits cercles ou de segments, et qui tranchent nettement sur la base.

Parmi ces débris de coquilles, nous croyons y reconnaître des turbinites, coquilles fossiles turbinées, contournées en spirale, qui se trouvent dans le sein de la terre.

Église de St André *della Valle* : tous les balustres du grand autel.

Brongniart, d'après Patrin, assure que cette roche ne se trouve pas dans les environs d'Astrakan; mais Brard, dans sa Minéralogie appliquée aux arts, tome II, p. 308, Paris 1821, dit que Agra, province de l'Hindoustan, est sa patrie.

Pinkerton pense que cette roche doit son nom à une ville en Syrie, nommée Castracani; mais il assure également qu'elle n'est pas connue à Astrakan.

N° 149. Astracane brune (*astracane bruno* *).
Pâte d'un brun doré avec les mêmes coquilles que celles du précédent échantillon.

Les balustres du maître-autel, à St André *della valle*.

N° 150. Astracane nacrée (*astracane madreperlifero* **).
La base de ce morceau est d'un jaune doré. Il renferme une multitude de coquilles broyées dont les débris sont d'un jaune plus clair ou même blanchâtre. Ils se dessinent sous la forme de petits cercles ou de segments et tranchent nettement sur la pâte de cette roche.

Deux grandes colonnes au palais Sciarra.

N° 151. Astracane jaune gabienne (*astracane gabino giallo*).
Fond jaune verdâtre, picoté de noir grisâtre, sur lequel on voit quelques fragments de coquilles blanches.

On a trouvé de cette roche dans les ruines de Gabies.

Le gradin du troisième autel à gauche dans l'église de Ste Marie *della Scalla*, au Transtévère.

N° 152. Astracane violette gabienne (*astracane gabino pavonazzo* *).
Fond violet grisâtre nuagé et jaune avec des débris de coquilles grises.

C'est aussi aux ruines de Gabies que l'on doit cette roche.

MADRÉPORITE.

N° 153. Madréporite rouge (*madreporite rossa* *).

Fond rouge avec des madrépores blancs très-visibles. Le madrépore est un genre de ces polypiers, dont on trouve sept espèces dans les terrains antérieurs et postérieurs à la craie.

St Charles *a Catenari:* troisième chapelle à gauche, six pilastres.

N° 154. Madréporite rouge grisâtre (*madreporite rossa bigiastra*).

Pâte rouge grise avec plusieurs madrépores blancs grisâtres si entremêlés qu'on les distingue à peine.

Église de St Eustache : autel de la croisade, plaques dans le devant de l'autel.

N° 155. Madréporite lucullienne (*madreporite lucullea* **).

Cette madréporite est digne d'un Lucullus. C'est probablement la raison pour laquelle on lui a donné ce nom.

POLYPIFÈRE.

N° 156. Polypifère rouge (*polipite rossa* **).

Il semble que ce sont des polypiers que nous observons dans cet échantillon.

Le polypier forme une famille qui possède 102 genres vivants, dispersés, savoir : 47 dans les terrains antérieurs à la craie; 19 dans la craie; 36 dans les terrains supérieurs. Les 102 genres forment 414 espèces distinctes.

NÉRINÉE.

N° 157. Nérinée (*nerinea* *).

On croit reconnaître dans la pâte ce genre de coquilles fossiles, voisin des cérites ou des pyramidelles, dont on a trouvé cinq espèces dans des terrains antérieurs à la craie.

Cette nérinée a été déterrée dans une vigne hors la porta Pia.

NUMMULITE.

N° 158. Nummulite rose (*nummulite rosea* *).

Ce sont de petites coquilles pétrifiées, en forme de lentilles.

La nature de ces corps a été longtemps méconnue : les uns les prenaient pour des jeux de la création, d'autres pour des semences pétrifiées, quelques-uns pour des opercules, et d'autres pour des polypiers.

La nummulite appartient à la formation crétacée. Dans les Pyrénées, on la trouve dans un marbre cristallin compacte : elle est très-abondante dans les couches tertiaires du nord de l'Europe.

Cet échantillon provient d'un tombeau de la via Appia.

N° 159. Nummulite rose pâle (*nummulite rosea pallida*).

On voit distinctement, dans une pâte d'un blanc ressemblant à la couleur de chair, des nummulaires perpendiculairement brisées avec d'autres morceaux de coquilles.

Ce morceau a été trouvé à Frascati.

N° 160. Nummulite violette (*nummulite violetta* *).

La pâte de ce morceau est violette grisâtre.

N° 160ᵃ. Nummulite de la Sabine (*nummulite Sabina*).

Les Romains avaient découvert les carrières de cette roche dans l'ancienne province d'Italie de ce nom.

N° 161. Nummulite d'Égypte (*nummulite di Egitto* *).

Cette roche provient de l'Égypte.

Ce sont des nummulaires qu'on y voit, les unes ont la grandeur d'une lentille, les autres ont près de deux décimètres de diamètre.

Elles sont blanchâtres, empâtées dans un fond jaune verdâtre. C'est la même nummulaire que celle que l'on rencontre dans le morceau d'albâtre n° 96.

LENTICULITE.

N° 162. Lenticulite grise et jaune (*lenticolite bigia e gialla* *).

Petits débris de coquilles d'un blanc-gris, entassés pêle-mêle dans un fond jaune blanchâtre.

La lenticulite est un genre de coquille fossile dont les espèces principales sont la lenticulite planulée, la lenticulite aplatie, la lenticulite variolaire et la lenticulite rotulée; c'est une variété de polypier ayant la forme d'une lentille.

N° 162ᵃ. Lenticulite rose (*lenticolite rosea*).

Dans une pâte rose veinée se trouvent de longs fragments de coquilles d'un blanc gris.

N° 163. Lenticulite persicite (*lenticolite persichina*).

Fond cendré avec des dessins formés de débris de coquilles qui imitent plus ou moins la fleur de la pêche.

N° 164. Lenticulite cendrée (*lenticolite cenerina*).

Pâte cendrée rose avec des débris de coquilles qui ont de la ressemblance avec de petites lentilles.

ŒIL DE PAON.

N° 165. Œil de paon rouge (*occhio di pavone rosso*).

Fond rouge avec une teinte grisâtre et où les débris de coquilles forment souvent des cercles concentriques, à la manière des plumes du paon.

Nous croyons reconnaître parmi ces coquilles des anomites, qui sont des anomies fossiles; on en trouve dix espèces dans les terrains supercrétacés.

Linné nomme cette roche *marbre œillé*. (Syst. minéral., t. III, p. 107.)

Église de Ste Marie *in Trastevere,* dernier pilier à droite de la nef du milieu, une grande sphère sur laquelle on lit :

Hoc lapide ad collum alligato B. Callixtus P. P. in puteum demergitur.

N° 166. Œil de paon rouge pâle (*occhio di pavone rosso chiaro*).

Le ciment est plus pâle que celui du précédent échantillon. On y distingue des fragments de coquilles bivalves.

N° 167. Œil de paon rouge noirâtre (*occhio di pavone rosso scuro*).

Ce morceau est plus foncé que les deux qui précèdent.

N° 168. Œil de paon rouge orbiculaire (*occhio di pavone rosso orbicolato* *).

Fond rouge rosâtre formant de beaux cercles concentriques blancs grisâtres.

N° 169. Œil de paon rose (*occhio di pavone roseo* *).

Ainsi nommé parce que les coquilles sont roses dans un ciment blanchâtre.

N° 170. Œil de paon rose palombin (*occhio di pavone roseo palombino*).

On ne distingue presque plus les fragments de coquilles qui forment avec la pâte une roche d'un blanc rosé, roche qui ressemble à celle que l'on nomme palombin.

N° 171. Œil de paon violet (*occhio di pavone pavonazzo* *).

Fond violet gris doré, coquilles bivalves d'un blanc livide.

Église de Ste Marie sur Minerve : cinquième chapelle à droite, les deux colonnes de l'autel.

N° 172. Œil de paon violet foncé (*occhio di pavone pavonazzo scuro**).

Le même que le précédent, mais d'une teinte plus foncée et avec de charmants fragments de coquilles, coupées transversalement.

Deux colonnes à la Bibliothèque vaticane.

N° 173. Œil de paon noir (*occhio di pavone nero**).

Il est aussi connu sous le nom de *Drap mortuaire*; sa pâte est noire et il est semé, sur toute son étendue, de coquilles blanches, assez régulièrement disposées et sensiblement écartées l'une de l'autre.

N° 174. Œil de paon bréché (*occhio di pavone brecciato**).

Des brèches et des débris de coquilles se voient dans une pâte rouge rosâtre.

N° 175. Œil de paon finement bréché (*occhio di pavone brecciato minuto*).

Le même que le précédent, seulement on y voit plusieurs petits fragments qui ne semblent pas être des morceaux de coquilles, mais des parties de roches.

Sapienza : collection Belli.

BROCATELLE.

N° 176. Brocatelle rouge (*broccatello rosso*).

En géologie on donne le nom de brocatelle à plusieurs variétés de calcaires, où des fragments de coquilles et de roches forment diverses veines et rappellent les étoffes dites *brocarts*, qui étaient brochées d'or, d'argent et de soie.

Dans cet échantillon, nous remarquons des débris de coquilles d'un rouge rosé et d'un blanc sale, dans un ciment violet rougeâtre.

Cette belle roche se tire encore, de nos jours, d'une carrière antique de Tortose en Catalogne. Les anciens la nommaient *marmor schiston*.

N° 177. Brocatelle rouge et jaune (*broccatello rosso e giallo*).

Les fragments de coquilles sont d'un beau jaune doré et le ciment d'un rouge éclatant.

Ce morceau ressemble à ces étoffes anciennes brodées d'or qu'on nommait *brocarts*, et la description que Dioscoride, Opera medica, V, 138, fait de cette roche lui convient, quand il dit, « que le » marbre schiston naît dans la partie occidentale de l'Espagne et » ressemble à la couleur du safran. »

St Isidore de Séville, Origines, XVI, 4, n° 18, en fait mention de la manière suivante : « Le marbre schiston se trouve, » dit-il, « dans l'Espagne ultérieure, il est d'une couleur qui ressemble au » safran, peu luisant et peu compacte. »

Ste Cécile, au Transtévere : ornements des bordures des deux balustres du maître autel.

N° 178. Brocatelle rouge et jaune pâle (*broccatello rosso e giallo pallido*).

Le fond, quoique peu visible, est gris avec des fragments confus de coquilles d'un jaune pâle, quelques fragments sont roses et parmi ces derniers il y en a de changés en carbonate de chaux.

N° 179. Brocatelle rouge et jaune fin (*broccatello rosso e giallo minuto*).

Une quantité de fins débris de coquilles d'un jaune doré jetés pêle-mêle dans un ciment rougeâtre.

N° 180. Brocatelle jaune orbiculaire (*broccatello giallo orbicolato* *).

Le tout se présente sous la couleur d'un jaune pâle grisâtre. Les fragments de coquilles se dessinent orbiculairement avec des veines rouges.

N° 181. Brocatelle jaune spathacée (*broccatello giallo spatico*).

Ciment d'un jaune clair, fragments cristallins de coquilles et des veines rouges.

N° 182. Brocatelle rose (*broccatello roseo*).

Fond rose-jaune pâle, avec des débris de coquilles de la même couleur, bordés de violet.

Église de Ste Cécile : ornement des bordures des deux balustres du maître-autel.

N° 183. Brocatelle violette (*broccatello violetto* *).

Ciment violet grisâtre avec des débris de coquilles d'un jaune pâle et des veines brunâtres.

N° 184. Brocatelle violette foncée (*broccatello violetto cupo* *).

Fond d'un violet foncé avec une quantité de petits débris de coquilles à peu près de la même couleur. Dans un coin, une teinte jaunâtre.

Église du St Esprit : première chapelle à droite, deux colonnes.

N° 184ᵃ. Brocatelle violette pâle (*broccatello violetto pallido*).

Les débris de coquilles sont parfaitement dessinés dans cet échantillon.

N° 185. Brocatelle violette dorée (*broccatello violetto dorato*).

La même que la précédente, seulement on y trouve plus de fragments cristallins dorés. Le ciment a également une teinte violette.

N° 186. Brocatelle bréchiforme (*broccatello brecciforme*).

Les débris de coquilles semblent être devenus des brèches d'un gris rougeâtre; le ciment est d'un jaune sale et les veines sont peu visibles.

N° 187. Brocatelle topographique (*broccatello topografico* **).

Cette brocatelle est de toute beauté. On peut se figurer voir le plan d'un parc avec ses étangs, ses bois, etc.

BRÈCHES.

C'est une roche composée d'un amas de fragments ou pièces de rapport d'une ou de différentes couleurs, collés, agglutinés ou cimentés les unes aux autres par un nouveau suc pierreux de la même nature que ces morceaux.

Les fragments des brèches sont généralement anguleux, tandis que ceux des poudingues sont arrondis.

On donne le nom de *grandes* brèches, quand les fragments sont étendus ; de *menues*, s'ils sont petits ; de *pisolithes*, s'ils affectent la grosseur d'un pois ; de *oolithes*, quand ils sont tellement petits qu'ils ressemblent à un œuf de poisson, etc., etc.

Il paraît que les Romains connaissaient cette roche sous le nom de *marmor scyrium et hierapoliticum*.

N° 188. Brèche rouge (*breccia rossa*).

Grande tache rouge-sang au milieu, petites taches et veines de la même couleur, ainsi qu'une quantité de fragments blancs et d'un blanc verdâtre, sur le reste de l'échantillon.

Deux colonnes à un tombeau, dans le bas côté droit, à St Louis des Français.

N° 189. Brèche rouge ovoïde (*breccia rosso ovoide* *).

Fragments ovales de différentes teintes de rouge, de gris, de vert et de jaune, réunis avec un peu de pâte rouge.

Église de St Augustin : deux pilastres du cinquième autel à droite.

N° 189ᵃ. Brèche rouge ovoïde palatine (*breccia rossa ovoide palatina* *).

Cette brèche provient des ruines du mont Palatin. Sur un fond rouge brunâtre se trouvent des fragments qui ont la forme d'un œuf.

Nº **190**. Brèche rouge polygone (*breccia rossa polygonia* *).

Fragments anguleux rouges, verdâtres et blanchâtres ; le tout d'une roche cristalline qui lui donne quelque ressemblance avec l'albâtre.

Église de Ste Marie de la Victoire : première chapelle à droite, dans un pilier du balustre.

Nº **191**. Brèche rouge des Apennins (*breccia rossa Apennina*).

Fond rouge-brun avec des fragments oblongs de la même couleur, mais plus pâle. On y remarque les restes de coquilles fossiles univalves, orbiculaires, en spirale, de la famille des ammonites.

Musée du Vatican : galerie des candélabres ; sixième division, au-dessous de la fenêtre, une petite colonne antique sur laquelle se trouve un crater en marbre blanc cannelé.

Nº **192**. Brèche coralline modèle (*breccia corallina tipo*).

Les marbriers donnent ce nom à une brèche dont le ciment est généralement d'un rouge assez semblable à la couleur des coraux. Les fragments empâtés sont tantôt d'un beau blanc, tantôt gris, quelquefois jaunâtres. Toutefois, le ciment est loin d'être toujours rouge, souvent il est d'un rose pâle ou d'un rouge très-foncé. La brèche coralline la plus estimée est celle qui, sur un fond rouge corail, présente de petits fragments blancs.

Les deux colonnes du grand autel de St Pierre et les quatre colonnes qui ornent le portique de l'Aurore, dans le palais Rospigliosi, sont les plus beaux échantillons de cette roche qui se trouvent à Rome.

Le morceau que nous plaçons sous ce numéro est d'une pâte rouge très-pâle avec des fragments blancs de différentes grandeurs, parmi lesquels on en trouve un jaune.

Nº **193**. Brèche coralline rose (*breccia corallina rosea* **).

C'est un des beaux morceaux de cette catégorie.

Église du Jesu : chapelle au fond de la nef droite, deux colonnes du côté du presbytère.

N° 194. Brèche coralline rose pâle (*breccia corallina rosea pallida**).
Fond rouge-rose avec des brèches de la même couleur, d'autres blanches et quelques jaunâtres.
St Isidore : chapelle à droite du grand autel, petits pilastres du milieu du balustre.

N° 195. Brèche coralline couleur de chair (*breccia corallina carnina*).
Cinq grandes brèches d'une couleur de chair, une quantité de petites dont quelques-unes sont roses, le tout dans une pâte rouge.

N° 196. Brèche coralline couleur de chair foncée (*breccia corallina scura**).
Fond rouge-violet sur lequel se trouve une quantité de brèches blanches de différentes grandeurs.
Deux colonnes au baldaquin de Ste Croix de Jérusalem.

N° 197. Brèche coralline couleur de chair veinée (*breccia corallina carnina venata*).
Pâte rouge-violet avec des fragments blancs veinés de rose.
Musée du Vatican, galerie des candélabres : base des candélabres qui se trouvent dans la quatrième division.

N° 198. Brèche coralline rouge brique (*breccia corallina laterizia**).
Fond d'un rouge brique avec des fragments d'un blanc sale, d'autres verdâtres et quelques-uns d'un rouge roussâtre.

N° 199. Brèche coralline jaunâtre (*breccia corallina giallastra*).
Pâte jaunâtre avec des fragments blanc semi-transparents.
Ste Marie Majeure : tombeau à gauche de la nef gauche, deux petites colonnes.

N° 200. Brèche coralline violacée (*breccia corallina violacea* *).

Ciment rouge avec des fragments blancs, violacés et rouge de sang.

Musée du Vatican : galerie, des morceaux dans les piédestaux des candélabres latéraux de l'Ariadne.

N° 201. Brèche coralline violacée et dorée (*breccia corallina violacea dorata* **).

Une grande tache d'un jaune violacé et doré; dans un coin du rose grisâtre, le tout veiné, hormis vers le bas, où l'on voit des fragments blanchâtres empâtés dans un ciment rouge.

Les marbriers romains donnent encore à cette belle roche le nom de brèche coralline de Ste Praxède, parce qu'on en voit dans cette église.

N° 202. Brèche coralline verdâtre (*breccia corallina verdastra* *).

Pâte brune, grands fragments verdâtres, tachetés de blanc et dans lesquels se découvrent des débris de coquilles, de petits fragments rougeâtres et quelques-uns d'une couleur orange.

N° 203. Brèche coralline grisâtre (*breccia corallina bigiastra*).

Des fragments de grandeur inégale, d'un blanc grisâtre dans une pâte d'un gris plus foncé.

N° 204. Brèche coralline polychrome (*breccia corallina policroma* *).

Une quantité de fragments de différentes couleurs ont fait donner ce nom à cette brèche.

Église de St Marc : candélabre du cierge.

N° 205. Brèche coralline polychrome de Tusculum (*breccia corallina policroma di Tusculum* **).

Ciment rouge brique, avec de grands fragments gris verdâtres et blancs jaunâtres.

Les ruines de Tusculum ont fait connaître cette belle roche.

N° 206. Brèche coralline fine et polychrome de Tusculum (*breccia corallina policroma di Tusculum minuta* ***).

Même ciment que celui de la précédente; mais une quantité de petits fragments de différentes couleurs fort vives, qui ont la forme des fruits du pin.

Cette brèche, l'une des plus belles, a aussi été trouvée parmi les ruines de Tusculum.

N° 207. Brèche coralline veinée (*breccia corallina venata*).

Les quelques fibres que l'on croit remarquer sur cette roche lui ont fait donner l'épithète de *veinée*.

N° 208. Brèche coralline lumachellée (*breccia corallina lumachellata*).

Pâte d'un blanc-jaune, peu de brèches, quelques débris de coquilles et des veines rougeâtres.

N° 209. Brèche coralline spathacée (*breccia corallina spatica* ').

La vivacité des différents rouges et les fragments blancs plus ou moins cristallins lui donnent un bel aspect membraneux.

N° 210. Brèche coralline lenticulaire (*breccia corallina lenticolina* *).

Dans le ciment d'un rouge corail ne se trouvent pas seulement empâtés des fragments blancs anguleux de différentes grandeurs, mais aussi des débris de coquilles ayant la forme de lentilles.

N° 211. Brèche coralline hippurite (*breccia corallina ippuritica* **).

On pourrait aussi donner à cette roche le nom de *brèche coralline lumachellée*, à cause de ses grands débris de coquilles, mais comme nous croyons également y remarquer les restes d'une sorte de corail fossile articulé, nommé hippurite, nous préférons lui donner cette dernière épithète.

Nº 212. Brèche coralline madréporée (*breccia corallina madreporica* **).

Ciment blanc qui semble contenir des madrépores, c'est-à-dire de ce genre de polypiers, dont on trouve sept espèces dans les terrains antérieurs et postérieurs à la craie.

Nº 213. Brèche coralline marbrée jaunâtre (*breccia corallina marmorina giallastra* *).

Ciment rouge violet et rouge jaunâtre avec des brèches d'un blanc gris, dont quelques-unes semblent avoir des fibres.

Nº 214. Brèche coralline marbrée luculléenne (*breccia corallina marmorina lucullea* **).

Fond brun noirâtre, avec des fragments blancs et roses.

Cette brèche rare se voit au musée du Vatican dans la partie nommée le *bras neuf*.

Nº 215. Brèche minime clair (*breccia leonata*).

Fond minime clair avec des fragments rougeâtres tellement empâtés qu'ils semblent ne former que des taches.

L'amphithéâtre de Vérone est construit avec cette brèche.

Nº 216. Brèche minime claire polyzonée (*breccia leonata polizonia* **).

Fond rouge brunâtre, brèches d'un rouge clair ; au milieu, des zones ondulées.

St Roch : chapelle Clarelli, plinthe du soubassement.

Nº 217. Brèche jaune (*breccia gialla* *).

Fond gris rougeâtre veiné de blanc avec des fragments jaunes tachetés de blanc et veinés de gris foncé.

Nº 218. Brèche fine jaunâtre (*breccia gialla minuta*).

De très-petites brèches sont empâtées dans un ciment jaunâtre.

N° 218ᵃ. Brèche jaune de St Étienne (*breccia gialla di S. Stefano*). Fragments anguleux séparés par des veines brunâtres.

N° 219. Brèche jaune Godoï (*breccia gialla Godoy* *).

Fond blanc verdâtre avec des fragments anguleux d'un jaune paille, séparés les uns des autres par des veines grises.

On voit deux morceaux de colonne de cette roche devant le casino de la villa Mattei. Ils furent découverts du temps que le général Godoï, prince de la Paix, en était propriétaire.

N° 220. Brèche jaune et noire (*breccia gialla e nera* *).

Fond jaune gris avec des fragments d'un beau noir dont quelques-uns sont entourés d'un liséré jaune.

Église de *S. Salvatore in Lauro* : près de la petite porte, deux urnes.

N° 220ᵃ. Brèche jaune et noire de St Sauveur (*breccia gialla e nera di S. Salvatore*).

Les brèches sont noires mélangées de blanc dans une pâte jaunâtre.

N° 221. Brèche dorée (*breccia dorata* *).

Ainsi nommée parce que ses fragments sont d'une couleur qui ressemble à celle de l'or. Son ciment est presque toujours violacé.

Cette brèche, dit Faustino Corsi, est une des plus belles, des plus nobles et des plus rares. On n'a trouvé jusqu'à présent que trois colonnes de cette roche dans Rome. Les autres morceaux découverts sont petits et la manière dont ils étaient employés fait voir que les anciens attachaient beaucoup de prix à cette pierre de décoration.

L'échantillon, placé sous ce n°, nous offre de belles brèches d'un jaune doré empâtées dans un ciment violet.

Église de St Marcel : troisième chapelle à gauche, à l'entrée, devant le balustre, dans le pavement.

N° 222. Brèche dorée pâle (*breccia dorata pallida*).

Une partie de ce morceau est une brèche dorée ordinaire, mais l'autre a des fragments plus pâles.

N° 223. Brèche dorée rouge (*breccia dorata rossa* *).

Liées par un ciment violet, les brèches ont une couleur d'or rougeâtre. On voit toutefois que c'est la même espèce de roche que celle de l'échantillon précédent.

N° 224. Brèche dorée rougeâtre (*breccia dorata rossastra*).

Comme la précédente, mais le rouge est moins foncé.

N° 225. Brèche dorée huileuse (*breccia dorata oleosa**).

L'échantillon dont nous nous occupons semble avoir été déposé dans une matière oléagineuse.

Église de St Louis des Français : première chapelle à droite.

N° 226. Brèche dorée veinée (*breccia dorata venata* *).

Toujours la même brèche, mais de plus des fragments cendrés veinés de violet.

N° 227. Brèche dorée œillée (*breccia dorata occhiuta* *).

Cette brèche est remarquable par le grand fragment d'un jaune doré qu'on y voit, et dont le milieu a quelque ressemblance avec la prunelle d'un œil.

N° 228. Brèche verte (*breccia verde* *).

Fond blanc verdâtre avec des fragments d'un blanc sale. On y remarque une quantité de mollusques, c'est-à-dire d'animaux invertébrés, à corps symétrique, mais sans squelette intérieur et sans articulations.

N° 229. Brèche brune polychrome (*breccia bruna policroma* *).

La couleur brune domine dans le ciment qui agglutine des brèches de différentes teintes.

Nº 230. Brèche brune de l'église neuve (*breccia bruna della Chiesa nuova*).

Ainsi nommée parce que l'on voit cette brèche dans l'église de Ste Marie *in Vallicella*, dite l'église neuve. La vivacité des différents bruns et les fragments blancs lui donnent un bel aspect.

Nº 231. Brèche brunâtre polychrome de l'église neuve (*breccia brunastra policroma della Chiesa nuova*).

Fond rouge brun, fragments rouge-gris, rouges et verdâtres, quelques taches blanches.

Se trouve dans la même église que le précédent échantillon.

Nº 232. Brèche brune du Secours (*breccia bruna del suffragio*).

Ciment brun avec des fragments gris, blanchâtres et noirâtres.

Église du Secours : première chapelle à gauche, plaques sur l'autel.

Nº 233. Brèche polychrome capitoline (*breccia policroma capitolina* *).

Fragments rouges, gris, verdâtres et noirâtres, tous parsemés à certaine distance dans un ciment jaune-rougeâtre.

Musée Capitolin : salle dite du Gladiateur, colonne placée entre les deux fenêtres.

Nº 234. Brèche polychrome palatine (*breccia policroma palatina* **).

Cette roche est fort belle. Les grands fragments noirs, les jaunes, les rouges, les verdâtres, les blancs et les gris lui donnent beaucoup de prix.

Nº 235. Brèche polychrome de Ste Marie du peuple (*breccia policroma di S. M. del popolo* *).

Ciment gris, fragment de grandeur très-inégale et de couleurs très-variées entre autres des rouges, des verts, des blanchâtres, etc.

N° 236. Brèche polychrome de Ste Suzanne (*breccia policroma di S. Susanna* *).

Le rouge domine dans cette belle brèche, dont les autres couleurs sont le noir grisâtre, le blanc, le rose, etc.

Église de Ste Suzanne : deux plaques ovales aux piliers de droite de la grande voûte.

N° 237. Brèche polychrome de St Bernard (*breccia policroma di S. Bernardo* **).

Brèche en poudingue, ayant un fond jaune avec une infinité de fragments de diverses couleurs.

Église de St Bernard : chapelle à droite, pilastres, balustre.

N° 238. Brèche polychrome de Ste Marie des Anges (*breccia policroma degli Angeli* *).

Pâte jaune-grise avec des fragments rougeâtres, verdâtres, noirâtres et grisâtres.

Église de Ste Marie des Anges : chapelle à droite, deux colonnes.

N° 239. Brèche polychrome des Pamphili (*breccia policroma de' Panfili* *).

Comme la précédente, toutefois la pâte a une couleur de gros vin et on y remarque des fragments de la même couleur.

Deux colonnes de cette belle roche se trouvaient dans le casino de la villa Pamphili, mais depuis les événements de 1848, le prince Doria les a fait transporter dans son palais à Rome.

N° 240. Brèche fine polychrome des Pamphili (*breccia policroma de' Panfili minuta* *).

C'est toujours la même brèche, mais les fragments qu'on y remarque sont plus petits.

Nº 241. Brèche polychrome nomentane (*breccia policroma nomentana **).

Cette belle brèche a été découverte dans un tombeau sur la voie Nomentane, route qui conduisait de Rome à Nomentum et qui passait au mont Sacré.

De jolis fragments anguleux roses, rouges et gris blanchâtres sont agglutinés par un ciment brunâtre.

Nº 242. Brèche polychrome d'Alep (*breccia policroma di Aleppo **).

Ciment rouge pâle, rempli de fragments anguleux de différentes teintes et qui contiennent des débris de coquilles. On remarque également quelques brèches d'un beau jaune parmi lesquelles celle du milieu est œillée.

Cette brèche s'exploitait en Syrie, dans les environs d'Alep, et Valmont de Bomare, dans son Dictionnaire d'histoire naturelle, au mot *marbre*, la décrit de la manière suivante : « La brèche d'Alep » est un composé de petits morceaux ou gris, ou rougeâtres, ou » brunâtres, ou noirâtres, mais parmi lesquels domine le jaune. »

Musée du Vatican : galerie des candélabres, un tronçon de colonne à gauche en entrant.

Nº 243. Brèche fine polychrome d'Alep (*breccia policroma aleppina minuta **).

Les fragments sont, en général, plus petits que ceux de la précédente et le ciment est tacheté de noir. La grande brèche jaune qui termine ce bel échantillon, se voit rarement.

Nº 244. Brèche verdâtre polychrome d'Alep (*breccia policroma aleppina verdiccia*).

La couleur verdâtre qu'on rencontre dans ce morceau le distingue des précédentes brèches.

Deux colonnes à Ste Marie sur Minerve.

Nº 245. Brèche grise polychrome d'Alep (*breccia policroma aleppina bigia*).

Grands fragments d'un gris-cendré, quelques-uns d'un jaune sale; mais toujours la même pâte.

Nº 246. Brèche rouge polychrome d'Alep (*breccia policroma aleppina rossa* *)

Ce carbonate de chaux a des fragments d'un rouge corail; d'autres sont gris, blanchâtres et bleuâtres.

Église de Ste Marie sur Minerve : seconde chapelle à droite, deux tablettes aux côtés de l'autel.

Nº 247. Brèche polygone (*breccia poligonia* **).

Les fragments de cette brèche ont quelque ressemblance avec une figure géométrique à plusieurs côtés et à plusieurs angles.

Nº 248. Brèche polygone rose (*breccia poligonia rosca* **).

Une grande partie de cet échantillon est d'un rose grisâtre, et les dessins ressemblent à ceux du précédent morceau.

Nº 249. Brèche polygone rose dorée (*breccia poligonia rosea dorata* **).

La moitié de ce morceau est rose et l'autre moitié est d'un jaune doré.

Nº 250. Brèche ombrée (*breccia ombrata* *).

Fond gris orangé avec des fragments d'un jaune paille, qui sont tous à moitié ombrés.

M. l'avocat Belli possède un morceau d'une ancienne colonne de cette belle roche. Il est probable que les Romains la faisaient venir de l'Égypte, car le chevalier Silvestre Guidi en a rapporté de ce pays.

Nº 251. Brèche ombrée gabienne (*breccia ombrata gabina*).

Fond gris jaune, brèches blanches et verdâtres ombrées, mais beaucoup moins bien dessinées que celles que l'on voit dans l'échantillon précédent.

Elle porte le nom de *gabienne* parce qu'on l'exploitait près de l'ancienne ville de Gabies.

Nº 252. Brèche frangée (*breccia frangiata*).

Des brèches grises environnées de veines d'un beau rouge posent sur cette roche des dessins qu'on peut comparer à des franges.

Nº 253. Brèche frangée foncée (*breccia frangiata scura* *).

Cet échantillon ressemble au précédent, mais ses couleurs, plus prononcées, le rendent plus précieux.

Nº 254. Brèche jaune nuageuse (*breccia nuvolata gialla*).

Fond blanc jaunâtre avec des brèches jaunes qui ont la forme de nuages.

Nº 255. Brèche jaune et rouge nuageuse (*breccia nuvolata gialla e rossa* *).

Fond blanc rosâtre, veiné de brun, avec des parties nuageuses d'un rouge pâle et d'un jaune sale.

Nº 255ᵃ. Brèche nuageuse jaune et rouge de Clarelli (*breccia nuvolata gialla e rossa di Clarelli*).

Cette brèche, trouvée dans des fouilles faites par un nommé Clarelli, est toute veinée, sa pâte est d'un jaune blanchâtre avec des nuages jaunes et quelques-uns d'un rouge très-pâle.

Nº 256. Brèche nuageuse couleur de chair (*breccia nuvolata carnicina* *).

Ciment rose pâle, sur lequel se dessinent de légers nuages jaunes entrecoupés de fines veines rouges.

N° 257. Brèche nuageuse mouchetée (*breccia nuvolata maculata**).
Fond blanc jaunâtre, nuages jaunes et taches d'ocre jaune.

N° 258. Brèche dendritique brune (*breccia dendritica bruna **).
Fond jaune foncé brunâtre, avec des fragments jaunes et bruns couverts d'arborisations ; ces accidents ne sont pas dûs à des végétaux, comme il le semble au premier coup d'œil, mais à des infiltrations minérales (compar. p. 204, n° 115).

On a trouvé cette brèche dans des fouilles faites à *Monte Calvi*, en Sabine.

N° 259. Brèche dendritique du Panthéon (*breccia dendritica del Panteon **).
Ciment gris jaunâtre avec des brèches blanches et grises.

BROCCATELLONE.

N° 260. Brèche grande brocatelle rouge (*broccatellone rosso*).
Pâte rougeâtre, taches d'un jaune doré et d'un gris blanc avec quelques fragments d'un blanc cristallin.

Les marbriers romains ont cru trouver une ressemblance entre cette roche et celle qui est nommée brocatelle, n°s 176-187, et, c'est pour cette raison qu'ils lui ont donné le nom de grande brocatelle. Mais il est à remarquer que dans la pierre dont nous nous occupons, on ne rencontre que bien rarement des traces d'un corps marin ou coquillier, tandis qu'on y voit toujours des fragments anguleux. C'est bien par conséquent parmi les brèches qu'elle doit être classée.

On ignore quel nom les anciens donnaient à la grande brocatelle et d'où ils la faisaient venir.

N° 261. Brèche grande brocatelle rouge et jaune (*broccatellone rosso e giallo*).

Brèches rouges grisâtres, quelques-unes jaunâtres, dans un ciment grisâtre.

On voit huit colonnes de cette grande brocatelle dans l'église d'Aracœli.

N⁰ 262. Brèche grande brocatelle rouge spathacée (*broccatellone rosso spatico* *).

Couleur lie de vin, fragments rouges, jaunes, isabelles et blancs cristallins. Les taches grises sont, paraît-il, des coquilles décomposées.

Cette roche se trouve encore dans une carrière antique à Tortose, en Catalogne, comme le n⁰ 176.

N⁰ 263. Brèche osseuse foncée (*breccia ossea scura* *).

Les brèches osseuses sont des dépôts appartenant au terrain diluvien, composé d'argile ferrugineuse, de sable et de calcaire, qui enveloppent des ossements quelquefois entiers, le plus souvent brisés, comme s'ils avaient été transportés par les eaux.

Notre échantillon a un fond vert foncé avec des fragments osseux blanchâtres.

On trouve cette brèche dans les constructions que les Romains ont élevées dans les environs de Vérone; mais on ignore la localité où ils l'exploitaient.

L'examen approfondi des brèches osseuses pourra être d'une grande utilité pour les études préhistoriques.

N⁰ 264. Brèche osseuse pâle (*breccia ossea chiara* *).

Pâte d'un vert pâle qui enveloppe des débris osseux blanchâtres.

Cet échantillon provient d'un ancien fragment de corniche que possède le lapidaire romain Raffaelli.

On exploite chez nous, près de Namur, une roche qui ressemble beaucoup à cette brèche.

N° 265. Brèche tariérée ou fruitée (*breccia trapanata o frutti-colosa* **).

L'aspect de cette roche produit en un endroit la forme d'un escalier par le retrait de ses couches les unes des autres; mais comme l'ensemble de l'échantillon paraît représenter des fruits, de formes et de teintes différentes, on lui a aussi donné le nom de brèche fruitée.

BRÈCHE DITE DE SETTEBASI.

On trouva pour la première fois cette espèce de brèche dans les environs de la villa de Settimo Basso, à l'endroit nommé *Roma Vecchia,* sur la voie Appienne, d'où, par corruption, les marbriers romains lui imposèrent le nom de *settebasi.*

Elle a le fond violet, recouvert de fragments allongés qui, par leur conformation, lui donnent un caractère particulier et la distinguent des autres brèches. La couleur de ces fragments est généralement d'un blanc d'ivoire, mêlé de rouge et de jaune. Quelquefois cette roche est finement bréchée de diverses couleurs et alors elle se rapproche de la qualité nommée *semesanto.* La plus rare est celle qui offre des fragments oblongs, mais petits et d'un rouge ressemblant à celui de la rose. Les plus beaux échantillons de cette brèche que nous ayons vus à Rome sont deux morceaux de colonnes placés dans la salle dite du Gladiateur, au musée Capitolin. Mais si l'on ne rencontre pas en grande quantité cette pierre dans la ville éternelle, les églises de Ravenne et de Venise en possèdent beaucoup, et là on lui donne le nom de brèche orientale.

Quand, dans cette brèche, le rouge, le jaune et le violet sont finement confondus, les marbriers romains lui donnent le nom de *settebasi fleuri.*

Parmi les variétés de cette pierre nous devons aussi appeler l'attention sur l'espèce qu'on nomme vulgairement *settebasi* amygdalé (*mandolata*), parce que ses fragments sont plus ronds.

Dans les fouilles pratiquées sur les bords du Tibre, à l'Emporium, on vient de découvrir un morceau de cette roche sur lequel on lit : scyr. (Voir à ce sujet le Bulletin de l'Institut de Rome pour 1870, p. 11.)

Nº 266. Settebase rouge (*settebasi rossa*).
Taches de différents rouges et bruns, irrégulièrement placées, et fragments blancs plus ou moins grands.

Nº 267. Settebase rouge ondulé (*settebasi rossa ondulata* *).
Les fragments blancs allongés sont accompagnés de lignes rouges. Une grande brèche blanche a d'un côté une teinte jaunâtre.

Nº 268. Settebase rouge trapézoïdal (*settebasi rossa trapezoide*).
La pâte violette est parsemée de taches rouges. Les brèches blanches sont en général plus petites que celles des précédents échantillons et sont placées de manière que tous les côtés sont obliques entre eux.

Nº 269. Settebase rouge frangé (*settebasi rossa frangiata*).
Taches d'un rouge de sang, et tant de fragments que la pâte ne se voit que par veines ou franges.

Nº 270. Settebase rouge de St Pierre (*settebasi rossa di S. Pietro* *).
Cette roche se voit au grand autel qui se trouve sur le tombeau des apôtres Pierre et Paul dans la basilique de St Pierre.
Les brèches en sont embrouillées et c'est la couleur rouge qui domine.

Nº 271. Settebase rouge et noir (*settebasi rossa e nera*).
Le rouge du milieu produit un chatoiement, on voit peu le ciment noirâtre, la grande brèche blanche est veinée de jaune et de rouge pâle.

No 272. Settebase rouge foncé (*settebasi rossa scura* *).

Pâte rouge foncé, grands fragments oblongs blancs mélangés d'une teinte rouge.

No 273. Settebase rouge foncé amygdalé (*settebasi rossa scura mandolata*).

Pâte rouge foncé, dans laquelle sont disséminées des parties blanches ovoïdes, serrées les unes contre les autres et comme liées par un réseau.

No 274. Settebase rouge foncé veiné (*settebasi rossa scura venata*).

Fond rouge sale foncé avec des fragments oblongs blancs, roses et gris, sur lesquels se dessinent une quantité de veines rouges, violettes et grises.

Église de la Trinité des Pèlerins : deux plaques dans le pavement, près de la petite porte.

No 275. Settebase rose (*settebasi rosea* **).

Des fragments blancs rosés sont empâtés dans un ciment violet.

Église de Ste Marie *in Vallicella* : seconde chapelle à gauche, aux quatre piliers du balustre.

No 276. Settebase rose clair (*settebasi rosea chiara* *).

Des fragments blancs rosâtres sont placés dans un ciment rose veiné.

No 277. Settebase jaune (*settebasi gialla* *).

Des nuages d'un beau jaune, veinés de jaune foncé, des fragments blancs cristallins, le tout laissant à peine apercevoir le ciment violet.

No 278. Settebase doré (*settebasi dorata* *).

Beau jaune doré, fragments blancs tachetés de rouge pâle, fond violet.

Église de St Bernard : balustres de la chapelle à droite.

Nº 279. Settebase fin doré (*settebasi dorata minuta* *).
Le jaune doré encadre presque tous les fins fragments blancs
placés dans un ciment violet pâle.

Nº 280. Settebase doré lumachellé (*settebasi dorata lumachellata* *).
Le tout d'une couleur de chair; veiné de noir, de blanc et de brun.
Des coquilles brisées se distinguent fort bien dans cet échantillon.

Nº 281. Settebase bleu (*settebasi bleu* *).
Fond bleu violet; brèches blanches veinées de jaune.

Nº 282. Settebase bleu foncé (*settebasi bleu cupa* *)
Ciment bleu foncé; fragments bruns et roses.

Nº 283. Settebase foncé verdâtre (*settebasi scura verdastra*).
Fond violet verdâtre avec des fragments d'un blanc-gris.
Peut-être la première colonne à gauche de la grande fontaine
ai Termini est-elle de cette roche?

Nº 284. Settebase brune (*settebasi bruna*).
Le tout d'un beau luisant; belles brèches blanches et beaucoup
de brun mêlé de rouge dans le ciment.

Nº 285. Settebase gris capitolin (*settebasi bigia capitolina* *).
De petits fragments gris, blancs et un rouge, qui est du jaspe,
ce qui se voit bien rarement dans ce genre de roche.
On lui a donné le nom de capitolin, parce que l'on voit deux
colonnes de cette brèche au musée du Capitole, dans la salle dite
du Gladiateur.

Nº 286. Settebase gris fin (*settebasi bigia minuta*).
Les fragments sont plus fins que dans le précédent échantillon,
mais de la même espèce de brèche.

Nº 287. Settebase gris jaunâtre (*settebasi bigia giallastra* *).
C'est toujours la même espèce de brèche, mais presque tous les fragments sont entourés d'un liséré jaunâtre.

Nº 288. Settebase blanc (*settebasi bianca*).
Grand fragment d'un blanc d'ivoire avec quelques taches rouges grisâtres.
Église du Jesu : entre les piliers du presbytère.

Nº 289. Settebase polychrome rouge (*settebasi polycroma rossa* **).
Fond rouge violet avec des fragments blancs, d'un blanc jaunâtre et d'un blanc rougeâtre, la plupart d'une forme ovale.

Nº 290. Settebase polychrome rouge et jaune (*settebasi policroma rossa e gialla* *).
Fragments jaunes, blancs, rouges et gris, empâtés dans du rouge violet.

Nº 291. Settebase polychrome rouge lumachellé (*settebasi policroma rossa lumachellata* *).
Dans un coin des débris de coquilles, une belle tache jaune, des brèches blanches, des veines noires et rouges.

Nº 292. Settebase polychrome rose (*settebasi policroma rosea* **).
Parmi les brèches blanches, jaunes et grises se distinguent de beaux fragments roses.

Nº 293. Settebase spathacé ou chatoyant (*settebasi spatica o gatteggiante* *).
Roche demi-transparente avec des reflets variés et brillants suivant l'aspect sous lequel on la voit. Le rouge y domine; on y voit aussi des taches et veines jaunes et quelques fragments blancs.

N° 294. Settebase spathacé rouge (*settebasi spatica rossa* **).

Fond rouge violet avec des fragments irréguliers blancs mêlés à un rouge de sang, qui, par la structure lamellaire du carbonate de chaux dont ils sont formés, produisent un chatoiement.

Église de Ste Catherine de Sienne : première chapelle à droite; la plaque du piédestal des parois latérales.

N° 295. Settebase spathacé ondulé (*settebasi spatica ondulata* ').

Les longs fragments allongés ressemblent à des ondes blanches. Entre elles l'on observe la même structure lamellaire que dans les deux précédents échantillons.

N° 296. Settebasi lenticulaire (*settebasi lenticolare* **)

Il est fort rare de trouver dans cette roche des débris de coquilles comme on en voit au milieu de cet échantillon, bréché de blanc d'ivoire et veiné de rouge.

SEMESANTONE.

N° 297. Grandes graines saintes (*semesantone* **).

Fragments blancs, rouges et roses, le tout dans une pâte d'un violet foncé.

Nous expliquerons, au n° 301, comment l'on a donné ce nom à cette brèche et aux suivantes. Ce n'est pas, comme on le prétend, parce que l'on aurait fait de cette roche un autel consacré à la Vierge, d'où les Romains lui auraient donné l'épithète *di seme santo* (de race sainte), que son nom lui vient. On ignore quel nom les anciens donnaient à ces roches et d'où elles proviennent.

N° 298. Grandes graines saintes (*semesantone* **).

C'est la même roche que la précédente, seulement les parties blanches sont d'une teinte plus laiteuse, et, si cette roche n'avait pas été si belle et si rare, nous eussions supprimé le présent échantillon.

N° 299. Grandes graines saintes fusiformes (*semesantone fusiforme* ').

La plupart des fragments ont la forme d'un fuseau, il y en a de blancs et de roses. La pâte est d'un violet foncé.

N° 300. Grandes graines saintes gabiennes (*semesantone gabino* **).

Les ruines de Gabies nous ont fourni cette belle roche, qui, par la diversité de ses couleurs, doit occuper un premier rang parmi les pierres de décoration.

SEMESANTO.

N° 301. Graines saintes (*semesanto* ***).

Les pharmaciens italiens, pour tromper et amuser les enfants, préparent une graine qu'ils appellent graine sainte. Ce sont des grains de raisin enveloppés de sucre de différentes couleurs. Comme ces grains ressemblent alors aux petits fragments de cette magnifique et rare roche, les marbriers romains l'ont nommée brèche à graines saintes.

Cette charmante petite brèche, dont la pâte est d'un brun de chocolat, présente une infinité de petites taches blanches, violettes ou rougeâtres, toutes anguleuses. Elles atteignent à peine trois à six lignes de diamètre et sont accompagnées de quelques points rouges. Toutes ces taches ont la même direction, comme on le remarque dans les brèches dites de *settebasi*. Elles sont mêlées à d'autres taches qui ont une forme triangulaire et une couleur jaune serin.

N° 302. Fines graines saintes (*semesanto minuto* ***).

Cet échantillon est aussi beau et aussi rare que le précédent. Ses brèches sont encore plus petites et leurs différentes couleurs leur donnent une ressemblance parfaite avec les grains sucrés dont nous venons de parler.

On ne voit, à Rome, de cette brèche qu'un tabernacle du maître autel de l'église de St Laurent (autrefois, le temple d'Antonin et de Faustine.)

N° 303. Graines saintes collatines (*semesanto collatino* **).

Cette précieuse brèche, qui ressemble aux précédentes, a été trouvée parmi les ruines de Collatie, ville dans le Latium, située au S.-E. de Tibur, sur les bords de l'Anio.

N° 304. Graines saintes pâles (*semesanto pallido* **).

Toujours la même belle brèche, mais les couleurs en sont moins vives.

N° 305. Graines saintes égyptiennes (*semesanto egizio* **).

Plusieurs brèches d'un gris bleuâtre et blanchâtre sont empâtées dans un ciment plus foncé.

On a trouvé une statue égyptienne faite de cette roche.

N° 306. Brèche quintilienne ou hadrienne (*breccia quintilina o adrianea* ***).

C'est la plus rare et la plus belle brèche que l'on connaisse parmi les brèches antiques. Dans son ensemble elle est foncée, parce que la plupart de ses fragments sont d'un brun café brûlé; les autres sont jaunes dorés, verdâtres, rougeâtres, blancs et quelquefois noirs. Cette brèche est composée de roches serpentineuses. On ne possède à Rome que de petits morceaux de cette belle roche. On en voit dans l'église de St André *della Valle*, elle est incrustée dans les piliers de la seconde chapelle à gauche, et, dans l'église des saints Dominique et Siste, au maître autel.

On la nomme *brèche de la villa hadriana*, parce qu'on a trouvé des morceaux dans les fouilles faites à cette villa. D'autres lui donnent le nom de *brèche quintilienne*, parce qu'on en a aussi déterré parmi les ruines de la villa de Quintilius Varus.

Maintenant on vient d'en découvrir un grand morceau, près de la route de Porto d'Anzio, à Nettuno. (Voir le Bulletin de l'institut de Rome pour 1870, p. 18.)

On ignore encore d'où les anciens faisaient venir cette roche et comment ils l'appelaient.

N° 307. Brèche d'Égypte foncée (*breccia di Egitto scura*).

Nom générique donné en Italie à une pierre provenant d'Égypte. La couleur générale de la pâte est noirâtre, ou, si l'on veut, verte, mais extrêmement foncée. Il se trouve du porphyre et du granite dans cette brèche. Les fragments de diverses natures qui se voient dans cette pâte, d'une composition particulière, sont anguleux, comme dans toutes les brèches, et rarement roulés ou arrondis comme dans les poudingues.

Une vasque et deux colonnes à la villa Albani.

N° 308. Brèche fine d'Égypte (*breccia di Egitto minuta* *).

Elle est moins foncée que la précédente, de manière que les petits fragments se distinguent mieux.

N° 309. Brèche d'Égypte fine et foncée (*breccia di Egitto minuta scura*).

Le feldspath compacte verdâtre, avec une teinte foncée violacée, domine parmi les fragments de ces roches ignées.

Une magnifique colonne au Capitole.

N° 310. Brèche arénacée d'Égypte (*breccia di Egitto arenacea*).

Toujours le feldspath compacte et les roches primitives; mais les grains siliceux sont tous plus petits et arrondis.

N° 311. Brèche porphyroïde d'Égypte (*breccia di Egitto porfiroide* **).

Elle est formée de grains bien distincts de roches ignées avec des cristaux de feldspath compacte verdâtre.

Capitole : palais des conservateurs, morceau de colonne.

N° 311ₐ. Brèche granitoïde d'Égypte (*breccia di Egitto granitifera*).

Une partie de cette brèche a une texture grenue semblable à celle du granite.

ROSSO BRECCIATO.

N° 312. Rouge bréché modèle (*rosso brecciato tipo* *).

Belles brèches d'un blanc de lait, quelques-unes d'un blanc violet sur un fond rouge violet.

Les anciens nommaient cette roche *marmor lydium*.

Paul le Silentiaire (sous Justinien Ier), Histoire de l'Église de Ste Sophie à Constantinople, II, 215. Paris, 1670, dit : « Le marbre lydium est un mélange de rouge et de blanc pâle, » ce qui correspond avec notre rouge bréché.

St Louis des Français : première chapelle à droite, **monument de Claude le Lorrain, deux petites colonnes.**

N° 313. Rouge bréché ondé (*rosso brecciato ondato*).

Cet échantillon présente vers le milieu une longue brèche irrégulière colorée de violet et de gris. Dans un coin on voit que c'est la même roche que la précédente.

N° 314. Rouge finement bréché (*rosso brecciato minuto*).

Fond rouge sang tacheté de violet, avec de petits fragments d'un blanc livide et embrouillé.

Ste Croix de Jérusalem : troisième autel à droite, au bas du devant d'autel.

N° 314ᵃ. Rouge bréché de blanc livide (*rosso brecciato livido* *).

Les belles petites brèches de ce morceau sont d'un blanc transparent plombé ; dans un coin on en voit quelques-unes toutes blanches.

N° 315. Rouge bréché porphyré (*rosso brecciato porfidino*).

Une quantité de petits points donnent à cette roche de la ressemblance avec le porphyre. Dans un coin se trouvent des brèches blanches nuagées.

N° 316. Rouge bréché polychrome (*rosso brecciato policromo* **).

Les belles brèches que l'on voit sur cette roche précieuse sont de différentes couleurs.

N° 317. Rouge finement bréché polichrome (*rosso brecciato policromo minuto* **).

Une quantité de brèches de différents blancs et d'autres couleurs dans une pâte d'un rouge violet.

N° 318. Rouge bréché embrouillé (*rosso brecciato disfatto*).

Fines brèches que l'on distingue à peine; cependant quelques-unes sont encore bien formées, le tout sur un fond rouge-violet.

N° 319. Rouge bréché dendritique (*rosso brecciato dendritico* *).

Ce bel échantillon nous offre non-seulement des brèches mais aussi des arborisations.

Église de St Louis des Français : première chapelle à droite, tombeau du Poussin.

MARMORINA.

N° 320. Marmoréen rouge et jaune (*marmorina rossa e gialla* *).

Cet échantillon nous paraît avoir de la ressemblance avec la roche spécialement connue sous le nom de marbre. C'est une pâte remplie de fragments, les uns grisâtres, les autres d'un blanc-jaune.

Basilique de St Pierre : pavement en entrant.

N° 321. Marmoréen de couleur cinabre (*marmorina cinabrina* **).

Ce bel échantillon nous offre des fragments blanchâtres et des veines d'une teinte foncée, dans un ciment qui a la couleur du cinabre.

N° 322. Marmoréen cinabre et jaune (*marmorina cinabrina e gialla* *).

Beaucoup plus pâle que le précédent, ce morceau nous présente sur un côté une teinte jaunâtre.

Nᵒ 323. Marmoréen jaune (*marmorina gialla* *).

Fond jaune clair avec des fragments blancs, de calcaire saccharoïde, entourés de petites lignes rosâtres.

Couvent de la Minerve : au coin des deux grands corridors du second étage, les pieds qui soutiennent une urne.

Nᵒ 324. Marmoréen jaune fibreux (*marmorina gialla fibrosa* *).

Fond jaune rougeâtre avec des fragments saccharoïdes blancs jaunâtres sur lesquels on croit voir des fibres.

Musée du Capitole : les chambranles de la porte entre la salle du Gladiateur et celle du Faune, ainsi que les chambranles entre la salle des empereurs et celle des philosophes.

Nᵒ 325. Marmoréen jaune et blanc (*marmorina gialla e bianca*).

Fragments blancs translucides dans un ciment jaune-paille nuagé.

Nᵒ 326. Marmoréen pistache (*marmorina pistacchina*).

Roche à laquelle on a cru trouver quelque ressemblance avec la noix du pistachier, contenant une amande lisse, ovale et d'un vert pâle.

Nᵒ 327. Marmoréen pistache foncé (*marmorina pistacchina scura* *).

Fragments transparents blancs, jaunâtres et d'un vert pistache, réunis par un peu de ciment violet.

Église de Ste Marie *della Traspontina* : troisième chapelle à droite, au banc de communion.

Nᵒ 328. Marmoréen pistache fin (*marmorina pistachina minuta* *).

C'est la même roche que la précédente, seulement les fragments en sont plus fins.

Église de St Michel : grand autel, les piliers du tabernacle.

Nᵒ 329. Marmoréen violet (*marmorina pavonazza* *).

Pâte d'un violet foncé, dans laquelle se trouvent de beaux fragments d'un blanc d'ivoire.

N° 330. Marmoréen violet fin (*marmorina pavonazza minuta* *).

Fond violet brun, dans lequel se voient de petits fragments blancs et rouges de différentes grandeurs.

N° 331. Marmoréen violet embrouillé (*marmorina pavonazza confusa* *).

Ce morceau contient beaucoup de quartz. Son fond est violet et les fragments qu'on y voit se dessinent peu nettement.

N° 332. Marmoréen violet moucheté (*marmorina pavonazza moschinata* *).

La surface de cet échantillon est parsemée, sur un fond violet, de fragments de différentes grandeurs dont quelques-uns ont la couleur de la chair.

N° 333. Marmoréen violet lancéolé (*marmorina pavonazza lanceolata*).

Ce sont à peu près les mêmes couleurs que dans le précédent échantillon, mais plusieurs petites brèches ressemblent à un fer de lance.

N° 334. Marmoréen violet ondulé (*marmorina pavonazza ondulata* *).

Pâte violette et fragments très-allongés qui y donnent une ressemblance avec les ondes.

N° 334ᵃ. Marmoréen violet picoté (*marmorina pavonazza picchiettata*).

Belles brèches blanches dans un fond, d'un côté violet et de l'autre grisâtre, couvert de points de différentes couleurs.

N° 335. Marmoréen violet pâle ondulé (*marmorina pavonazza ondulata pallida*).

Le fond est beaucoup plus pâle, et les brèches, plus nombreuses, ne dessinent pas aussi bien les ondes, qui ont une teinte verdâtre.

N° 336. Marmoréen violet polychrome (*marmorina pavonazza policroma* **).

Pâte violette, fragments blancs, mélangés avec d'autres de couleurs variées.

Église de Ste Catherine *a monte magna Napoli* : plaque sur le maître autel.

N° 337. Marmoréen violacé (*marmorina violetta* *).

Fond violet grisâtre, brèches d'un violet rosé avec des veines jaunâtres.

N° 338. Marmoréen violacé foncé (*marmorina violetta scura* *).

Pâte d'un gris foncé violet, fragments rouges, quelques-uns blancs, et veines jaunes.

N° 339. Marmoréen brun (*marmorina bruna*).

Fond rougeâtre, fragments d'un blanc sale et d'autres d'un jaune brunâtre. Cette roche est d'une cassure saccharoïde.

St Jean de Latran : première chapelle à droite en entrant par la porte latérale, douze morceaux dans le pavement.

N° 340. Marmoréen brun verdâtre (*marmorina bruna verdastra*).

Ciment brun verdâtre dans lequel une quantité de petites brèches de teintes différentes.

N° 341. Marmoréen brun rosâtre (*marmorina bruna rossastra*).

Des brèches rosâtres dans une pâte brune, voilà ce que nous offre cet échantillon.

N° 342. Marmoréen polychrome de la Victoire (*marmorina policroma della Vittoria* *).

Deux grandes brèches d'un gris pâle, deux d'un gris foncé et plusieurs d'un blanc plus ou moins clair, sur un fond rouge.

Église de Ste Marie de la Victoire.

Nº 343. Marmoréen fin polychrome de la Victoire (*marmorina policroma minuta della Vittoria* **).

Fond rouge avec des fragments diaphanes blancs de lait et d'autres d'un gris rosâtre.

Église de Ste Marie de la Victoire.

Nº 344. Marmoréen polychrome de Lucullus (*marmorina policroma lucullea* **).

La moitié de cet échantillon est d'un gris diaphane, l'autre moitié est bréchée de noir grisâtre, de gris, de rouge, de blanc, etc., sur un fond jaune rougeâtre.

Provient des ruines de la villa de Lucullus, à l'endroit nommé aujourd'hui *Gregna*.

Nº 345. Marmoréen polychrome fin de Lucullus (*marmorina policroma lucullea minuta* **).

Tout ce morceau est semblable à la moitié du précédent, seulement les brèches en sont plus petites.

On n'a découvert que quelques tablettes de cette roche précieuse au même endroit que la précédente.

Nº 346. Marmoréen du mont Coelius (*marmorina celimontana*).

Pâte brune grisâtre dans laquelle se trouvent des brèches d'un blanc rosâtre presqu'entièrement entourées d'un filet rouge foncé.

On a trouvé plusieurs fragments de ce marbre sur le mont Coelius.

Nº 347. Marmoréen de Ste Marie *in Trastevere* (*marmorina di S. M. in Trastevere* *).

Ainsi nommé parce qu'on en voit plusieurs plaques parmi les beaux marbres anciens qui décorent cette église.

Ses brèches sont blanches, grisâtres et quelquefois pointillées de noir. Sa pâte est grise rougeâtre.

ARGILES.

Strabon, IV, dit que Pise est célèbre par la fertilité de son sol et par ses pierres. On ignore de quelle espèce étaient ces pierres, mais il est permis de croire que ce sont celles qu'on y trouve encore de nos jours et qui se nomment roches argileuses. Ce fossile, connu aussi sous le nom de lithomarge, est un mélange de chaux carbonatée et d'argile. La propriété des roches argileuses est de donner par l'insufflation une odeur particulière qui n'appartient pas à l'alumine pure, mais bien à l'alumine combinée avec l'oxyde de fer.

Toutes les roches argileuses employées par les anciens le sont toujours en petits morceaux et nous font croire que ce sont tout bonnement des fragments des célèbres cailloux de l'Arno et que ce serait d'eux que Strabon a parlé, sous le nom de *marmora Pisana*.

N° 348. Argile jaune (*argilla gialla* *).
Substance jaune verdâtre entrecoupée, en sens divers, de plusieurs lignes d'un jaune brunâtre.

N° 349. Argile jaune dendritique (*argilla gialla dendritica* *).
Fond jaunâtre, entremêlé de blanc cristallin et de dessins qui ressemblent à des végétaux.

N° 350. Argile verte (*argilla verde.*)
Fond vert olive avec quelques lignes légèrement teintées de jaune.

N° 351. Argile verte veinée (*argilla verde venata* *).
Même substance que le précédent échantillon, mais avec des veines translucides très-marquées et d'une teinte brunâtre.

N° 352. Argile paysagiste (*argilla paesina* **).

Sur un fond verdâtre on dirait voir la représentation de montagnes, de rochers, de constructions d'où la fumée s'échappe, le tout est surmonté de nuages de teintes différentes.

Ce morceau provient d'un pavement antique des thermes de Caracalla. Il doit avoir été exposé au feu.

N° 353. Argile bréchée palatine (*argilla palatina brecciata* *).

Fond rouge verdâtre avec des fragments anguleux verdâtres, rouges, jaunes et blancs.

St Paul hors des murs : chapelle du St Sacrement, des plaques sur le piédestal des colonnes.

N° 353ª. Argile zoomorphyte (*argilla zoomorfita* *).

Cet échantillon offre des apparences de figures d'animaux plus ou moins distinctes. Le tout présente des dessins nuageux.

Ce jeu de la nature est dû à des infiltrations ferrugineuses qui se sont faites dans les fissures de cette roche qui, d'ailleurs, est terne dans sa cassure.

N° 354. Argile pyritifère (*argilla piritifera* **).

Substance verdâtre et jaunâtre dans laquelle on remarque de la pyrite jaune.

LAVAGNA.

On donne le nom d'ardoise à des plaques minces extraites de plusieurs variétés de pierres schisteuses.

N° 355. Ardoise (*lavagna*).

Cet échantillon est d'un noir mat. On en trouve souvent de la même espèce servant de pavement dans les monuments antiques et l'on en a même découvert, employé à des socles et plinthes de colonnes, dans un tombeau à la porte Salaria. (V. le Bulletin de l'institut de Rome pour 1871, p. 100.) Notre échantillon est semblable à la roche qui nous vient encore aujourd'hui de Lavagna, en Ligurie. Les principaux produits de ces ardoisières ne sont pas des ardoises à couvrir, mais des blocs, des tables, des dalles, tels qu'on en trouve des fragments dans les fouilles. C'est bien le *lapis ligusticus* des Romains, dont ils se servaient principalement dans les pavements.

Quand on taille ces ardoises, il s'échappe une poussière siliceuse qui pénètre dans la bouche de l'ouvrier et qui ne lui donne que trop souvent la phthisie.

N° 356. Ardoise ponctuée (*lavagna picchiettata* *).

Fond noir qui reçoit un poli et sur lequel se trouve une quantité de points équidistants d'un jaune rougeâtre.

On pense que c'est de cette roche que parle Pline quand, XXXVI, 13, il dit : « La pierre thébaïque, parsemée de gouttes d'or, se » trouve dans la partie de l'Afrique appartenant à l'Égypte ; les » molettes qu'elle fournit sont, par leurs qualités physiques, très- » propres à broyer les ingrédients des collyres. »

Le médecin grec Dioscoride, Matière médicale, V, 47, fait mention de la pierre thébaïque et la dépeint comme noirâtre et brunâtre. En combinant avec cette donnée la description de ladite pierre faite par Pline (c'est-à-dire d'être pointillée de jaune et d'être employée pour étendre et broyer les médicaments), on suppose que le naturaliste a voulu parler de notre ardoise.

PALOMBINO.

N° 357. Palombin laiteux (*palombino latteo*).

Sorte de roche blanche, compacte et à grain très-fin.

Palombo, pigeon, d'où vient *palombino*, nom donné à cette roche parce que l'on trouve qu'elle a quelque ressemblance avec les plumes d'une colombe blanche.

Pline, XXXVI, 13, fait mention d'un marbre *coraliticum*, qui ressemble à l'ivoire tant par la couleur que par la structure et qui n'existait pas en morceaux de plus de deux coudées. C'est probablement du palombin qu'il parle, car il a le grain fin, sa texture est compacte et sa cassure est sans brillant.

On n'a jamais trouvé de grands morceaux de cette roche dans les fouilles, où on le voit souvent dans les pavements.

Au musée du Vatican on en possède cependant deux vases qui ont renfermé des cendres, mais ils n'ont qu'un pied de hauteur.

La pierre de Seyssel qu'on emploie à Lyon et qui y est fort estimée, se fait remarquer par sa blancheur et sa finesse, et ressemble au palombin.

N° 358. Palombin lumachellé (*palombino lumachellato*).

Comme le précédent, seulement on y voit une quantité de débris de coquilles.

Pausanias, qui connaissait bien le territoire de Mégare, dit (Attica, I, 43) que, près de cette ville, « il y avait une carrière d'un marbre « *blanc formé de coquilles marines* et plus tendre que toute autre « pierre. »

Strabon, IX, indique plus spécialement que la carrière de ce marbre était sur le promontoire Amphiale, et Cicéron, par deux lettres, I, 8 et 9, adressées à Atticus, qui se trouvait à Athènes, demande quelques statues de *marbre mégarien*. Il est donc probable que c'est sous le dernier nom que ce palombin était connu des anciens.

N° 359. Palombin cendré (*palombino cenerino*).

On ne trouve pas souvent du palombin de cette teinte.

N° 360. Palombin cyclopéen (*palombino ciclopeo*).

Nous avons donné ce nom à cet échantillon, parce qu'on ne peut nier qu'il n'ait quelque ressemblance avec le palombin et que les constructions, dites cyclopéennes ou pélasgiques, que nous avons visitées à Alatri, ne soient faites avec cette roche; du reste, elle n'offre rien de remarquable et elle est tirée des carrières voisines que l'on exploite encore aujourd'hui pour la construction des maisons.

ROSSO APPENNINO.

Nº 361. Rouge appennin (*rosso appennino*).

Rouge de sang avec des veines presqu'invisibles. On en trouve dans les fouilles, mêlé avec le rouge antique; on ne le distingue souvent que parce qu'il n'a pas une cassure saccharoïde.

Nº 362. Rouge appennin liséré (*rosso appennino listato* *).

C'est la même roche, mais elle est traversée par divers lisérés translucides.

Nº 363. Rouge appennin violacé (*rosso appennino violaceo*).

Une teinte violette est répandue sur un échantillon, qui se fait remarquer aussi par le liséré blanc qui le coupe en deux parties.

CARNAGIONE.

Nº 364. Carnation couleur de brique (*carnagione laterizia*).

Espèce de roche qui a le plus souvent une teinte que l'on peut comparer à la carnation, c'est pourquoi les marbriers romains lui ont donné ce nom.

Faber, dans ses Lettres sur la minéralogie de l'Italie, lett. 16, p. 329, lui donne le nom de *marbre cannelle,* parce que sa couleur a aussi quelque rapport avec celle de l'écorce de cette espèce de laurier.

Cette roche est agréable à la vue; elle est très-compacte et a les grains très-fins.

Nº 365. Carnation pâle (*carnagione pallida*).

Fond d'un rouge très-léger, finement pointillé de gris et veiné de gris verdâtre.

CALLISTOLITE.

Nº 366. Callistolite lisérée (*callistolite listata* **).

Cette belle roche a été employée pour décorer un tombeau, découvert par Lorenzo Fortunati en 1857, le long de la voie Latine, à trois milles de Rome.

Fond gris jaunâtre liséré, des rubans picotés de noir grisâtre, et dans un coin une tache de rouge orange.

VENATO.

Nº 367. Veiné léonin (*venato lionato* *).

Cette pierre de décoration ornait également un tombeau découvert en 1857 sur la voie Latine. Sa couleur fauve et ondée lui a fait donner le nom de léonin.

Nº 368. Veiné cendré (*venato cenerino*).

Fond gris cendre, couvert de veines blanches.

Nº 369. Veiné plombé (*venato plumbeo* *).

Fond couleur de plomb avec des veines blanches et des veines noires déliées comme des cheveux.

Cette roche a été découverte dans d'anciennes constructions romaines à Porto d'Anzio.

Nº 370. Veiné brun (*venato bruno* *).

Fond brun, couleur de tabac, avec des veines capillaires noirâtres et quelques-uns blanches.

Ce morceau a été trouvé dans des fouilles faites à Rome, vis-à-vis du palais Borghèse.

N° 371. Veiné fin noir (*venato nero minuto* *).

Une infinité de veines capillaires sur un fond noir grisâtre.

Ce morceau provient des thermes de Dioclétien.

GIALLO TIGRATO.

N° 372. Jaune tigré modèle (*giallo tigrato tipo* *).

Fond jaunâtre mêlé de gris avec des taches d'un jaune serin entourées d'un brun noirâtre et disposées de manière qu'elles imitent la peau du tigre.

Église de St André *della Valle* : deux petites plaques sous les pilastres de la seconde chapelle à droite.

Jusqu'en 1824, on avait trouvé très-peu de jaune tigré, mais à cette époque on en découvrit des morceaux de colonnes dans des fouilles faites près de Montecavo, dans la Sabine.

On croit que cette roche est le *marmor corinthium* des anciens. (Voir St Isidore de Séville, Origines, XVI, 5, 11.)

N° 373. Jaune tigré palombin (*giallo tigrato palombino* **).

Quelques parties blanches ressemblent au palombin. L'ensemble est plus foncé que celui du précédent échantillon, et les dessins, imitant la peau du tigre, sont bien marqués et ont une teinte bleuâtre.

Église de Ste Marie Majeure : mausolée du cardinal Toledo.

N° 374. Jaune tigré brûlé (*giallo tigrato focato*).

On suppose que c'est l'action du feu qui lui a donné cette teinte rougeâtre.

MARBRES BLANCS & NOIRS.

Les marbriers nomment marbres blancs et noirs ceux qui, soit veinés, soit tigrés, soit réticulaires, présentent ces deux seules couleurs.

N° 375. Blanc et noir antique (*bianco e nero antico* *).

C'est le *marmor proconnesium* des anciens du nom d'une île de la mer Propontide. aujourd'hui mer de Marmara. Nous lisons dans Vitruve, II, 8 : « Dans la ville d'Halicarnasse, le palais du puis- » sant roi Mausole a des murailles de briques, quoiqu'il soit orné » de *marbre de Proconnèse;* » mais comme cette île était voisine de l'île de Cyzique, Pline, V, 44, le nomme aussi marbre cyzique.

Le fond de cette roche est noir, veiné d'un beau blanc. Ce sont des fragments noirs liés ensemble par un ciment blanc.

Église de Ste Cécile : quatre colonnes du maître autel.

On peut dire que cette roche se voit rarement de nos jours à Rome. C'est pourquoi, lors de l'excursion que nous avons faite avec les membres du Congrès d'archéologie préhistorique, le 7 octobre 1871, de Bologne à Ravenne, nous avons été étonné de trouver tant et de si belles colonnes de blanc et noir antique dans cette dernière ville, surtout dans la basilique Ursulienne et dans l'église de St Apollinaire, bâtie sur l'emplacement d'un temple d'Apollon. (Voir t. I, pages 334 et 335.)

N° 376. Blanc et noir antique grisâtre (*bianco e nero antico bigiastro*).

Le même que le précédent, seulement le noir est moins foncé et les espaces blancs sont plus larges.

Notre échantillon provient des ruines d'un tombeau découvert, en 1853, sur la voie Appienne.

N° 377. Blanc et noir d'Égypte (*bianco e nero di Egitto* *).

Dans le musée égyptien du Vatican, on trouve plusieurs statues de cette roche.

Fond noir et taches blanches : mais quand le blanc est mêlé au fond, alors elles sont naturellement grises. Le blanc provient de coquilles rarement reconnaissables. Ces coquilles sont cause que cette roche n'a pas de veines. Son grain est fin et sa structure compacte, ce qui permet de lui donner un beau poli.

N° 378. Blanc et noir granitoïde (*bianco e nero granitoïde* *).

Cette roche est de la nature du granit. Ses parties blanches et noires sont à peu près de la même grandeur et forment un dessin assez semblable à celui de la peau du tigre. C'est pourquoi les marbriers lui ont aussi donné le nom de marbre tigré.

Dans le musée de la villa Borghèse, on voit des vases faits de cette roche ancienne.

MARBRE AFRICAIN.

Quoique cette roche provienne de l'Asie, de l'île de Scio, célèbre par son marbre, dit Pline, V, 38, (Chios des Grecs, Sakyz des Turcs), les marbriers lui ont donné le nom d'africain, probablement parce qu'elle a souvent une teinte noirâtre. C'est le *marmor chium* des anciens, dont les carrières sont perdues.

Toutes les différentes couleurs qui ornent ce marbre se distinguent le plus souvent par des taches, mais forment cependant aussi des veines et des brèches bien dessinées.

Sa texture est toujours compacte. Il se travaille avec assez de peine et renferme quelquefois des grains de quartz.

Les taches de l'africain sont toujours d'une teinte prononcée. Quand elles sont blanches, elles sont d'un beau blanc; de même, lorsqu'elles sont noires, elles sont du plus beau noir. Les marbres africains violets et les jaunes sont les plus rares. Le plus bel africain que nous ayons vu, est celui d'un tronçon de colonne dans la cour octogone du musée du Vatican. On y découvre de petites taches de métal fondu.

(Voir Furlanetti, dans la dernière édition du Dictionnaire de Forcellini, au mot *Chius*).

N° 379. Africain rouge (*affricano rosso*).

Une infinité de petites taches rouges sur un fond gris blanc et des veines noirâtres.

N° 380. Africain rouge doré dendritique (*affricano rosso dorato dendritico* **).

D'un côté, il est d'un rouge jaunâtre, où l'on remarque une représentation plus ou moins parfaite de plantes; de l'autre, il est d'un rouge clair, mélangé de rose avec des taches veinées noires.

Basilique de St Jean de Latran : la base des deux grandes colonnes de jaune antique de la porte du milieu de la façade latérale, à l'intérieur.

N° 381. Africain rouge madréporique (*affricano rosso madreporico* ***).

Sur cette précieuse roche tachetée de rouge, de rose et de noir se remarquent une quantité de madrépores.

N° 382. Africain rouge foncé (*affricano rosso scuro*).

Fond rouge foncé, avec des taches rouges, roses, grises et des veines capillaires noirâtres.

N° 383. Africain rouge fin foncé (*affricano rosso scuro minuto*).

Fond gris qu'on aperçoit à peine, tant il est chargé de petites taches rouges, roses, grises et de veines noires.

N° 384. Africain rouge jaunâtre (*affricano rosso giallastro* *).

Cet échantillon n'est d'aucune couleur bien distincte, ce qui se rencontre assez rarement parmi les africains; mais, dans son ensemble, il ressemble un peu au rouge jaunâtre de la feuille de tabac. On y remarque de petits débris de coquilles.

N° 385. Africain rouge jaunâtre veiné (*affricano rosso giallastro venato* *).

Pâte grise bigarrée de taches rouges, roses, jaunâtres, verdâtres avec des veines noirâtres.

Nº 385ª. Africain gris (*affricano bigio*).
Fond gris blanchâtre; aux deux extrémités, du rouge.

Nº 386. Africain couleur de chair (*affricano carnicino* *).
Cet échantillon de couleur de chair est remarquable aussi par les madrépores qu'on y distingue. Ses veines sont rouges et noirâtres.

Nº 387. Africain vert (*affricano verde*).
Il est d'un beau vert avec des brèches blanches, roses et noirâtres.
Église de Ste Marie de la Victoire : nef de gauche, la première colonne à droite.

Nº 388. Africain vert rosâtre (*affricano verde rossastro*).
Deux grandes taches allongées roses, surmontées d'une tache grise verdâtre sur un fond vert.
Église de St Bernard : maître autel, une bordure à la partie supérieure.

Nº 389. Africain vert sanguin (*affricano verde sanguigno*).
Son fond vert avec quelques points rouges de sang lui ont fait donner ce nom.

Nº 390. Africain vert grisâtre (*affricano verde bigiastro*).
Fond vert grisâtre, brèches blanches rosâtres, verdâtres et noirâtres. Cet africain ressemble au vert antique.
Église de Ste Marie de la Victoire : autel de la Croix, à gauche, première colonne à droite.

Nº 391. Africain vert ponctué (*affricano verde picchiettato* *).
Fond d'un vert bronzé tout pointillé d'un jaune verdâtre. Taches d'un rouge sanguin; quelques-unes blanches et un coin noirâtre.
Tronçon de colonne dans la cour du Belvédère au Vatican.

Nº 392. Africain vert disloqué (*affricano verde dislocato* *).
Une belle brèche verdâtre est fendue en deux parties. Le reste de cet échantillon est grisâtre avec des taches peu marquées.

N° 393. Africain violet (*affricano pavonazzo* *).

Fond d'un cendré foncé avec des taches violettes et d'un blanc gris.

Église de Ste Marie de la Victoire : autel de la croix à gauche, la première colonne à gauche.

N° 394. Africain violet rougeâtre (*affricano pavonazzo rossastro*).

A peu près le même que le précédent, mais d'une teinte beaucoup moins foncée et avec des taches rouges et blanchâtres.

N° 395. Africain gris violacé (*affricano bigio violaceo*).

Fond gris violacé avec des taches blanches, noirâtres et rouges.

N° 396. Africain gris jaunâtre (*affricano bigio giallastro*).

Sur un gris jaunâtre et blanchâtre se trouvent des taches d'un rouge sanguin et des veines capillaires noirâtres.

N° 397. Africain gris à pyrite de fer (*affricano bigio piritifero* *).

Fond gris avec de petites brèches blanches d'une cassure lamellaire. On y découvre aussi de petites parties de sulfure de fer qui distinguent la variété jaunâtre.

Église dite *Chiesa nuova* : cinquième chapelle à gauche, aux quatre petits piliers du balustre.

N° 398. Africain brun (*affricano bruno*).

Sur un fond de cette couleur sont jetées quelques lignes blanches et des taches noirâtres.

N° 399. Africain brun rougeâtre (*affricano bruno rossastro*).

Le brun domine; des taches rouges, roses et des veines noirâtres.

N° 400. Africain brun verdâtre (*affricano bruno verdastro*).

Des taches d'un blanc gris, d'autres verdâtres et rougeâtres, sur une pâte d'un brun verdâtre.

N° 401. Africain brun couleur tabac (*affricano bruno tabacchino*).
Fond brun avec plusieurs petites taches qui donnent à cette roche une teinte dorée que l'on rencontre quelquefois sur les feuilles du tabac.

N° 402. Africain brun figuré (*affricano bruno figurato*).
Sur un fond brun foncé on croit voir la tête et une partie du corps d'une religieuse.

N° 403. Africain brun bréché (*affricano bruno brecciato*).
Fond brunâtre avec de petits fragments blancs et au milieu une tache qui a la forme d'un animal.
On pourrait donc aussi le nommer africain zoomorphite.

N° 404. Africain brun à pyrite de fer (*affricano bruno piritifero*).
Le poids de cet échantillon est surprenant. Sa couleur se rapproche en partie de celle du plomb, quoique le brun domine.

N° 405. Africain brun lumachellé (*affricano bruno lumachellato*).
Dans une pâte d'un brun plombé se trouvent de fort beaux débris de coquilles.

N° 406. Africain noir sanguin (*affricano nero sanguigno* *).
Sur un fond d'un beau noir on voit des taches d'un rouge de sang et quelques veines blanchâtres.

N° 407. Africain noir et blanc (*affricano nero e bianco*).
A peu près la moitié de cet échantillon est d'un blanc rose, tandis que le reste est d'un noir rougeâtre avec des taches blanchâtres.

N° 408. Africain noir et gris (*affricano nero e bigio*).
D'un côté fond noir avec des taches d'un rouge de sang, et fond gris foncé avec des taches d'un blanc sale; de l'autre côté un fond gris plus pâle avec des cercles d'un blanc gris provenant de madrépores.

Nº 409. Africain noir amygdaloïde (*affricano nero amigdaloide* *).

Fond noirâtre avec des petites taches blanches verdâtres et noires et une grande tache qui dessine à peu près la forme de la moitié d'une amande.

Nº 410. Africain alabastrin (*affricano alabastrino* **).

Comme l'albâtre, il a des zones. Elles sont grises sur un fond noir. On pourrait aussi le nommer africain moiré, car il a un éclat changeant, une apparence ondée et chatoyante.

PORTE SAINTE.

François Ficoroni, dans son ouvrage intitulé : Le vestigia e rarita di Roma antica, I, 22, dit que le vulgaire a donné le nom de *Porte sainte* à un marbre antique veiné, parce que ce marbre a servi à la décoration de la porte sainte de la basilique du Vatican, dont on fit les pieds-droits au XVᵉ siècle.

Ce marbre est fin et sa texture compacte. On en trouve, le vert excepté, de toutes les couleurs. Les fouilles nous prouvent que les anciens l'ont souvent employé à des incrustations, à des corniches et en colonnes.

Dans sa description de l'église de Ste Sophie, à Constantinople, Paul le Silentiaire, II, 213, parle d'un marbre semblable qui serait le *marmor Iassense* des anciens, dont la carrière était dans l'île d'Iasos sur la côte de l'Asie Mineure (Carie), à l'Ouest et au fond du golfe Iasique ou Iassique (Iassicus sinus). Cette île avait pour chef-lieu une ville du même nom.

Comme après tout c'était de la Carie qu'on le faisait venir, on lui donnait aussi le nom de marbre carien.

Cette roche, probablement parce que l'empereur Claude en faisait grand cas, porte aussi le nom de pierre claudienne. Nous lisons dans J. Capitolin, Gordien troisième, XXXII : « Gordien ajouta de

» magnifiques ornements au palais de ses pères, qui existe encore
» aujourd'hui, ainsi que leur maison de campagne, située sur la
» voie Prénestine et où l'on remarque un tétrastyle de deux cents
» colonnes, dont cinquante en marbre de Caryste, cinquante en
» marbre appelé claudien, cinquante en marbre de Synna, cinquante
» en marbre de Numidie, toutes égales en hauteur. »

On sait que le marbre de Numidie est le jaune antique; le
carystien est le cipolin, le synnade est le pavonazetto. Pour déterminer nettement à quelle roche correspondait le marbre claudien, on
alla visiter les ruines de la villa claudienne. On y trouva plusieurs
morceaux de cipolin, de jaune, de pavonazzetto et de *porte sainte*.
De cet état de choses on conclut que ce dernier marbre devait
être la pierre claudienne, parce qu'elle se trouvait jointe aux trois
autres indiquées, avec certitude, par le nom de leur carrière.

N° 411. Porte sainte rouge (*portasanta rossa*).

De grandes veines d'un beau rouge sur un fond gris rosâtre;
une veine d'un rouge plus clair bordée de blanc.

N° 412. Porte sainte rouge veinée (*portasanta rossa venata*).

A peu près le même fond que celui du précédent échantillon;
les veines plus petites et plus nombreuses. Il y en a de blanches,
de roses, de noires et de grises.

N° 413. Porte sainte rouge bréchée (*portasanta rossa brecciata*).

Sur un fond rouge foncé on voit des brèches roses et d'un gris
rosé, ainsi que quelques veines noirâtres.

N° 414. Porte sainte rouge bréchée de St Nicolas (*portasanta
rossa brecciata di S. Niccola**).

Des brèches d'un beau rose et quelques-unes d'un blanc de neige
recouvrent presque entièrement un ciment noir rougeâtre qui ne
forme plus que des veines. La vivacité des couleurs rend cet échantillon précieux.

St Nicolas *in carcere* : deux colonnes au grand autel.

N° 415. Porte sainte rouge réticulaire (*portasanta rossa reticolata*).
Fond rouge pâle tout veiné comme un réseau.
Église de St Louis des Français : cinquième chapelle à gauche, deux grandes plaques dans le pavement.

N° 416. Porte sainte rouge foncée (*portasanta rossa scura*).
Rouge brunâtre dans son ensemble avec des veines blanches et grises.

N° 417. Porte sainte rouge et grise (*portasanta rossa e bigia*).
Fond gris pâle avec de belles taches veinées rouges, blanches et noirâtres.
Église de St André *della Valle :* chapelle des Strozzi, les quatre piédestaux des arcades latérales.

N° 418. Porte sainte couleur de chair (*portasanta carnicina*).
Le fond est d'un blanc rosé, sur lequel se trouvent de petites veines noirâtres et quelques taches d'un gris rosâtre.

N° 419. Porte sainte lisérée, couleur de chair (*portasanta carnicina listata*).
Le fond est plus foncé que celui du précédent échantillon; des rubans gris, bruns et d'un rouge brique l'ornent.

N° 420. Porte sainte léonine ramifiée (*portasanta leonata ramificata**).
Elle est fauve et ondée de gris rougeâtre mêlé à une légère teinte de couleur de chair. On y voit aussi des petites taches d'un jaune verdâtre.
Église de Ste Agnès hors des murs : la dernière colonne à droite.

N° 421. Porte sainte rouge brique (*portasanta laterizia*).
Elle a un ton rougeâtre qui rappelle la couleur de la brique et des veines blanches se confondent dans sa partie brunâtre.

N° 422. Porte sainte cannellée (*portasanta cannellina*).

Ce bel échantillon a la teinte de la cannelle dans presque toutes ses veines parsemées sur un fond gris.

N° 423. Porte sainte brune (*portasanta bruna*).

Fond gris pâle avec une grande tache d'un brun rougeâtre dans laquelle, à deux endroits, se trouve du brun.

St Jean de Latran : pieds du grand arc de la nef transversale.

N° 424. Porte sainte bleuâtre oolitique (*portasanta turchiniccia oolitica*).

Gris bleuâtre dans lequel se trouvent des taches noirâtres. On distingue de petites concrétions de la grosseur des œufs de poisson, principalement dans la partie grise de ce morceau.

N° 425. Porte sainte plombifère (*portasanta plumbea*).

Fond qui ressemble à la couleur du plomb au milieu duquel se voit une partie jaunâtre bordée de noir.

N° 426. Porte sainte polychrome (*portasanta policroma*).

Sur un rouge vif on voit des fragments blancs, gris, roses et noirâtres.

Ste Marie *in Monsegato* : premier autel à gauche.

N° 427. Porte sainte rayée (*portasanta rigata*).

Une raie jaune grisâtre, une autre jaune rougeâtre, toutes deux lisérées de blanc; le reste de ce morceau est d'un gris jaunâtre tacheté de blanc et de gris foncé.

N° 428. Porte sainte ponctuée (*portasanta picchiettata*).

Fond rouge tout pointillé et veiné de gris noirâtre.

N° 429. Porte sainte dendritique (*portasanta dendritica*).

Couleur rouge brique avec plusieurs représentations plus ou moins fidèles de végétaux.

N° 430. Porte sainte topographique (*portasanta topografica* ").

Sur un fond brun-gris, on peut se figurer voir un plan avec les accidents de terrain.

N° 431. Porte sainte cottanelléenne (*portasanta cottanella*).

Ainsi nommée parce qu'elle ressemble à une roche qui provient du territoire de Cottanello et dont nous nous occuperons sous les n°ˢ 486 et suiv.

N° 432. Porte sainte cottanelléenne bréchée (*portasanta cotta-nella brecciata*).

Cet échantillon ressemble encore au marbre de Cottanello et l'on y remarque plusieurs brèches rosâtres et blanches.

N° 433. Porte sainte cottanelléenne brune (*portasanta cottanella bruna* *).

Toujours de la ressemblance avec le marbre de Cottanello, mais dont le fond serait brun.

N° 434. Porte sainte madréporique (*portasanta madreporica* *).

Fond rouge veiné de noir et de gris avec des taches blanchâtres qui sont des madrépores, dont les cellules ont une forme plus ou moins rayonnée ou étoilée.

N° 435. Porte sainte madréporique embrouillée (*portasanta madreporica disfatta*).

Fond gris rouge avec des veines d'un rouge plus marqué et plusieurs petits fragments blancs, qui paraissent avoir appartenu à des madrépores.

N° 436. Porte sainte marmoréenne couleur de chair (*portasanta marmorina carnicina* **).

Le mélange de couleur de chair et de gris, veiné de gris foncé, rend cet échantillon précieux.

N° **437**. Porte sainte marmoréenne bleuâtre (*portasanta marmo-rina turchiniccia*).

Fond gris bleuâtre veiné d'un gris roussâtre.

N° **438**. Porte sainte marmoréenne bleuâtre orbiculaire (*portasanta marmorina turchiniccia orbicolata* *).

Fond bleuâtre, veines rougeâtres, plusieurs petites taches blan-châtres qui ont presque toutes une forme arrondie.

N° **439**. Porte sainte marmoréenne bleuâtre perlée (*portasanta marmorina turchiniccia perlata* *)

La base de cet échantillon tire sur le luisant argentin de la perle. Elle est d'un gris teinté de bleu, traversée d'un ruban couleur de brique, à côté duquel se remarquent de petites veines de la même couleur.

N° **440**. Porte sainte marmoréenne polygone de St André (*porta-santa marmorina poligonia di S. Andrea* *)

Fragments polygones d'un rouge violacé si intimement mêlés au blanc qu'on ne distingue pas le ciment qui les unit. Des veines d'un rouge de sang se remarquent aussi sur ce morceau, qui offre un simulacre de constructions cyclopéennes ou pélasgiques, c'est-à-dire de ces constructions qu'on rencontre encore en Italie et qui sont faites d'énormes pierres taillées en polyèdres irréguliers et placées les unes sur les autres sans mortier ; elles datent, dit-on, de deux cents ans avant la prise de Troie (1470 av. J. C.).

Église St André *della Valle :* chapelle Ginnetti.

N° **441**. Porte sainte marmoréenne lisérée (*portasanta marmorina listata* *).

Base grise bleuâtre lisérée de brun et de rouge.

JAUNE ANTIQUE.

On place les carrières de ce marbre en Macédoine et surtout en Numidie, c'est pourquoi les anciens le nommaient *marmor numidicum*. Pline, V, 2, dit: « le fleuve Tusca est la limite de la Numidie. - Rien de remarquable dans ce pays, si ce n'est le *marbre numidique*, et les animaux féroces qu'il produit. »

Paul le Silentiaire, qui vivait sous Justinien, détermine avec plus de précision, dans son Histoire de l'Église de Ste Sophie, à Constantinople, II, 217, le bas des monts Mauritaniens comme étant le lieu où se trouvaient les carrières du marbre numidique.

La texture de cette roche est compacte et ses grains sont très-fins. Les auteurs anciens l'ont comparée tantôt à l'ivoire, tantôt aux rayons brillants du soleil, tantôt à la pourpre, tantôt au safran.

Quoique le jaune soit sa teinte ordinaire, on en trouve de si pâle qu'on le prendrait pour du marbre blanc. Celui que les marbriers nomment jaune doré ressemble à l'or, et celui auquel ils donnent le nom de jaune *foncé*, a la couleur de l'orange. Le plus beau est le *jaune paille*. On en voit du rose qui a la couleur de chair. Quand il est rouge, c'est qu'il a, croit-on généralement, souffert du feu. Il y en a de bréché, de veiné, etc., comme on le verra plus bas.

Les plus grands morceaux de ce marbre qui existent encore sont les six colonnes du Panthéon, celles de St Jean du Latran et celles de l'arc de Constantin. On trouve beaucoup de jaune antique dans les fouilles; c'est une pierre qui devait ne pas être rare.

Si nous n'employons plus le jaune antique, le jaune de Sienne et celui de Vérone le remplacent assez bien.

N° 442. Jaune antique sanguin (*giallo antico sanguigno*).
Base rouge sur laquelle se voient une infinité de petites brèches d'un blanc jaunâtre.

N° 443. Jaune antique doré ferrugineux (*giallo antiquo dorato piritifero* *).

Fond d'un jaune doré avec des arborisations noirâtres dans lesquelles se trouvent des parties ferrugineuses.

Église de Ste Marie de la Victoire ; colonne de gauche de la troisième chapelle à gauche.

N° 444. Jaune antique doré bréché (*giallo antico dorato brecciato.*)

Les brèches sont d'un jaune doré et séparées les unes des autres par des veines capillaires d'un rouge violet.

Deux plaques au-dessous des pilastres de la seconde chapelle à gauche, à St André *della Valle*.

N° 445. Jaune antique rosé (*giallo antico roseo* *).

Une partie du fond est d'un jaune pâle, sur l'autre se remarquent un large ruban et quelques veines rosées.

N° 446. Jaune antique rosé dendritique (*giallo antico roseo dendritico* *).

Base d'un jaune rosé sale sur laquelle l'on observe des dessins naturels qui représentent jusqu'à un certain point de petits arbrisseaux très-ramifiés semblables à des bruyères. On sait que ces dendrites sont dues aux infiltrations d'eaux chargées de particules ferrugineuses.

N° 447. Jaune antique paille (*giallo antico paglino* **).

Teinte pour ainsi dire unie d'un jaune de paille.

Église de Ste Marie de la Victoire : chapelle de gauche, dans la croix, tous les balustres.

Dans la riche bibliothèque du prince Chigi se trouve un bas-relief d'Alexandre, en cette roche. Nous lisons dans Visconti (Opere varie, t. III, p. 64). « Il a été gravé sur un morceau de marbre » de Numidie (jaune antique) tout uni ; le style de cet ouvrage, » quoique un peu négligé, est beau et facile. »

N° 448. Jaune antique cannellé (*giallo antico cannellino* *).

Il est pour ainsi dire couvert de la teinte brune de la cannelle et rubanné comme plusieurs jaspes tendres de Sicile.

N° 449. Jaune antique léonin (*giallo antico lionato*).

Il est fauve et ondé. Dans deux endroits, il est pointillé de gris.

N° 450. Jaune antique violet (*giallo antico violetto* *).

Fond rouge avec des franges jaunes dont une sert de séparation d'avec la partie d'un gris violet.

Nous avons longtemps hésité avant de classer ce beau marbre, trouvé à Ostie, parmi les jaunes antiques, mais nous croyons cependant qu'il y est à sa place.

N° 451. Jaune antique violacé (*giallo antico turchiniccio* *).

D'un côté jaune doré, de l'autre rose tendre, teinté de violet; vers le bas une veine brunâtre.

N° 452. Jaune antique ivoirin (*giallo antico eburneo* *).

Ainsi nommé, parce qu'il a quelque ressemblance avec l'ivoire.

N° 453. Jaune antique ivoirin bréché (*giallo antico eburneo brecciato*).

Fond couleur d'un ivoire jaunâtre; aux coins, des brèches d'un jaune d'orange.

La tête du lion de jaune antique au musée du Vatican, salle des animaux.

N° 454. Jaune antique ivoirin bréché, du lion (*giallo antico eburneo brecciato del leone* *).

Pâte de la couleur d'un ivoire rougeâtre avec des brèches d'un rouge brunâtre.

On lui a donné le nom *du lion* parce que le corps du lion de jaune antique qui se trouve au musée du Vatican, salle des animaux, est de cette espèce de roche, qui nous fait voir que le rouge peut se trouver mêlé au jaune antique sans que l'action du feu y soit pour quelque chose. Il pourrait servir de preuve aux personnes qui disent que le jaune et le rouge antiques sont d'une même qualité de marbre.

N° 455. Jaune antique ivoirin bréché doré (*giallo antico eburneo brecciato dorato* *).

Sur une base rouge se trouvent, d'un côté, des fragments d'un jaune doré et, de l'autre, des fragments qui ressemblent à l'ivoire.

N° 456. Jaune antique ivoirin tacheté (*giallo antico eburneo maculato* *).

Une partie ivoirine, l'autre jaune de paille, avec des taches oranges et d'un violet noirâtre entremêlées de dessins qui ressemblent à des dendrites.

N° 457. Jaune antique gris rougeâtre (*giallo antico grigio rossastro*).

Fond gris rougeâtre, brèches ivoirines et plusieurs petites veines qui serpentent entre elles.

N° 458. Jaune antique brun ondé (*giallo antico bruno ondato*).

La base de cet échantillon est brune et elle est ondée de gris brunâtre. En l'examinant avec peu d'attention, on le prendrait pour du marbre cipolin amygdaloïde.

N° 459. Jaune antique polychrome (*giallo antico policromo* **).

Les différentes couleurs que l'on remarque sur ce marbre le rendent très-précieux.

N° 460. Jaune antique bréché (*giallo antico brecciato*).

Des brèches de jaune antique sont empâtées dans un ciment rougeâtre. Des veines brunes se remarquent aussi sur cet échantillon.

N° 461. Jaune antique bréché du Panthéon (*giallo antico brecciato del Panteon*).

Les six grandes colonnes du Panthéon sont de ce jaune antique, veiné de brun.

N° 462. Jaune antique liséré (*giallo antico listato**).

Ce jaune antique grisâtre est couvert de lisérés brunâtres comme on les rencontre dans la formation des albâtres.

N° 463. Jaune antique alabastrin liséré (*giallo antico listato alabastrino**).

Les lignes brunâtres qui se trouvent dans ce jaune antique lui donnent une ressemblance parfaite avec les albâtres veinés.

N° 464. Jaune antique ponctué (*giallo antico picchiettato*).
Fond jaune d'œuf avec des points violacés.
Les trois colonnes de jaune antique de l'arc de Constantin sont de ce marbre.

N° 465. Jaune antique paysagiste (*giallo antico paesino**).
Sur un fond jaune d'œuf, on croit voir le dessin d'un parc avec ses eaux.

N° 466. Jaune antique figuré (*giallo antico figurato*).
Avec un peu de bonne volonté on peut se figurer voir un pélican au milieu de ce morceau dont le haut est d'un jaune grisâtre et le bas d'un jaune rougeâtre.

N° 467. Jaune antique brûlé (*giallo antico focato*).
On suppose que ce jaune antique a pris cette couleur rougeâtre par le feu, lors des incendies de Rome.
Église de Ste Cécile : corniche de la nef à droite.

N° 468. Jaune antique bréché brûlé (*giallo antico focato brecciato*).
Brèches d'un jaune pâle et d'un jaune rougeâtre dans une pâte d'un brun foncé.

Nº 469. Jaune antique brûlé bréché couleur de chair (*giallo antico focato brecciato carnicino*).

Le fond est moins foncé que le précédent et les brèches sont d'un jaune couleur de chair.

Nº 470. Jaune antique brûlé lumachellé (*giallo antico focato lumachellato*).

La base de ce morceau est rougeâtre ; on y remarque des brèches jaunâtres entourées de fines veines noirâtres. Le tout est couvert de débris de coquilles.

Nº 471. Jaune antique alabastrin (*giallo antico alabastrifero* **).

Un morceau de jaune antique veiné se trouve pris entre deux fragments d'albâtre.

NOIR ANTIQUE.

Du cap Ténare, en Laconie, on extrayait une roche noire que Pausanias, Laconica, III, nomme marbre de Ténare. Pline, XXXVI, 8, parle d'une roche semblable qui se trouve dans l'île de Chios, mais il paraît que c'est sous le nom de marbre de Ténare qu'elle était généralement connue.

Tibule, III, élég. 3, en fait mention, quand il dit : « Qu'ai-je » besoin d'un palais qui s'appuie sur des colonnes venues de Phrygie, » *de Ténare* ou de Caryste ? »

Et Properce, III, élég. 2 : « Ma maison, il est vrai, ne s'appuie » pas sur des colonnes *de marbre de Ténare*, et mes plafonds ne » brillent point chargés d'or et d'ivoire. »

Lucullus faisait beaucoup de cas de cette pierre, et les Romains la nommèrent aussi marbre luculléen.

Si la Laconie et l'île de Chios ont fourni aux Romains du noir antique, nous savons, d'un autre côté, qu'on a retrouvé à Theux, dans les environs de Spa, des carrières d'une très-belle roche noire, qui, abandonnées depuis des siècles, semblent avoir été aussi exploitées par les anciens, peut-être par un des lieutenants de Mamurra, préfet des ouvriers de Jules César dans les Gaules. (V. ci-dessus, p. 172.) On a trouvé à Juslenville (Theux) des traces importantes de l'occupation romaine, des inscriptions, etc.

De nos jours, c'est la Belgique qui fournit à Rome le plus beau marbre noir. Il provient de nos carrières des environs de Dinant, de Tournay et de Namur. On l'emploie pour les objets d'art et on le vend pour du noir antique, qui, en Italie, ne se rencontre que bien rarement dans les fouilles.

N° 472. Noir antique noir (*nero antico morato*).

Le tout d'un beau noir, d'un grain fin et d'une texture compacte.

Ce morceau de notre collection a été trouvé parmi les ruines de la villa dite de Lucullus, près de Frascati, et nous lisons dans Pline, XXXVI, 8, au sujet de ce marbre : « L. Lucullus, consul, » donna, comme il paraît, son nom au marbre lucilléen. Il était » charmé de ce marbre, et le premier il l'introduisit dans Rome. Au » reste, c'est un marbre noir, et dépourvu des taches ou des couleurs » qui recommandent les autres. On le trouve dans l'île de Chios, » et c'est presque le seul marbre qui ait été dénommé d'après un » amateur. »

Au musée du Vatican, dans la salle des animaux, on voit un petit cochon et un crocodile de ce beau marbre.

N° 473. Noir antique couleur tabac (*nero antico tabacchino*).

La plus grande partie de cet échantillon a la couleur d'une de ces feuilles de tabac séchées qui sont d'un gris noirâtre ; sur l'un des côtés l'on voit deux rubans noirs.

Il y a des marbriers romains qui donnent à cette roche le nom d'albâtre noir.

VIOLANE.

N° 473ᵃ. Violane rose bréchée (*veiloite rosea brecciata*).

Quoique M. Breithaupt ait 'décrit, sous le nom de violane, une nouvelle substance qui appartient aux grammatites, et qui doit cette dénomination à une couleur souvent violacée, nous avons trouvé cette roche déjà employée par les Romains. Nos trois échantillons proviennent des fouilles faites en 1852, dans les ruines des monuments construits le long de la voie Appienne, vers Boville.

Cette roche est massive, opaque dans sa masse et translucide sur les bords.

Ce n° 473ᵃ est parsemé de brèches d'un blanc rose grisâtre qui sont entourées de filets rosâtres et violets.

N° 474. Violane rose veinée (*veiloite rosea venata* *).
Fond rose rougeâtre sur lequel se trouvent des veines violacées.

N° 475. Violane alabastrine (*veiloite alabastrina* **).
Fond plus foncé que le précédent morceau ; on y remarque également ment des veines violettes ; mais ce qui le distingue des deux autres, ce sont des dessins qui rappellent ceux de l'albâtre.

FLEUR DE PÊCHER.

De l'Épire, aujourd'hui Albanie inférieure, et précisément du lieu qu'habitaient les Molosses, près des sources du célèbre Achéron, s'extrayait une roche, nommée par les anciens *marmor molossium*.

Paul le Silentiaire, dans son ouvrage déjà cité, II, 131, le décrit comme ayant des taches qui ressemblent à des fleurs et comme convenant très-bien pour en faire des colonnes.

On pense que c'est là la roche à laquelle les marbriers romains ont donné le nom de fleur de pêcher.

La fleur de pêcher a le grain fin et la texture compacte. Elle présente à sa surface de larges taches lilas ou violettes qui rappellent la teinte des fleurs dont la roche porte le nom et qui sont dûes à des fragments réunis par un ciment blanc.

On trouve dans le département de Maine-et-Loire, en France, un marbre gris blanc, veiné de rouge, qui porte le nom de fleur de pêcher, mais qui n'a aucun rapport avec la roche dont nous venons de parler.

N° 476. Fleur de pêcher modèle (*fiore di persico tipo, o palatino**).
Fond blanc, veines violettes et taches oblongues rouges.
Deux colonnes à St Antoine des Portugais, au second autel à gauche.

N° 477. Fleur de pêcher rouge (*fiore di persico rosso* *).
Rose blanche, presque pas de veines violettes, mais en revanche des veines jaunâtres, une tache noire, et le tout dominé par un rouge de sang.
On en voit une grande et belle colonne dans la galerie du rez-de-chaussée du palais Rospigliosi.

N° 478. Fleur de pêcher rouge lisérée (*fiore di persico rosso listato*).
Fond blanc, liséré de rouge cerise et de gris.

N° 479. Fleur de pêcher madréporique (*fiore di persico madreporico** **).
On distingue difficilement les veines violettes; le rouge et les madrépores recouvrent presqu'entièrement le fond blanc de ce bel échantillon.

N° 480. Fleur de pêcher jaunâtre (*fiore di persico giallastro* *).
Fond blanc jaunâtre avec du rouge, du rose et du violet.
Église St Charles *a Catenari*: plaques des quatre pilastres du balustre de la première chapelle à droite.

Nº 481. Fleur de pêcher violette (*fiore di persico violetto* *).
Base blanche entièrement recouverte de veines embrouillées d'un gris violet.

Nº 482. Fleur de pêcher violacée (*fiore di persico pavonazzo*).
Fond blanc, au milieu un ruban violet veiné, puis une partie rouge de sang, à côté de laquelle est une tache grise, où l'on croit découvrir une demi-prunelle d'œil.

Nº 483. Fleur de pêcher d'un violet foncé (*fiore di persico pavonazzo cupo* *).
Pâte blanche presqu'entièrement recouverte de veines violettes parmi lesquelles se trouvent des flammes rouges.

Nº 484. Fleur de pêcher figurée (*fiore di persico figurato* *).
Fond blanc, veines violettes, taches rouges dont une, d'un rouge violet, représente pour ainsi dire un papillon.

Nº 485. Fleur de pêcher ponctuée (*fiore di persico picchiettato* *).
Toujours un fond blanc avec des veines violettes, quelques-unes rouges et le tout pointillé de violet.

COTTANELLO.

Dans le territoire de Cottanello, lieu de la Sabine, à quarante-cinq milles de Rome, se trouve un marbre auquel on a donné le nom d'un manoir près duquel on l'exploite.

Faber le nomme simplement *cottanello*. La pâte de cette roche est ordinairement d'un rouge pâle, sur laquelle on remarque une quantité de petites veines blanches, dispersées sans ordre. On a vu que les anciens employaient surtout ce marbre dans les pavements.

De nos jours, les carrières qui le produisent sont encore exploitées et l'on s'en sert beaucoup à Rome comme pierre de décoration. Plusieurs belles colonnes de ce marbre se trouvent dans la basilique du Vatican.

N° 486. Cottanello rouge (*cottanella rossa*).

Fond rouge foncé, veiné de blanc et de violet ; quelques petites brèches d'un blanc verdâtre.

N° 487. Cottanello rouge bréché (*cottanella rossa brecciata*).

Fond rouge pâle et une partie rouge brunâtre : le tout parsemé de petits fragments blancs disposés en tous sens.

N° 488. Cottanello rouge foncé (*cottanella rossa scura* *).

Plusieurs veines d'un blanc de lait, quelques-unes noirâtres : le tout sur un fond rouge foncé.

Deux colonnes du maître autel à St André du Quirinal.

N° 489. Cottanello jaunâtre (*cottanella giallastra*).

Une infinité de petites veines tortueuses, les unes blanches, les autres d'un violet foncé sur un fond rouge jaunâtre.

N° 490. Cottanello doré (*cottanella dorata* *).

Fond rouge et en partie d'un jaune doré avec une grande quantité de petites veines d'un violet noirâtre. Il y a peu de blanc dans cet échantillon.

Colonnes du maître autel de St Jean des Florentins.

N° 491. Cottanello de St Pierre (*cottanella di S. Pietro*).

Le fond est d'un rouge pâle et quelques endroits sont jaunâtres. Le tout est parsemé de veines blanches et grises.

C'est de ce marbre que sont faites les colonnes des nefs latérales de la basilique de St Pierre.

GRIS ANTIQUE.

Le gris provient du mélange du noir avec le blanc, mélange qui a lieu ou par taches, ou par lignes ou quelquefois en forme d'ondes.

On ignore d'où les anciens faisaient venir ce marbre, mais on croit qu'ils le nommaient *marmor batthium*, car Blasius Caryophilus (De antiq. marmoribus, p. 25) dit que les deux statues, en gris antique, des rois Daces prisonniers, que l'on voit dans la cour du palais Capitolin sont de *marmor batthium*.

Toutefois, une inscription gravée sur un grand bloc de marbre gris, découvert en 1868 à l'Emporium du Tibre, à Rome, porte pour inscription EX RATIONE MARMORVM MILESIORVM, ce qui semble bien indiquer que ce marbre venait des carrières de Milet.

N° 492. Gris perlé (*bigio perlato* *).

La base de cette roche tire sur le luisant argentin de la perle. Les nuances grises et grises blanchâtres sont séparées par des veines cristallines.

Un lion au musée du Vatican, dans la galerie des animaux.

N° 493. Gris embrouillé de St Pancrace (*bigio intrecciato di S. Pancrazio* *).

Le tout d'un ton gris bleuâtre avec des taches blanchâtres et grisâtres unies et pour ainsi dire tressées ensemble, avec des veines de la même couleur.

Église de St Pancrace: maître autel, la base de l'urne de porphyre.

N° 494. Gris à grandes lumachelles (*bigio lumacato*).

Fond gris avec des débris de grandes coquilles blanchâtres.

Église de St Jérôme, près la place Farnèse : première chapelle à gauche, deux petites colonnes.

N° 495. Gris lumachellé (*bigio lumachellato* *).

Le même fond, mais les débris de coquilles sont plus petits et presque tous arrondis.

Église de Ste Cécile : premier autel de la nef à droite, colonne de droite.

N° 496. Gris foncé doré (*bigio scuro dorato* *).

La base de cet échantillon est d'un gris foncé ; il s'y trouve des veines d'un rouge doré et des taches blanches.

Musée du Vatican : galerie des candélabres, la colonne à gauche en entrant.

N° 497. Gris foncé alabastrin (*bigio scuro alabastrino* *).

Le fond est encore foncé, mais on y voit de beaux rubans noirâtres tels qu'on les rencontre sur les albâtres.

N° 498. Gris foncé lumachellé (*bigio scuro lumacato* *).

Sur une base grise foncée se remarquent deux grands débris de coquilles.

N° 499. Gris foncé lenticulé (*bigio scuro lenticolino* *).

Fond gris foncé sur lequel on voit une masse de petites taches ayant la forme de lentilles.

N° 499ª. Gris foncé finement lenticulé (*bigio scuro lenticolino minuto* *).

Le fond est le même que celui du précédent morceau ; mais les taches rondes sont beaucoup plus petites.

N° 500. Gris noirâtre ondulé (*bigio morato ondulato* *).

Des veines s'élèvent et s'abaissent alternativement pour ainsi dire en plis arrondis.

Deux colonnes à Ste Marie-Transpontine, au troisième autel à droite.

Nº 501. Gris noirâtre orbiculaire (*bigio morato orbiculato* *).

Toujours fond noirâtre, mais tirant sur le bleu avec des taches orbiculaires d'un noir plus foncé.

Église de St Nicolas *di Tolentino* : encadrement de la pierre sépulcrale placée en entrant.

Nº 502. Gris noirâtre lenticulé (*bigio morato lenticolino* *).

Sur un fond gris noirâtre se voient tant de petites taches blanchâtres arrondies en forme de lentilles, que cette roche ressemble, pour la vue, au porphyre.

Basilique de St Jean de Latran : portique latéral dans le pavement.

BARDIGLIO.

Variété siliceuse de sulfate de chaux anhydre, d'un gris bleuâtre et quelquefois d'un bleu très-agréable. Ce marbre, connu des anciens et employé par eux comme pierre de décoration, continue à être exploité. C'est le nom d'un marbre gris de Laguilaya, en Corse. On nomme également bardiglio un marbre gris bleu qu'on retire de Carrare et un autre, qui s'exploite à Vulpino, dans le Milanais.

Nº 503. Bardiglio doré (*bardiglio dorato*).

Zones ondoyantes grises, bleues et jaunes dorées, sur un fond gris blanc.

Quatre grandes colonnes dans les appartements Borgia, au Vatican.

Nº 504. Bardiglio lancéolé (*bardiglio lanceolato* *).

Fond gris sur lequel de petites veines semblent dessiner des fers de lances.

N° 505. Bardiglio liséré (*bardiglio listellato* *).

Le tout a une teinte d'un gris bleuâtre. Une quantité de lignes, les unes à côté des autres, imitent fort bien d'étroits rubans.

Église Ste Croix de Jérusalem; deux grandes colonnes à l'entrée.

N° 506. Bardiglio ondé (*bardiglio ondato*).

Fond gris sur lequel se dessinent des ondes blanchâtres.

N° 507. Bardiglio cipolin (*bardiglio cipollino* *).

Formé de veines tortueuses d'un gris noirâtre, séparées les unes des autres par un beau blanc; ce morceau présente des dessins que l'on rencontre souvent dans les marbres cipolins.

N° 508. Bardiglio orbiculaire (*bardiglio orbicolato* **).

L'ensemble offre un gris bleuâtre sur lequel se trouvent une quantité de petits dessins arrondis.

N° 509. Bardiglio foncé (*bardiglio scuro*).

Fond gris, veiné d'un gris plus foncé et d'un blanc grisâtre.

Musée du Vatican : salle des animaux, un lion plus grand que nature ayant une tête de veau entre ses griffes. Il fut trouvé près de l'hôpital de St Jean de Latran.

N° 510. Bardiglio foncé rayé (*bardiglio scuro rigato* *).

Fond gris bleu foncé, tacheté de blanc; au milieu, une belle raie blanche bordée de noir.

MARBRE.

N° 511. Marbre statuaire de Luni (*marmo statuario lunese*).

Le banc de Luni est sur les côtes toscanes. Il n'est pas fort éloigné des carrières du marbre de Carrare.

Le marbre de Luni est d'une fort belle qualité; sa blancheur est très-éclatante, son grain est fin et serré; il reçoit un fort beau poli, et il est susceptible de se prêter aux travaux les plus délicats; aussi fut-il souvent préféré, par les sculpteurs grecs, à celui de Paros et du Pentélique. Il est plus fin que celui de Carrare et non sujet aux veines grises qui sont si défavorables aux travaux des sculpteurs.

L'Apollon du Belvédère est de ce marbre.

N° 512. Marbre statuaire grec dur (*marmo statuario greco duro*).

C'est le marbre de Paros. Il est un peu translucide, d'un calcaire lamellaire, d'une teinte moelleuse légèrement jaunâtre et composé de petites lames salines, brillantes, posées dans tous les sens.

Pline, IV, 22, dit que Paros est célèbre par son marbre; mais avant le naturaliste, Xénophon avait déjà fait connaître les beaux marbres statuaires de l'Attique, dans les Revenus, chap. 1, quand il dit : « Le sein de la terre y est rempli de marbres, dont on » construit des temples magnifiques, de magnifiques autels, des *sta-* » *tues* dignes de la majesté des dieux. Aussi, nombre de Grecs et » de Barbares viennent-ils s'en procurer. »

M. Dodwell, dans son Voyage en Grèce, t. I, p. 501, dit que, d'après ce qu'il a observé sur les lieux, le marbre de Paros n'a jamais été tiré de carrières souterraines, mais du flanc d'une montagne exposée à la lumière du jour; — que c'est donc par erreur que l'on suppose qu'on lui donnait le nom de lychnite parce qu'on l'extrayait au flambeau, du grec *lychnos*, lampe, mais que ce nom lui vient de ses lames brillantes.

La Vénus de Médicis est de ce marbre, et Hérodote, III, 57, nous dit : « L'Agora et le Prytanée des Siphniens étaient ornés de » marbre de Paros. »

N° 513. Marbre statuaire grec fétide (*marmo statuario greco fetido*).

Ce marbre statuaire provient du mont Hymette près d'Athènes. Il est ordinairement d'un blanc bleuâtre, composé de lames brillantes, comme le marbre de Paros, mais recevant un très-beau poli. Les marbriers lui ont donné le nom de fétide, parce que, en le frottant, on sent une odeur ce gaz hydrogène sulfurique.

C'est probablement à ce marbre que fait allusion Plutarque (Thémistocle, X), quand il dit : « Le petit temple, consacré à Diane » orientale, est entouré d'un bois et décoré d'un portique d'un marbre » blanc qui, frotté avec la main, rend l'odeur du safran et en prend » même la couleur. »

La célèbre statue de Méléagre, au musée du Vatican, est de ce marbre.

N° 514. Marbre statuaire pentélique (*marmo statuario pentelico* *).

Marbre statuaire à grains plus fins que le marbre de Paros, tiré du mont Pentelicus, près d'Athènes. Notre échantillon est entièrement blanc, mais l'on rencontre souvent dans cette roche des veines verdâtres, dues à du talc vert.

Les marbriers le nomment ordinairement *marmo cipolla* (oignon); en effet, quand on le travaille, il s'en exhale une odeur qui ressemble à celle de l'oignon.

Ce marbre est très-rare en grand bloc. Souvent l'on prend du marbre de Luni pour du pentélique. D'aucuns prétendent que le célèbre Apollon du Belvédère est en marbre du mont Pentélique, tandis que c'est le marbre de Luni qui a servi à produire cette magnifique statue.

Toutefois, Plutarque (Publicola, XVII) nous dit que les colonnes du temple de Jupiter Capitolin, rebâti pour la quatrième fois par Domitien, étaient de marbre pentélique, qu'il les avait vues à Athènes, et que leur hauteur et leur diamètre étaient dans la plus exacte proportion; mais qu'à Rome on les avait retaillées et polies et que ce second travail leur avait moins donné de grâce qu'il ne leur avait ôté de leur symétrie; qu'en les effilant trop, on leur avait fait perdre toute leur beauté.

N° 515. Marbre statuaire cipolin (*marmo statuario cipollino*).

Le cipolin est susceptible d'un beau poli; il est composé de calcaire et de mica, et quand le mica ne forme pas trop de veines, on l'a employé comme marbre statuaire.

Dans les Antiquités d'Athènes, Jacques Stuart, en faisant la description de l'île d'Eubée (Négrepont), dit qu'il y a non seulement retrouvé les carrières célèbres du marbre carystien des anciens, le *cipolin verdâtre* des modernes (voir le n° 547), mais encore d'autres carrières de marbre blanc statuaire, jusqu'ici inconnues aux voyageurs et aux antiquaires (page xvi).

Nous pouvons conjecturer d'après ce fait que J. Stuart veut parler, dans ce passage, du *marbre statuaire cipolin*.

N° 516. Marbre orangé (*marmo ranciato* **).
Une tache, d'une couleur d'orange doré, rend ce morceau de marbre de Paros très-remarquable.
Il provient des fouilles faites en 1853 le long de la voie Appienne.

N° 517. Marbre rosé (*marmo roseo* **).
Ce marbre grec, d'un blanc rosé, a également été trouvé en 1853 parmi les fouilles faites sur la voie Appienne.

N° 518. Marbre salin bleuâtre (*marmo salino turchiniccio* *).
Fond blanc-gris bleuâtre avec une quantité de petites lames salines d'un beau brillant.

N° 519. Marbre salin cendré (*marmo salino cenerognolo*).
Les lames salines sont plus grandes que celles du précédent échantillon et se trouvent sur un fond blanc sale.
Ce morceau a été trouvé à Ostie en 1856.

N° 520. Marbre jaune roussâtre (*marmo giallo rubiginoso* *).
Ce marbre jaune roussâtre est veiné de vert foncé.

N° 521. Marbre jaune moucheté (*marmo giallo moschinato* **).
Fond jaune avec de petites taches d'un gris bleuâtre.

N° 522. Marbre grec écrit (*marmo greco scritto*).
Fond blanc grisâtre sur lequel se trouve un griffonnage violet qui semble être fait à l'estompe.
Église de St Laurent *in Borgo* : sixième colonne à gauche.

N° 523. Marbre grec écrit nébuleux (*marmo greco scritto nebuloso*).
Fond blanc obscurci par des teintes d'un gris bleuâtre et par des griffonnages verdâtres.

N° 524. Marbre grec ligné (*marmo greco tratteggiato* *).
Fond blanc bleuâtre couvert de petites lignes violettes, posées presque parallèlement.
Église de St Nicolas *in carcere* : première colonne à gauche.

N° 525. Marbre grec disloqué (*marmo greco dislocato* *).
Fond gris verdâtre sur lequel se trouvent plusieurs petites lignes qui semblent, vers le milieu de l'échantillon, avoir dévié de leur direction primitive.

N° 526. Marbre grec de Ste Françoise (*marmo greco di S. Francesca* *).
Fond grisâtre avec des petites lignes, les unes droites, les autres tortueuses. Quelques endroits sont d'un blanc translucide.
Église de Ste Françoise romaine : le tombeau devant le maître autel.

N° 527. Marbre grec bréché bleuâtre (*marmo greco brecciato turchiniccio*).
Fond gris-violet avec des brèches blanchâtres.
On trouve à Laguilaya, au-dessus du Poggio, en Corse, une roche à peu près semblable.

Nº 528. Marbre gris foncé bréché (*marmo greco brecciato scuro*).

Fond gris de fumée avec de petites lignes tortueuses noirâtres et quelques fragments blanchâtres.

On voit au musée du Vatican plusieurs épitaphes anciennes gravées sur ce marbre.

Nº 529. Marbre grec grisâtre bréché (*marmo brecciato bigiastro*).

Fond en partie enfumé de jaune et de violet avec des griffonnages de cette dernière couleur qui entourent des fragments blancs.

Église de Ste Marie des Grâces : autel du fond de la nef de droite; deux colonnes.

Nº 530. Marbre grec fétide rubané (*marmo greco fetido fettucciato*).

Un large ruban, de différentes teintes plus ou moins foncées, orne cet échantillon dont le fond est grisâtre.

Calcaire lamellaire, grain un peu gros composé de petites lames salines, brillantes, posées dans tous les sens.

Nº 531. Marbre grec fétide liséré (*marmo greco fetido fasciato*).

Un liséré ombré se trouve au milieu de ce morceau blanchâtre.

Nº 532. Marbre grec fétide rayé (*marmo greco fetido rigato*).

Fond blanc gris avec plusieurs raies d'un gris bleuâtre de différentes teintes.

A Ravenne, dans l'église de St Apollinaire *in Citta*, bâtie au commencement du VIe siècle par Théodoric, trois nefs sont formées par vingt-quatre colonnes de ce marbre.

Nº 532ª. Marbre grec fétide lenticulé (*marmo greco fetido lenticolino**).

C'est toujours un calcaire lamellaire, à grain un peu gros, composé de petites lames salines, brillantes, posées dans tous les sens.

Le fond de ce morceau est d'un gris foncé recouvert, en grande partie, d'une quantité de petites taches noirâtres, arrondies en forme de lentilles.

N° 533. Marbre palatin rouge (*marmo palatino rosso* *).

Rempli de taches rouges, quelques-unes d'un blanc translucide, d'autres d'un gris noirâtre, le tout reçoit un beau poli.

N° 534. Marbre palatin rouge foncé (*marmo palatino rosso scuro*).

Taches d'un rouge foncé, d'autres d'un blanc grisâtre transparent, le tout avec des veines noirâtres.

N° 535. Marbre palatin rouge livide (*marmo palatino rosso livido*).

Le milieu est de couleur plombée bleuâtre tirant sur le gris, entremêlé de veines rougeâtres; sur l'un des côtés se remarquent plusieurs taches noirâtres, sur l'autre beaucoup moins.

N° 536. Marbre palatin rose (*marmo palatino roseo* **).

Le tout offre une teinte rosée. Des fragments blancs, grisâtres, rougeâtres et de gris foncé rendent ce morceau remarquable.

N° 537. Marbre palatin doré (*marmo palatino dorato* **).

Des veines d'un rouge doré circulent de haut en bas sur cet échantillon entre des parties blanches et de différentes teintes grisâtres.

N° 538. Marbre palatin ondé (*marmo palatino ondato* *).

Ce morceau présente des lignes colorées irrégulières sur un fond gris blanc.

MARBRE CIPOLIN.

La plupart des cipolins ont le fond blanc et un talc verdâtre y forme de larges veines. Ils ne contiennent point de trace de corps organisés. Leur cassure est brillante et présente des paillettes de talc qui se font remarquer par leur reflet argentin.

Les marbres cipolins sont propres à la décoration intérieure des monuments et sont d'une grande beauté en colonnes et en plaques;

mais quand ils sont exposés au grand air, ils ne résistent pas longtemps. Aussi, quand Pie IX a érigé une colonne de cipolin au dogme de l'Immaculée Conception, sur la place d'Espagne, à Rome, les Romains se sont empressés de dire que ce dogme était fragile.

On croit que les anciens faisaient venir leur cipolin des carrières qui se trouvent dans la montagne de St Élie, près de Caryste, dans l'île de Négrepont, et que c'est leur *marmor carystium*, dont parle Pline, IV, 21.

Sénèque (*in Troad.*) dit que le marbre de Caryste n'est pas toujours tacheté de vert, mais souvent d'autres couleurs.

Notre collection prouve ce dire de Sénèque.

Les marbriers ont donné au marbre de Caryste le nom de *cipollino*, parce que, trouvant dans cette roche de longues traces de mica, souvent elle se divise en cet endroit comme les pellicules d'un oignon (*cipolla*). (Comp. ci-dessus, p. 281.)

Le portique du temple d'Antonin et de Faustine, dans le Forum, est composé de dix grandes colonnes, d'une seule pièce, de marbre carystien, dit cipolin.

Il y a du cipolin qui ressemble par ses dessins aux ondes de la mer. C'est peut-être pour cette raison qu'on plaça des colonnes de ce marbre au célèbre portique dédié par Agrippa à Neptune (*vicolo detto della spada d'Orlando*).

On trouve encore, de nos jours, le marbre cipolin en Corse, à Corte, à Erbalonga, au cap Corse, dans les Alpes, la Savoie, le Piémont, etc.

Le marbre campan, qui a pour base le carbonate de chaux, relevé ou taché par la matière siliceuse du mica, pourrait aussi être le marbre carystien des anciens.

N° 539. Cipolin rouge (*cipollino rosso* *).

Fond rouge, veiné et poudré de gris verdâtre. A l'un des côtés de cet échantillon, on voit qu'il s'unit à un cipolin vert.

Musée de Vatican: salle de la croix grecque, dans le pavement.

N° 540. Cipolin rouge foncé (*cipollino rosso scuro* *).

Grandes taches rouges et petites taches blanches, sur un fond vert foncé.

N° 541. Cipolin rouge pâle (*cipollino rosso pallido*).

C'est toujours du cipolin rouge, mais d'un rouge gris, avec une partie de blanc-gris rougeâtre.

N° 542. Cipolin rouge ondé (*cipollino rosso ondato* *).

Des lignes irrégulières rouges sur un fond blanc, et aux deux extrémités des taches rouges.

Église dite *Chiesa nuova* : seconde chapelle à droite, quatre pilastres.

N° 543. Cipolin rouge liséré (*cipollino rosso listato*).

Fond rouge veiné de violet foncé et de blanc. Vers le milieu du morceau, dans un dessin allongé, on dirait voir de la laine à côté d'un beau liséré, ou plutôt d'un ruban blanc.

N° 544. Cipolin rouge dendritique (*cipollino rosso dendritico* *).

Fond blanc teinté de rouge et dessins rouges qui offrent des arborisations.

N° 545. Cipolin rose (*cipollino roseo* **).

Fond couleur de chair rosée, sur lequel se trouvent des taches oblongues d'un beau vert.

On trouva un morceau de ce cipolin dans les fouilles faites en janvier 1851, sur la voie Appienne. M. Mangin, à cette époque préfet de la police française à Rome, l'acheta et nous en donna un morceau. Avant cette époque, il n'en existait dans aucune collection.

N° 546. Cipolin rose pâle (*cipollino roseo pallido* *).

Fond rose pâle avec de petites veines verdâtres.

N° 547. Cipolin vert (*cipollino verde*).

Fond vert grisâtre comme pointillé, à l'estompe, d'un vert foncé. Dans un coin un ruban blanc accompagné de lignes verdâtres.

Nº 548. Cipolin vert foncé (*cipollino verde scuro*).

Fond vert noirâtre sur lequel se trouvent de fines lignes, semblables à des cheveux, d'une teinte encore plus foncée et quelques taches blanchâtres.

Nº 549. Cipolin vert brunâtre (*cipollino verde brunastro*).

Fond d'un vert grisâtre avec des taches et des veines brunâtres.

Nº 550. Cipolin vert pré (*cipollino verde prato* *).

Tout le morceau est d'un vert tendre couvert de veines tellement fines qu'elles sont déliées comme des cheveux. Sur un des côtés se trouve une tache blanche allongée qui semble figurer un lac.

Église de St Nicolas *in carcere :* troisième colonne à gauche dans le fond.

Nº 551. Cipolin vert jaunâtre (*cipollino verde giallastro* *).

Une partie de ce morceau est jaunâtre, le reste est couvert de dessins nuageux, d'un vert de poireau et d'un vert foncé, le tout sur un fond blanchâtre.

Ste Marie sur Minerve : à gauche de l'entrée principale, le couvercle de l'urne du tombeau de J. B. Galletto.

On croit que l'on a retrouvé dernièrement les carrières de ce cipolin sur les bords du lac de Côme.

Nº 552. Cipollin vert ondé (*cipollino verde ondato*).

Sur un fond blanc se trouvent des lignes irrégulières de différents verts.

Dans le portique de la basilique de St Pierre, il y a huit colonnes de ce marbre. Nous en avons aussi vu parmi les ruines du temple de Sérapis à Pouzzoles, près de Naples.

Nº 553. Cipolin vert périgone (*cipollino verde fortezzino* *).

Les dessins, ayant quelque ressemblance avec ceux des plans d'une forteresse, lui ont fait donner l'épithète de périgone.

Ces dessins, d'un vert noirâtre, se trouvent sur un vert grisâtre et à côté de taches blanches.

Nº 553ᵃ. Cipolin vert à pyrite de fer (*cipollino verde piritifero* **).

Des taches d'un vert tendre entourées d'un vert brunâtre; au milieu une partie noire verdâtre pointillée de blanc sale.

Tout le morceau contient du fer, ce qui le rend très-pesant.

Nº 554. Cipolin pistache (*cipollino pistacchino* *).

Le tout est d'un vert pâle sur lequel on voit des lignes capillaires d'un gris tendre, des taches blanchâtres et deux veines noirâtres.

Nº 555. Cipolin poracé (*cipollino prasino* ***).

L'ensemble de cette roche précieuse a la couleur vert pâle du poireau. Sous un fond blanc transparaît une légère teinte verte. Ce marbre a quelque ressemblance avec la variété verte de feldspath, connue sous le nom d'amazonite.

Nº 556. Cipolin poracé clair (*cipollino prasino chiaro* *).

Ce morceau ressemble au précédent, il a aussi le vert pâle du poireau; mais il lui manque le brillant qui rend l'autre si rare.

Chapelle de la villa Borghèse : seconde colonne à gauche dans le portique.

Nº 557. Cipolin bleuâtre (*cipollino turchiniccio* *).

Fond gris plutôt violacé que bleuâtre, avec une infinité de veines capillaires noirâtres, et des taches fort petites d'un gris pâle.

Nº 558. Cipolin violet foncé (*cipollino pavonazzo scuro*).

Fond violet foncé sur lequel se dessinent des ondes plus claires.

Église d'*Aracoeli* : sixième chapelle à droite; deux plaques dans le balustre.

Nº 559. Cipolin violet tigré (*cipollino pavonazzo tigrato*).

Fond violet orné de taches rougeâtres, plus ou moins orbiculaires.

Nº 560. Cipolin violet ondé (*cipolino ondato*).

Des lignes et veines irrégulières sur un fond violet.

Nº 561. Cipolin violet verdâtre (*cipolino pavonazzo verdastro* *).
Fond gris vert avec des veines violettes en zigzags.

Nº 562. Cipolin cendré (*cipollino cenerino*).
Cet échantillon a des parties qui ont la couleur de la cendre; on y voit des veines qui ressemblent à des herbes.

Nº 563. Cipolin perlé (*cipollino perlato* *).
Nuagé de blanc, de vert, de gris et de violet foncé; le tout tire sur le luisant argentin de la perle.

Nº 564. Cipolin gris de St Paul (*cipollino bigio di S. Paolo*).
Fond gris verdâtre, avec des rubans gris, des veines et des franges noirâtres.

Nº 565. Cipolin gris et noir (*cipollino bigio e nero* **).
On voit au musée du Vatican, dans la partie connue sous le nom du *Bras nouveau*, huit colonnes de ce beau marbre. Elles ont été faites de quatre fragments de colonnes antiques qui se trouvaient sur l'Esquilin, auprès de la basilique de Ste Marie Majeure.
Fond gris, avec des bandes d'un gris cendré et des veines noirâtres tracées en zigzag.

Nº 566. Cipolin gris et noir du Bras nouveau (*cipollino bigio e nero del Braccio nuovo* **).
C'est le même cipolin que le précédent, mais le noir est plus massé et, entre lui et le gris, parsemé de veines capillaires noires, se trouvent des taches blanches.

Nº 567. Cipolin noir (*cipollino nero morato* **)
Il est du plus beau noir qui se fait d'autant plus remarquer par les veines blanches tracées en zigzag, qui se voient à deux extrémités.
Ce morceau a été coupé d'un fragment de colonne antique que M. Baseggio a rapporté d'Égypte.

N° 568. Cipolin pointillé de violet (*cipollino picchiettato pavonazzo* *).

Fond vert grisâtre sur lequel se trouvent une infinité de petits points violets et une tache blanche en forme de ruban.

N° 568ª. Cipolin lignite (*cipollino lignoide* **).

Tout le morceau est divisé en rubans bruns verdâtres et en rubans gris brunâtres. Ces dessins ressemblent à un composé ternaire organique, ayant le bois pour type.

N° 569. Cipolin marin (*cipollino marino* ***).

Ce précieux morceau semble tout couvert de ces algues qui croissent au fond des eaux de la mer ou sur ses bords.

C'est une roche d'une assez grande dureté.

N° 570. Cipolin marin nuagé (*cipollino marino nuvolato* *).

Cette roche, employée dans les arts comme marbre dur, a un fond blanc sur lequel se trouvent des veines en zigzag, d'un vert foncé, mélangé d'une teinte rougeâtre, et qui offrent des dessins rappelant des nuages.

Il y a de ce cipolin à l'église de Ste Marie sur Minerve, dans la seconde chapelle en entrant, sur le gradin de l'autel.

N° 571. Cipolin vert amygdalé (*cipollino verde mandolato* *).

Fond vert sur lequel s'entrelacent de petites taches blanches oblongues en forme d'amandes. Ce marbre semble être le campan vert et il est probable que les Romains le faisaient venir de France.

On en voit aux balustrades de l'abside du maître autel de l'église du Jesu. Il provient d'un grand morceau trouvé dans des fouilles faites à Tusculum.

N° 572. Cipolin vert jaunâtre amygdalé (*cipollino verde giallastro mandolato*).

La base est d'un vert jaunâtre et les taches en forme d'amandes sont presque toutes grisâtres.

La colonne érigée par Pie IX, sur la place d'Espagne, à l'Immaculée Conception, est de ce cipolin. C'est une colonne antique trouvée sur l'emplacement de l'ancien Champ de Mars. Sa partie talqueuse s'était déjà bien exfoliée et on a dû l'entourer d'ornements en bronze avant de lui donner sa nouvelle destination. Il est probable que ce monument ne subsistera pas longtemps. (V. p. 289.)

N° 573. Cipolin vert jaunâtre amygdalé (*cipolino verde giallastro mandolato*).

C'est encore le même marbre, mais on y voit peu d'amandes bien dessinées.

Une plaque carrée à l'ambon de Ste Marie *in Cosmedin*.

N° 574. Cipolin vert jaunâtre amygdalé et rubané (*cipollino verde giallastro mandolato fasciato* ').

C'est encore le même marbre, mais au haut du morceau l'on trouve un ruban d'un blanc sale dans lequel se voient aussi des taches, en forme d'amandes, d'un blanc plus clair.

N° 575. Cipolin rouge amygdalé (*cipollino mandolato rosso* ').
Fond vert sale, taches blanchâtres, veines capillaires et amandes d'un rouge de sang.
Deux colonnes, dans les appartements du palais Doria, qui ont été trouvées dans les environs de la villa Pamphili.

N° 576. Cipolin rouge pâle amygdalé (*cipollino mandolato rosso pallido*).
Le tout est d'un rouge pâle entrecoupé par des veines violettes qui dessinent des taches oblongues en forme d'amandes.

N° 577. Cipolin rouge foncé amygdalé (*cipollino mandolato rosso scuro* ').
Fond rouge violet, avec des amandes rougeâtres et blanchâtres.

Nᵒ 578. Cipolin rouge brun amygdalé (*cipollino mandolato rosso bruno* *).

Base rouge brunâtre sur laquelle sont des amandes roses.

Nᵒ 579. Cipolin violacé amygdalé (*cipollino mandolato violaceo* *).

Fond vert violet avec des taches blanches ayant la forme d'amandes.

Nᵒ 580. Cipolin amygdalé léonin foncé (*cipollino mandolato leonato cupo*).

Les taches représentant des amandes sont rouges et grandes, sur un fond verdâtre et forment un tout qui ressemble un peu à la peau du lion.

Nᵒ 581. Cipolin amygdalé léonin sombre (*cipollino mandolato leonato scuro*).

Quoique plus petites, les taches sont assez semblables à celles du précédent échantillon, et le tout peut se comparer à une peau de lion.

Nᵒ 582. Cipolin amygdalé luculléen (*cipollino mandolato luculleo* *).

Les taches blanches en forme d'amandes sont bien dessinées sur un fond brunâtre.

ROUGE ANTIQUE.

On ignorait jusqu'en 1858 d'où les anciens faisaient venir ce beau marbre; mais aujourd'hui on en a découvert les carrières en Grèce.

Cette roche est d'un rouge foncé et, quand on l'examine de près, on remarque qu'elle est parsemée de petits points noirs et gris, ainsi que de petits filaments.

Plus sa teinte est uniforme, plus ce marbre antique est précieux. Aussi ceux qui sont veinés de blanc, ceux qui présentent des taches irrégulières ou des rubans parallèles, sont-ils moins estimés.

Les quatorze marches de l'escalier, qui conduit au maître autel de l'église de Ste Praxède, sont en rouge antique; ce sont, avec les Faunes de Capitole et du Vatican et les deux colonnes du jardin Rospigliosi, les plus grands blocs de ce marbre qui se trouvent encore à Rome.

On avait déjà cru avoir découvert le rouge antique dans des carrières situées en Égypte, entre le Nil et la mer Rouge; mais quand on l'eut comparé avec le véritable rouge antique, on a bientôt vu que l'on s'était trompé.

Il en a été de même du marbre rouge que l'on extrait du Taygète, chaîne de montagnes du Péloponèse, dans la Laconie occidentale.

Les Romains imitent parfaitement le rouge antique avec la terre cuite colorée; la couleur et le poids sont identiques; la cassure seule, brillante pour le vrai, opaque pour le faux, peut servir de contrôle pour le distinguer.

N° 583. Rouge antique sanguin (*rosso antico sanguigno* *).

Fond d'un beau rouge de sang. Comme ce morceau est absolument exempt de veines et de taches, il est de la plus belle qualité de rouge antique, et il faut l'examiner de bien près pour remarquer qu'il est criblé d'une multitude de petits points blanchâtres, de telle sorte que le fond paraît sablé.

N° 584. Rouge antique ondé (*rosso antico ondato*).

Fond rouge parsemé de petits points et de filaments blanchâtres. Au milieu, des lignes irrégulières noirâtres et d'un blanc gris.

N° 585. Rouge antique porphyré (*rosso antico porfidino*).

Ce rouge est nuancé de taches grisâtres, à peu près comme le porphyre.

PAVONAZZETTO.

Ne trouvant pas un nom français qui rende bien la signification du mot italien pavonazzetto, nous conserverons le nom donné à cette roche par les marbriers italiens.

Le pavonazzetto est une pierre pour ainsi dire diaphane. Son grain est à petits éclats très-brillants. Il a ordinairement le fond violet ou rosâtre avec des taches blanches ou blanchâtres.

En général les taches du pavonazzetto ont plus de régularité que celles des autres marbres; elles ont souvent la même longueur et largeur; quelquefois les taches blanches forment de véritables brèches.

Voici ce que Strabon, XII, en dit : « Synnada est une petite « ville, devant laquelle se trouve un champ planté d'oliviers et du « côté opposé est le fort de Docimium, ainsi que la carrière de la « pierre synnadique, comme l'appellent les Romains, mais que les « habitants de la localité nomment docimite : au commencement on « ne trouva dans la carrière que de petits blocs; mais, dans la « suite, par les grands frais qu'y ont faits les Romains, on est « parvenu à en extraire de grandes colonnes d'une pierre très- « solide qui ressemble un peu à l'albâtre, et cette pierre, soit en « colonnes, soit en grandes et belles plaques, est transportée par « mer à Rome. »

Cette roche était connue des anciens sous trois noms différents : de la ville de Synnada, ils lui donnèrent le nom de pierre synna-dique; du fort de Docimium, celui de docimite, et comme sa carrière était en Phrygie, on la nommait généralement marbre phrygien, ainsi que Lucien, entre autres, nous l'apprend quand il dit (Hippias, 6), en parlant d'un bain : « De chaque côté sont des « portes en *marbre phrygien poli*; c'est par là qu'on entre en sor-« tant de la palestre. A la suite de cette salle on en remarque « une autre, la plus belle de toutes. Elle est parfaitement disposée « pour se tenir debout ou s'asseoir; on peut y séjourner sans être

» incommodé et s'y rouler à son aise; *le marbre de Phrygie* y
» brille encore depuis le bas jusqu'en haut. »

Tibule, Élégies, III, 3, nous parle aussi de cette roche sous ce dernier nom, quand il s'écrie : « Qu'ai-je besoin d'un palais qui
» s'appuie sur *des colonnes venues de Phrygie?* »

Horace, Odes, III, 1, emploie également cette dénomination :
» Ah! si *les marbres de Phrygie*, dit-il, « si l'éclat éblouissant de
» la pourpre, si le vin de Falerne, si les parfums d'Achémène ne
» peuvent calmer nos douleurs, pourquoi voudrais-je irriter l'envie. »

Pline, XXXV, 1, donne au pavonazzetto le nom de marbre de Synnade. « Sous Néron, » dit le naturaliste, « on a imaginé
» d'incruster dans le marbre des taches qui n'y étaient pas, et
» d'en varier ainsi l'uniformité, afin que celui de Numidie offrît
» des ovales et que *celui de Synnade* fût veiné de pourpre. »

N° 586. Pavonazzetto modèle ou de St Paul (*pavonazzetto tipo o di S. Paolo*).

Fond violet sur lequel se trouvent de belles brèches blanches semi-transparentes.

Basilique de St. Paul hors des murs : les deux colonnes de l'entrée principale, ainsi que les six colonnes qui se trouvent au Panthéon.

N° 587. Pavonazzetto fin modèle (*pavonazzetto tipo minuto* *).

Fond violet, un peu rougeâtre, avec une quantité de petites brèches blanches semi-translucides. Elles sont moins grandes et d'un blanc moins pur que celles du précédent échantillon.

Église de Ste Marie sur Minerve : quatrième et cinquième chapelle à droite, les tablettes des balustrades.

N° 588. Pavonazzetto fin modèle, de la Minerve (*pavonazzetto tipo minuto della Minerva* *).

Fond violet cendré avec des fragments blancs grisâtres semi-translucides.

Église de Ste Marie sur Minerve : cinquième chapelle à droite, une des tablettes des balustrades.

N° 589. Pavonazzetto pâle (*pavonazzeto pallido*).
Fond gris-violet presqu'entièrement recouvert de brèches blanches avec quelques taches jaunâtres.

N° 590. Pavonazzetto rouge (*pavonazzetto rosso* *).
Fond rougeâtre avec des fragments blancs picotés de gris rougeâtre.

N° 591. Pavonazzetto rouge livide (*pavonazzetto rosso livido*).
Fond violet rougeâtre avec des fragments de couleur plombée et blanchâtre.

N° 592. Pavonazzetto rose (*pavonazzetto roseo* **).
Fond couleur de chair rosâtre avec des fragments blancs et quelques petites taches violettes noirâtres.

N° 592ᵃ. Pavonazzetto doré (*pavonazzetto dorato* **).
Fond violet, quelques brèches d'un jaune doré, les autres d'un blanc pointillé de violet.

N° 593. Pavonazzetto foncé (*pavonazzetto scuro* *).
Fond violet noirâtre avec des brèches blanchâtres et d'autres grisâtres.

N° 594. Pavonazzetto foncé jaunâtre (*pavonazzetto scuro giallastro* *).
Fond violet foncé avec des fragments jaunâtres.

N° 595. Pavonazzetto foncé anguleux (*pavonazzetto scuro angoloso* *).
Base violette brunâtre avec des brèches blanches qui présentent des angles très-saillants.
Église de Ste Agnès hors des murs : les deux premières colonnes à droite.

N° 596. Pavonazzetto foncé nomentan (*pavonazzetto scuro nomentano* *).

Fond violet noirâtre avec des fragments gris rosâtres. On lui a donné l'épithète de nomentan parce que ce pavonazzetto ne s'est trouvé que dans un tombeau de la voie Nomentane, route qui conduisait de Rome à Nomentum, et qui passait au mont Sacré.

N° 597. Pavonazzetto bleuâtre (*pavonazzetto turchiniccio*).

Fond violet bleuâtre avec des brèches blanchâtres et, en quelques parties, d'un gris verdâtre.

N° 598. Pavonazzetto fin bleuâtre (*pavonazzetto turchiniccio minuto* *).

Des taches blanches, jaunâtres et rougeâtres tellement nombreuses qu'on ne voit le fond violet qu'avec l'apparence de veines.

N° 599. Pavonazzetto gris doré (*pavonazzetto bigio dorato* *).

Base violette brunâtre avec des brèches d'un blanc livide et quelques-unes d'un jaune doré.

Église de Ste Marie *in Vallicella* : quatrième chapelle à droite, des balustres.

N° 600. Pavonazzetto brun (*pavonazzetto bruno* *).

Base brunâtre, fragments d'un blanc gris, d'un bleu rougeâtre, et un qui est rosâtre entouré de jaune.

Église du St Sauveur *in Lauro* : maître autel, les balustres.

N° 601. Pavonazzetto polychrome (*pavonazzetto policromo* **) :

Fond noir violacé et des taches rouges, blanchâtres et grisâtres.

Les pilastres de l'abside et du transept à St Paul hors des murs.

N° 602. Pavonazzetto ondé (*pavonazzetto ondato* *).

Fond violet, brèches blanchâtres ; la plus grande partie de cet échantillon semble être une onde d'un brun verdâtre bordée d'un brun foncé.

N° 603. Pavonazzetto tigré (*pavonazzetto tigrato* *).

Le blanc domine dans ce morceau et l'on peut dire que le violet y figure en brèches qui, par leur forme, imitent les dessins d'une peau de tigre.

Église de St Laurent hors des murs : grandes colonnes.

PERSICITE.

N° 604. Persicite (*persichino*).

Les marbriers romains trouvent que la couleur de ce marbre ressemble à celle des pêches. Il a beaucoup de rapport avec le pavonazzetto; comme lui, il a de petits éclats brillants.

Notre échantillon est de couleur lilas avec des taches d'un violet rougeâtre et légèrement marqué de blanc, mais assez cependant pour voir que dans le reste du morceau le fond blanc dominait.

Église d'*Aracoeli* : balustre du bénitier.

N° 605. Persicite musculeux (*persichino muscoso* *).

Fond blanc taché de lilas et veiné d'une manière qui rappelle des muscles.

Musée du Vatican : un grand vase dans les appartements Borgia.

N° 606. Persicite nébulifère (*persichino nebuloso*).

Fond blanc portant des taches nébuleuses lilas, entrecoupées de veines noirâtres.

N° 607. Persicite réticulaire (*persichino reticolato*).

Fond blanc avec de fines veines d'un violet noirâtre et d'autres plus pâles, qui ressemblent assez aux fils d'un réseau.

Église de Ste Marie *in Vallicella* : autel dans la croix; du côté droit, un petit pilier à droite du balustre.

ARÉNACÉ D'ÉGYPTE.

N° 608. Roche arénacée rouge d'Égypte (*arenaria rossa di Egitto* *).
Cette roche est composée de grains siliceux fins et arrondis.

Les Égyptiens en ont fait des statues de leurs dieux, quoique cette matière soit très-dense, d'une composition tout à fait hétérogène et qu'elle offre à la sculpture des difficultés plus grandes que le granite.

N° 609. Roche arénacée jaune bréchée d'Égypte (*arenaria di Egitto gialla brecciata* **).
Elle est composée de différents fragments siliceux transparents. L'ensemble offre une teinte jaunâtre.

Deux statues colossales, dont l'une a reçu plus particulièrement le nom de *statue de Memnon* (tom. II, pl. xx, du grand ouvrage de la Commission d'Égypte), ont été sculptées avec une roche semblable. Elle se trouve dans l'intérieur de l'isthme de Suez à la montagne Rouge et dans la vallée de l'Égarement, qui conduit de l'ancienne Memphis à la mer Rouge.

M. Aug. Mariette (Revue archéologique, janvier 1869, p. 11, dit « que les mastaba qu'on trouve sur le plateau de Saqqarah sont construits en pierres de deux sortes : ceux qui sont faits en blocs de calcaire siliceux, pierre très-dure d'un ton rougeâtre assez triste; ceux qui sont construits en blocs de calcaire marneux, pierre jaune relativement plus tendre, prise sur les lieux mêmes. Les mastaba en calcaire siliceux sont les plus importants, et, à certains égards, les plus modernes. Les mastaba en calcaire marneux n'ont pas la richesse des autres. La pierre employée est celle dont on s'est servi pour la pyramide à degrés. Comme elle, ils semblent dominer la nécropole par leur plus grande antiquité. »
Ce sont bien là les deux roches dont nous venons de nous occuper.

LAPIS-LAZULI.

N° 610. Lazulite (*lapislazzalo* *).

La lazulite, vulgairement nommée lapis-lazuli, est une pierre d'un beau bleu d'azur, opaque, à grain très-serré et dont la cassure est mate. Sa teinte est souvent rehaussée par de la pyrite de fer d'un vif éclat, comme on peut le remarquer sur cet échantillon. C'est le *lapis cyanus* des anciens.

Les gisements de cette belle roche sont aujourd'hui en Perse, en Anatolie, en Chine, dans les granites du lac Baïkal, en Sibérie, où il forme un filon avec des grenats, du fer sulfuré, du feldspath et du talc; celui d'Espagne est peu estimé, et la roche d'un bleu d'azur, qu'on nomme à Genève la lazulite des Alpes, est une tout autre matière.

On trouva, sous le pontificat d'Innocent X, dans les thermes de Titus, une salle dont le pavement était en lazulite.

Dans le roman de Setnau, contenu dans un papyrus démotique du musée égyptien, à Boulaq, à la page 3, lignes 13 et 14, il est dit que la terrasse de la maison du prêtre de Baste « était ornée » et garnie, et ses ornements étaient de vraie lazulite. »

Voici ce que Pline XXXVII, 38, dit du cyanus : « Le plus » beau est le cyanus de Scythie, puis celui de Chypre, enfin celui » d'Égypte. On l'imite très-bien avec le verre coloré; et cette inven- » tion, due à un roi d'Égypte, a été, à sa gloire, consignée dans » les livres. Le cyanus se divise aussi en mâle et en femelle. » Quelquefois il est parsemé d'une poussière dorée, mais autrement » que le saphir. »

SARDOINE.

N° 611. Sardoine ou sardonix (*sardonica* *).

Variété d'agate de couleur orange, passant au brun marron dans les échantillons épais. Ce nom, donné par les anciens à une agate colorée de blanc, qui avait quelque ressemblance avec un ongle, est composé de *sarda*, agate, et du grec *onyx*, ongle.

« Le premier Romain qui ait porté une sardoine », dit Pline, XXXVII, 23, « est Scipion l'Africain l'Ancien.... C'est dans le monde » romain, » continue le même auteur, « qu'elles ont été d'abord » recherchées, parce que, seules presque parmi les pierres qu'on » grave, elles n'enlèvent pas la cire en formant le cachet.... On » rejette les sardoines qui ont les défauts dits miel ou lie de vin ; » on rejette aussi celles dont le cercle blanc s'étend, et n'est pas » nettement arrêté, ou bien est coupé irrégulièrement par quelque » autre couleur. »

Le passage suivant de Lucien (Sur un appartement, 15) nous prouve aussi que la sardoine servait à la parure des femmes : « Je soutiens » qu'une riche parure, loin de faire valoir la beauté d'une femme, » s'oppose à son effet, attendu que tous ceux qui la verront, » éblouis de l'éclat de l'or et des pierreries, au lieu d'admirer en » elle la blancheur de son teint, la vivacité de ses yeux, son cou, » ses bras ou ses doigts, ne feraient attention *qu'à la sardoine*, » à l'émeraude, au collier ou aux bracelets. »

JASPE.

N° 612. Jaspe rouge (*diaspro rosso*).

Le jaspe est un quartz parfaitement opaque ; sa cassure est terne et compacte ; ses couleurs sont très-variées.

Cet échantillon présente des zones irrégulières formées de rouge, parmi lequel se trouvent du vert, du gris et du blanc sale.

« Quoique le cédant à plusieurs pierreries, le *jaspe* a conservé »,
dit Pline, XXXVII, 37, « la renommée qu'il avait dans l'antiquité. »

« Le temple d'Hercule à Tyr, en Phénicie, contenait deux colonnes :
» l'une d'or affiné, l'autre de *jaspe* vert, qui jetaient un vif éclat
» pendant la nuit. » (Hérodote, II, 44.)

N° 613. Jaspe sanguin (*diaspro sanguigno* **).

Ce morceau a une couleur sombre qui tire sur le vert du pin. Il
est pointillé et veiné de rouge. C'est le *lapis heliotropius* des anciens.

« L'héliotrope, dit Pline, XXXVII, 60, se trouve en Éthiopie, en
» Afrique, en Chypre; il est de couleur poracée, et veiné de rouge.
» Il a été nommé ainsi parce que, mis dans un vase d'eau, il donne
» un reflet couleur de sang aux rayons du soleil qui y tombent.
» L'héliotrope d'Éthiopie surtout produit ce phénomène. Cette pierre
» hors de l'eau reçoit comme un miroir l'image du soleil, et lorsque
» cet astre s'éclipse, montre la lune qui passe au-devant. »

Les jaspes diffèrent des agates par leur opacité. Ils sont également
durs et faciles à diviser, par le choc, en minces éclats.

N° 614. Jaspe noir veiné (*diaspro nero venato* *).

Fond noir veiné d'un rouge de sang et quelques taches cristallines
blanchâtres.

Musée de Vatican; galerie des candélabres, un vase antique.

Nous possédons encore plusieurs autres beaux jaspes, mais comme
nous n'avons pas trouvé la preuve qu'ils aient été employés par les
anciens, nous les avons placés parmi les pierres dites modernes.

CRISTAL DE ROCHE.

N° 615. Cristal de roche limpide (*cristallo di rocca limpido* *).

Depuis les anciens, on a donné le nom de cristal à toutes les
formes régulières que présentent les substances minérales; mais on

désigne dans le langage habituel, sous la dénomination de cristal de roche, la silice cristallisée ou *quartz hyalin* des minéralogistes, qui a une seconde variété, l'améthyste.

Notre échantillon est limpide, incolore et diaphane. Il ressemble parfaitement à de beau cristal, mais il est plus léger et il a l'avantage d'être beaucoup plus dur. Le plus blanc, le plus étincelant nous vient aujourd'hui de Madagascar, mais dans le Dauphiné, dans les Alpes et dans d'autres montagnes, on en exploite aussi qui possède à très-peu près la même beauté; il est déposé dans des filons.

Les fleuves en roulent souvent des cailloux qui ont été entraînés par eux hors de leur position primitive : tels sont les cailloux connus sous le nom de diamants du Rhin, d'Alençon, du Médoc, etc.

N° 616. Cristal de roche enfumé et irisé (*cristallo di rocca affumicato iridato* **).

Il doit sa couleur plus ou moins foncée à une matière fugace ou à un arrangement de particules, et les reflets irisés qu'il présente sont la suite de la décomposition de la lumière dans les fissures du quartz.

Le cristal, dit Pline, XXXVII, 10, est sujet à plusieurs défauts : « une sorte de soudure raboteuse, des taches en forme de nébulo » sité, quelque dépôt intérieur qu'on n'y saurait soupçonner, quelque » centre ou noyau très-dur et très-cassant, et ce qu'on appelle des » grains de sel. Des cristaux ont une *rouille de couleur rousse;* » d'autres, des filaments semblant une fêlure; les artistes cachent ce » défaut par la ciselure. Les cristaux sans défauts ne se cisèlent pas : » on les nomme *acenteta* (non piqués); ils sont, non de la couleur » de l'écume, mais de celle d'une eau limpide. »

N° 616ᵃ. Améthyste (*ametisto*).

L'améthyste est du quartz coloré en violet par de l'oxyde de manganèse. Les anciens l'ont employée comme nous dans la joaillerie et dans la gravure sur pierre.

Nous lisons dans Pline, XXXVII, 40 : « Toutes les améthystes
» sont d'un violet transparent, et faciles à graver. Celles de l'Inde
» ont dans la perfection la nuance de la pourpre la plus riche,
» et les teinturiers en pourpre ne désirent que d'attraper cette
» belle nuance. Elles répandent cette teinte d'une façon gracieuse
» et douce à la vue, et ne la lancent pas aux yeux comme les
» escarboucles. Une variété approche de la couleur de l'hyacinthe;
» les Indiens nomment sacon cette couleur, et sacondion cette amé-
» thyste. Une autre variété a une couleur plus claire, et se nomme
» sapénos; on la nomme aussi pharanitis, du nom du pays où on la
» trouve, qui est limitrophe de l'Arabie. La quatrième variété est
» couleur de vin. La cinquième tire sur le cristal; elle est presque
» blanche, la nuance pourpre y manquant. On n'en fait pas de cas;
» car une belle améthyste doit avoir, regardée de bas en haut,
» un certain éclat purpurin, légèrement nuancé de rose, avec un
» reflet d'escarboucle. Quelques-uns nomment de préférence ces
» améthystes paedéros; d'autres, antéros; beaucoup, paupière de
» Vénus. Les mages menteurs assurent que l'améthyste empêche
» l'ivresse, croyant sans doute que cela est bien en rapport avec
» l'apparence et la couleur de cette pierre; de là, disent-ils, le nom
» qu'elle a. De plus, si on y inscrit les noms de la lune et du
» soleil, et qu'on la porte suspendue au cou avec des poils de
» cynocéphale ou des plumes d'hirondelle, elle préserve des maléfices,
» procure, de quelque façon qu'on la porte, un favorable accès
» auprès des rois; elle détourne la grêle et les sauterelles, si on
» récite une prière qu'ils indiquent..... Sans doute, ce n'est pas sans
» un sentiment de mépris et de moquerie pour le genre humain
» qu'ils ont écrit de pareils contes. »

FLUORINE.

N° 617. Fluorine ancienne bréchée (*fluorite antica brecciata* *).

Cet échantillon provient d'un fragment de colonne ancienne trouvé à Ostie. Il est translucide dans la plupart de ses fragments, dont quelques-uns paraissent être du marbre. Sa couleur est, pour ainsi dire, celle du jaune de lie.

Fluorine ou fluorite est le nom moderne du fluorite de chaux ou de calcium. La fluorine est une substance à cassure vitreuse, remarquable par la diversité et la vivacité des teintes vertes, jaunes, bleues et violettes dont ses cristaux sont ornés. Les variétés concrétionnées de fluorine qui présentent des couleurs vives, disposées en zones et en zigzags, comme celle des améthystes et des albâtres, sont employées pour faire des plaques, des vases, des coupes d'un bel effet et d'un prix élevé.

N° 618. Fluorine ancienne supposée être le murrhin (*fluorite antica pretesa Murra* ***).

Nous lisons dans Pline, XXXVII, 8 : « Les murrhins viennent
» de l'Orient. On les trouve là en plusieurs localités qui n'ont rien
» de remarquable, particulièrement dans l'empire des Parthes; mais
» les plus beaux sont dans la Carmanie. On les croit formés d'une
» humeur qui s'épaissit sous terre par la chaleur. Ils ne surpassent
» jamais en grandeur de petits guéridons, et rarement ils sont assez
» épais pour des vases (de trois setiers). L'éclat n'en est point vif,
» et ils sont plutôt luisants qu'éclatants; mais on y estime particu-
» lièrement la variété des couleurs, et ces veines contournées qui
» s'y dessinent offrent les nuances du pourpre, du blanc et d'une
» troisième couleur de feu où les deux autres se confondent, comme
» si par une sorte de transition la pourpre devenait blanche ou le
» lait devenait rouge. Quelques amateurs prisent surtout les extré-
» mités et certains reflets, comme dans l'arc-en-ciel; d'autres aiment

» des taches opaques ; pour eux, c'est un défaut que la transpa-
» rence ou la pâleur d'une partie quelconque. On estime encore les
» grains, les verrues qui ne font pas saillie, mais qui sont sessiles,
» comme on le voit le plus souvent sur le corps humain. L'odeur
» que cette pierre exhale est aussi un certain mérite. »

C'est bien là une description qui convient à cet échantillon, coupé
d'un fragment ancien, trouvé dans les ruines de Tusculum, et il
pourra sans doute aider les savants à se mettre d'accord sur la
nature de la matière des vases murrhins.

Quant à la valeur de ces vases, le même auteur nous dit,
XXXVII, 7 : « La victoire de Pompée introduisit pour la première
» fois dans Rome les vases murrhins, et Pompée le premier, à la
» suite de ce triomphe, consacra à Jupiter Capitolin des coupes et
» des vases de cette matière, qui bientôt passa aux usages ordinaires
» de la vie. On en fit même des buffets et des plats. Cette sorte
» de luxe augmente chaque jour, puisqu'un vase murrhin, dont
» la capacité n'excédait pas trois setiers, a été vendu 70 talents
» (344,400 fr.) .... T. Pétronius, consulaire, près de mourir, vou-
» lant par jalousie déshériter la table de Néron, cassa un bassin
» murrhin qui avait coûté 300 talents (1,476,000 fr.). »

Notre fluorite est tendre, ce qui se concilie encore avec le
passage de Pline (ci-après), où il fait allusion à l'extrême fragilité
du murrhin et assure avoir vu un riche romain s'amuser à ronger
les bords d'un vase murrhin.

Le Moniteur des arts, Paris, 2 février 1869, n° 977, a publié
l'article suivant : « La Commission des antiquités, à Rome, a
dirigé dernièrement ses recherches vers la Marmorata, antique
entrepôt des marbres, dont la découverte remonte au seizième
siècle, et a mis la main sur un véritable trésor.

» Les blocs de marbres grands et moyens qu'on a retrouvés sont
au nombre de onze cents et suffiraient, nous a-t-on dit, à paver
toutes les églises de Rome.

» M. de Rossi annonce ensuite qu'on a retiré de la Marmorata, ces jours derniers, de la *murrha, pierre orientale très-tendre,* dont on fabriquait des vases précieux, mais fragiles. »

Quant à l'opinion émise par A. Rich, dans son Dictionnaire des antiquités romaines, au mot Murrhina, et d'après laquelle la murrha serait une terre fine que l'on trouvait en Orient et dont on faisait des vases de différentes sortes, cette opinion, croyons-nous, n'est pas soutenable et elle a d'ailleurs été parfaitement réfutée déjà par Winckelmann (Voir Description des pierres gravées de Stosch, p. 502).

Mais Winckelmann, qui croit que c'est parmi les vases d'onyx ou d'une agate précieuse qu'il faut chercher les vases murrhins et Labarte (les Arts industriels, I, p. 382) qui estime que ces vases étaient en sardonix oriental, se trompent également, quoiqu'il soit vrai que les anciens avaient un talent tout particulier pour tailler les pierres dures. Notre petit vase en cristal de roche, placé sous le nº 979 (t. II, p. 33), nous en fournit bien certainement la preuve.

En effet, la murrha n'était pas une pierre dure, Pline, XXXVII, 7, nous le prouve en disant : « Un consulaire qui se servait de cette » coupe (de murrha), il y a quelques années, se passionna telle- » ment pour elle, qu'il *en rongea le bord.* » Or, il serait impossible de ronger le bord d'une coupe, soit d'onyx, soit d'agate, soit de cristal de roche.

SERPENTINE.

Cette roche est verdâtre, rougeâtre, grisâtre, noirâtre, etc. Sa dureté est variable, sa texture compacte ou grenue. Ses nuances, ses taches et ses veines lui donnent souvent l'apparence de la peau d'un serpent.

N° **619**. Serpentine rouge du Levant (*serpentina rossa di Levanto*).

Fond rouge tirant au violet, entrelacé de blanc et nuancé d'un rouge de feu.

Il est probable que les Romains faisaient venir ce marbre de la Ligurie. Notre échantillon provient d'un fragment de colonne trouvé à Tivoli.

N° **620**. Serpentine mouchetée (*serpentina moschinata* *).

Le fond est d'un vert tendre, tacheté de noir.

St Sauveur *in Lauro* : les deux grands bénitiers.

N° **621**. Serpentine foncée mouchetée (*serpentina moschinata scura*).

Fond d'un vert plus foncé que celui du précédent morceau, mais également chargé de mouchetures noires.

N° **622**. Serpentine cipoline (*serpentina cipollina*).

Fond vert foncé et vert tendre avec des veines noirâtres et blanchâtres qui lui donnent de la ressemblance avec les tuniques des plantes bulbeuses.

N° **623**. Serpentine cipoline lancéolée (*serpentina cipollina lanceolata* *).

Cette roche a de la ressemblance, par les dessins qui s'y trouvent, avec ceux que l'on rencontre dans les marbres cipolins. Son fond est vert et ses taches noires ont plus ou moins la figure d'un fer de lance.

N° **624**. Serpentine bréchée (*serpentina brecciata*).

Fond vert grisâtre et blanchâtre dans lequel se trouvent des fragments noirs verdâtres.

Église de St Jean *in Fonte* : dans le pavement de la chapelle de droite.

N° 625. Serpentine bréchée quintilienne (*serpentina brecciata quintilina*).

Ainsi nommée parce qu'on en trouva des morceaux dans la villa de Fabius Quintilianus.

Fond vert, veiné de blanc gris et bréché de vert noirâtre.

N° 626. Serpentine bréchée de noir de St Jean dans la fontaine. (*serpentina brecciata nera di S. Giovanni in fonte*).

Fond vert jaunâtre avec des petits fragments anguleux d'un noir brunâtre, entourés d'un liséré grisâtre.

Église de St Jean *in Fonte* : autel de la chapelle à gauche.

N° 627. Serpentine luculléenne (*serpentina lucullea* *).

Fond blanc avec de grandes taches d'un très-beau vert. Cet échantillon est d'une texture grasse et tenace.

N° 628. Serpentine fine luculléenne (*serpentina lucullea minuta* *).

Le même fond blanc du précédent morceau, mais avec des taches vertes plus foncées et plus petites, presque toutes de la même grandeur.

N° 629. Serpentine violette luculléenne (*serpentina lucullea violetta* *).

Base blanche violette, plusieurs taches d'un vert tendre grisâtre, quelques-unes d'un vert foncé et de grands cristaux.

N° 630. Serpentine granitoïde (*serpentina granitoïde*).

Fond noir tigré de blanc, ce qui donne à cette roche de la ressemblance avec certains granites, quoique sa texture soit grasse et tenace.

N° 631. Serpentine tarquinienne (*serpentina tarquiniense* *).

Fond vert d'herbe avec des taches peu bien dessinées d'une couleur brune noirâtre.

Les ruines de Tarquinies (Corneto), ont prouvé que cette roche a été employée dans cette ville.

N° 632. Serpentine tarquinienne foncée (*serpentina tarquiniense scura*).

Fond d'un vert plus brun que celui de l'échantillon précédent avec des taches et des veines embrouillées d'un brun noirâtre.

On a aussi trouvé ce marbre à Tarquinies, ainsi qu'aux *Monti di acqua santa*, hors la porte St Jean.

N° 633. Serpentine ligurienne (*serpentina ligure*).

Font vert foncé entrelacé de vert tendre et tacheté de jaune verdâtre.

On a retrouvé les carrières de cette roche sur le territoire de Gênes.

N° 634. Serpentine granitique (*serpentina granitifera* **).

Fond vert gris foncé dans lequel sont disséminés des grenats cristallins.

Les marbriers romains ont donné à cette roche très-rare le nom de *pierre Braschi*, parce que Pie VII, Braschi, la fit transporter à Rome de Civita Castellana, où elle gisait inconnue sous la forme d'une petite colonne, de laquelle il fit faire deux vases qui se trouvent au musée du Vatican, dans la galerie des candélabres, sous les n° 235 et 236.

Ce morceau provient du marbrier qui a fait les deux vases du Vatican.

VERT GRENOUILLE.

Une des plus intéressantes espèces de serpentine est celle à laquelle les marbriers ont donné le nom de *vert grenouille*. Cette roche est toujours d'un vert foncé avec des ondes, des veines, des lisérés, des points, d'un vert plus tendre qui passe quelquefois au jaune et au bleu turquin, mais rarement au rouge et au violet.

Les minéralogistes ont donné à cette pierre le nom de serpentine et comme la peau de la grenouille a quelque ressemblance avec celle du serpent, c'est sans doute la raison pour laquelle les marbriers ont gratifié la roche du nom de vert grenouille.

N° 635. Vert grenouille bréché (*verde-rana brecciato* *).
Fond vert grisâtre fibreux avec des fragments allongés d'un vert noirâtre.
Musée du Vatican : galerie des candélabres, un vase.

N° 636. Vert grenouille moucheté (*verde-rana moschinato* **).
Fond vert foncé parsemé d'une infinité de petites taches d'un gris blanc verdâtre.

N° 637. Vert grenouille filamenteux (*verde-rana filamentoso* *).
Fond vert jaunâtre couvert de filaments d'un vert violet qui se dirigent tous en lignes sinueuses du même côté.
St Louis des Français : troisième chapelle à droite, à la paroi gauche.

N° 638. Vert-grenouille réticulaire (*verde-rana reticolato*).
Les dessins ressemblent à ceux d'un rets; ce sont, dirait-on, de petites cordes d'un vert violet, nouées par maille, et à jours comme celles des filets, sur un fond vert d'herbe.

N° 639. Vert grenouille amiantoïde (*verde rana amianteo*).
Fond gris jaunâtre avec de fins filaments soyeux d'une couleur plus foncée.
L'amiante est une substance minérale, tantôt verte, tantôt blanchâtre composée ordinairement de filets longs, soyeux, plus ou moins déliés ou branchus; elle est très-douce. Ces qualités conviennent parfaitement à cet échantillon.

VERT ANTIQUE.

Il doit être considéré comme une espèce de brèche dont la pâte est un mélange de talc et de calcaire et dont les fragments d'un noir verdâtre sont de la serpentine plus ou moins pure.

Cette roche est donc un agrégat de marbre blanc et de serpentine réduite en éclats anguleux, fondue dans sa pâte, et lui communiquant une couleur plus ou moins foncée.

C'est le *lapis atracius* des anciens ainsi nommé, parce qu'il venait d'un endroit qui portait ce nom et qui se trouvait à dix milles de Larisse, une des principales villes de la Thessalie. « Atrax, » dit Tite-Live, XXXII, 15, « est à dix milles environ de Larisse. »

Paul le Silentiaire, dans sa description du temple de Ste Sophie à Constantinople, II, 215, dit que l'*atracius* est un marbre d'un vert si vif qu'il ressemble à l'émeraude et qu'il renferme aussi des taches d'un vert foncé, d'un blanc de neige et d'un beau noir. »

Le vert antique de la plus belle qualité était aussi connu des anciens sous le nom de *spartum* ou *lacedaemonium*. Ils tiraient ce dernier, croit-on, des environs de Thessalonique en Macédoine, ou peut-être, comme l'indique son nom, près de Lacédémone, capitale de la Laconie.

Dans la basilique de St Jean de Latran, il y a douze niches qui contiennent les statues colossales des Apôtres et ces niches sont ornées chacune de deux belles colonnes en vert antique.

Le vert antique est infiniment plus beau que le vert que l'on extrait des environs de Gênes et qui est connu sous le nom de *vert de mer, vert d'Égypte, de polzevere*, etc.

Pinkerton prétend que le marbre vert de Grenade ressemble beaucoup au vert antique.

N° 640. Vert antique modèle (*verde antico tipo*).

Il est composé de rognons de carbonate blanc empâtés dans une serpentine d'un vert pré, dans laquelle se trouvent également des taches et des veines d'un vert noirâtre.

Église de St André *della Valle :* première chapelle à droite, six colonnes.

N° 641. Vert antique émeraudiné (*verde antico smeraldo* *).

Fond vert pâle avec des taches d'un vert vif et des fragments d'un vert noirâtre.

Église de Ste Marie sur Minerve : chapelle du fond de la nef, à droite, la première colonne à gauche, en regardant le tombeau de Paul IV, Carafa.

N° 642. Vert antique foncé (*verde antico scuro*).

Ce morceau est presque entièrement recouvert de taches d'un vert noirâtre et d'un gris bleuâtre sur un fond vert.

N° 643. Vert antique bleuâtre (*verde antico turchiniccio* *).

Les fragments blancs ont une teinte bleuâtre sur un fond vert d'émeraude avec des taches d'un vert très-foncé.

N° 644. Vert antique rouillé (*verde antico rubiginoso* **).

La plus grande partie de cet échantillon est du carbonate blanc; le reste est d'un vert jaunâtre tirant sur la couleur de la rouille avec des fragments gris et blancs.

Un vase, dans la galerie Rospigliosi.

N° 645. Vert antique brun jaunâtre (*verde antico bruno giallastro* *).

Fond vert brun jaunâtre, des taches grises, de petits fragments blancs, des veines capillaires noirâtres.

N° 646. Vert antique marmoréen (*verde antico marmorino*).

Il y a tant de morceaux de marbre blanc dans cet échantillon que le vert y paraît l'accessoire.

N° 647. Vert antique marmoréen amygdalé (*verde antico marmorino mandolato* *).

Fond vert tendre, taches noires, et du carbonate blanc en forme d'amande.

Basilique de St Jean de Latran : vingt-quatre colonnes.

N° 648. Vert antique fin (*verde antico minuto* *).

Fond vert avec de petites brèches noirâtres et d'un gris foncé.

N° 649. Vert antique liséré (*verde fantico asciato*).

Une partie de cette échantillon est plus foncée que l'autre. La partie sombre est lisérée de noir verdâtre.

N° 650. Vert antique réticulaire (*verde antico reticolato*).

Fond vert pâle, mais presque entièrement recouvert de taches foncées et de fines veines qui semblent former un réseau.

N° 651. Vert antique réticulaire foncé (*verde antico reticolato scuro*).

Tout le morceau est d'un vert foncé et rempli de veines capillaires qui représentent un rets.

Si l'on ne possédait pas l'échantillon précédent, l'on pourrait croire que celui-ci n'est pas du vert antique.

N° 652. Vert antique basaltique (*verde antico basaltino*).

Dans un coin de cet échantillon se trouve une partie ou plutôt une brèche qui a la couleur du basalte.

NÉPHRITE.

Cette pierre, l'une des plus anciennement employées, est d'un gris sale passant au gris ou verdâtre ou olivâtre ou noirâtre; elle a l'aspect gras, et une transparence analogue à celle de la cire; sa cassure est à esquilles; elle est très-tenace et très-sonore.

La ténacité de la néphrite la fit servir d'armes avant qu'on sût travailler les métaux ; on la taillait sous la forme de haches ; de là vient son nom vulgaire de *pierre de hache* ; on lui a longtemps supposé la propriété de guérir la phlegmasie, ou colique des reins, connue sous le nom de colique néphrétique ; d'où son nom de *jade*, ou *pierre néphrétique*, et celui qu'on lui donne actuellement de *néphrite* (du grec *néphros*, reins).

C'est de la néphrite qu'étaient faites les pierres de circoncision.

Les Romains en faisaient des poids et lui donnaient le nom de *marmor aequipondus*, voir Lucas Peto, De mensuris et ponderibus romanis et graecis, lib. 5, § 1.

Du temps des persécutions on se servait des poids publics pour les attacher aux chrétiens qu'on jetait à l'eau. On conserve encore ces poids dans plusieurs églises de Rome, entre autres à Ste Sabine, à St Clément, à Ste Praxède, à Ste Pudentienne, etc. Tous ces poids sont en néphrite.

On peut lire sur la néphrite un article intéressant du Prof. Fischer, Archiv für Anthropologie, 1er vol., Braunsweig, 1866.

N° 653. Néphrite modèle (*nefritica tipo*).
Ce morceau est d'un brun noirâtre avec des taches grisâtres ; il est compacte et d'un éclat gras.

N° 654. Néphrite jaunâtre (*nefritica giallastra*).
Fond vert jaunâtre nuagé de vert brunâtre.

N° 655. Néphrite mouchetée (*nefritica moschinata* *).
Fond noirâtre parsemé d'une infinité de petites taches grisâtres.

N° 656. Néphrite bronzée (*nefritica bronzata* *).
Fond noirâtre à reflets bronzés avec de belles cristallisations.

JADE.

N° 657. Jade vert (*giade verde* *).

Ce jade est de couleur olivâtre foncée.

C'est une pierre composée de silice, de chaux, de potasse et d'oxyde de fer. Elle est assez dure pour rayer le verre et très-difficile à travailler.

De tout temps, le jade a été considéré comme une pierre précieuse. Il brillait au nombre des douze pierres représentant, sur le pectoral symbolique du grand-prêtre des juifs, les douze tribus d'Israël.

Al. de Humbold (Sites des Cordillères et monuments des peuples indigènes de l'Amérique) dit : « Malgré nos courses longues et fréquentes dans les Cordillères des deux Amériques, nous n'avons jamais pu découvrir le jade en place, et, plus. cette roche paraît rare, plus on est étonné de la grande quantité de haches en jade que l'on trouve presque partout où l'on creuse la terre dans les lieux jadis habités, depuis l'Ohio jusqu'aux montagnes du Chili. »

BASALTE.

N° 658. Basalte vert (*basalte verde*).

Le basalte est une roche d'origine ignée, ordinairement d'une couleur verdâtre, noirâtre ou d'un noir bleuâtre, très-résistante, composée de parties distinctes, parfois visibles à l'œil nu, quelquefois tellement fondues que la roche paraît homogène : le pyroxène y domine ordinairement, mais il faut l'analyse microscopique pour le distinguer. Sa cassure est semi-cristalline et même terreuse.

Voici ce que Pline, XXXVI, 11, dit du basalte :

« Les Égyptiens ont trouvé en Éthiopie la pierre qu'ils nomment » basanite, et qui a la couleur et la dureté du fer, d'où le nom

» qu'ils lui ont donné (βάσανος, pierre de touche). On n'en a jamais
» vu de bloc plus gros que celui qui a été dédié par l'empereur
» Vespasien Auguste dans le temple de la Paix ; il représente le Nil
» avec seize enfants qui jouent alentour, symbole des seize coudées
» auxquelles doit parvenir le Nil dans sa crue la plus avantageuse.
» On raconte qu'il se trouve à Thèbes, dans le temple de Sérapis,
» un bloc assez semblable, consacré, pense-t-on, à la statue de
» Memnon, qu'on dit rendre un son au contact des rayons du
» soleil levant. »

Strabon, XVI, fait mention de pierres semblables que l'on trouve,
au delà de Syène, disposées en morceaux ; mais il n'en indique pas
le nom. Son témoignage, cependant, justifie assez la mention de
l'Éthiopie dans le texte de Pline.

Nous lisons dans Hérodote, II, 134 : « Mycérinus laissa aussi une
» pyramide, beaucoup moindre que celle de son père ; pareillement
» quadrangulaire, elle n'a, de chaque côté, que trois plèthres moins
» vingt pieds, et est construite moitié *en pierres d'Éthiopie.* »

On voit, au musée du Vatican, dans la cour octogone, une
superbe baignoire en basalte vert, trouvée dans le jardin de
San Cesareo, près des thermes de Caracalla.

N° 659. Basalte bronzé (*basalte bronzino* *).

Ce basalte est d'une teinte bronzée.

Les différentes teintes par lesquelles passe le basalte, sont produites,
soit par le mélange avec diverses substances minérales, soit par la
décomposition.

La grande dureté du basalte est la principale cause de la rareté
de son emploi dans les arts.

Musée du Vatican : galerie des candélabres, un petit Bacchus
couché.

N° 660. Basalte brun (*basalte bruno* *).

Fond brun avec une quantité de petits grains ronds semblables à ceux de l'oolithe.

Ce morceau provient d'un fragment de vase antique, trouvé dans les environs de Tivoli.

La grande figure de Sérapis, de neuf coudées de haut, placée en Égypte, et formée en entier d'un seul bloc de *pseudo-smaragdus*, (que Pline décrit, XXXVII, 19), était peut-être de quelque pierre d'une qualité plus fine; mais pourtant elle était de même d'une couleur entre le vert et le brun.

L'urne du maître autel à Ste Croix de Jérusalem.

PORPHYRES.

Le nom de porphyre signifie couleur de pourpre; les anciens ont donné ce nom à une roche d'un rouge foncé et parsemé de taches blanches, qu'on tirait principalement de la Haute-Égypte. Maintenant on donne ce nom à toute espèce de pierre dure et polissable, présentant, au milieu d'une pâte de telle ou telle couleur, des cristaux dont la teinte tranche nettement sur celle du fond et l'on peut dire que c'est une roche qui présente des cristaux épars au milieu d'une pâte homogène, et qui est composée d'une pâte de feldspath compacte, plus ou moins mélangé, enveloppant des cristaux de feldspath ordinairement blanchâtres.

La base des porphyres avait été regardée pendant longtemps comme un jaspe; mais depuis que l'on s'occupe plus sérieusement des roches, on s'est assuré que l'espèce de ciment du porphyre fond au chalumeau et se distingue très-nettement des jaspes qui sont absolument infusibles.

La dureté et la finesse des porphyres, ainsi que la beauté de leur poli et de leurs couleurs, en font une des substances les plus recherchées.

Les anciens nommaient cette roche *lapis porphyrites*.

Pline, XXXVI, 11, croit qu'on l'extrayait en Égypte. Voici ce qu'il en dit: « Le porphyrite, que produit l'Égypte, est rouge. Celui qui » est parsemé de points blancs se nomme leptopsephos. Les carrières » peuvent fournir des blocs des plus grandes dimensions. Vitrasius » Pollion, procurateur de l'empereur Claude, fit venir d'Égypte à » Rome, pour le prince, des statues de cette pierre, innovation » qui ne fut guère goûtée; toujours est-il que personne ne l'a » imitée. »

Aristide Aelius (Discours égyptien) dit que « dans l'Arabie il y » a une riche carrière de porphyre. »

Étienne de Byzance (dans son Dictionnaire, au mot *Porphyrites*), concilie ces deux citations différentes en assurant que la ville de Porphyrite est située entre les confins de l'Arabie et de l'Égypte, d'où l'on peut conclure que les premières carrières de porphyre rouge s'ouvrirent près de l'isthme de Suez.

Le porphyre rouge semble avoir été surtout destiné à servir de tombeau aux personnes augustes. Une urne de porphyre que Suétone nous a indiquée dans le mausolée des Domitius sur le Pincio (Néron, 50), était peut-être un de ces ouvrages de porphyre que Vitrasius Pollion avait aussi envoyés à Rome avec des statues sous le règne de Claude. Septime Sévère avait avec lui en Angleterre un vase de porphyre qu'il destinait à renfermer ses cendres (Dion, LXXVI, § 15). Constantin, sa mère et sa fille furent déposés dans des urnes de porphyre. Le corps de Julien l'Apostat fut mis dans une urne semblable. St Ambroise (dans l'Ép. 55 de la 1re classe) parle de deux urnes de porphyre, dans lesquelles furent ensevelis Maximien Hercule et Valentinien II. Le corps d'Othon II, mort à Rome dans le Xe siècle, fut déposé dans une urne de porphyre enlevée du môle d'Hadrien et qui sert à présent de fonts baptismaux dans la basilique du Vatican.

N° 661. Porphyre rouge (*porfido rosso*).

Pâte d'un rouge violet, parsemée de taches blanches, roses et noirâtres.

Les marbriers le nomment aussi porphyre du Panthéon, parce que l'on trouve quatre colonnes du même porphyre sur deux autels de cette église.

N° 662. Porphyre rouge laiteux (*porfido rosso lattinato* *).

Sa base est d'un rouge violet, ornée, de petits points d'un blanc de lait, placés à peu près à égale distance les uns des autres.

Le maître autel de l'église Ste Agnès hors des murs, est décoré d'un baldaquin soutenu par quatre colonnes de ce porphyre.

M. Rosière, membre de l'institut d'Égypte, assure avoir retrouvé des carrières de ce beau porphyre dans le désert entre la mer Rouge et le Nil, et près du mont Sinaï.

N° 663. Porphyre rouge embrouillé (*porfido rosso confuso*).

La base de cet échantillon est d'un rouge qui passe confusément au brun rougeâtre; elle renferme une quantité de petits cristaux plus ou moins blancs.

Deux colonnes à St Chrysogone.

N° 664. Porphyre rouge bréché (*porfido rosso brecciato* *).

Fond rouge avec des cristaux blancs roses et de petits points noirs inégalement dispersés. Des nœuds ou des fragments gris, qu'on dirait être du granite, lui ont fait donner le nom de porphyre bréché.

La colonne à droite, en entrant dans le temple de Romulus et Rémus, est de ce porphyre.

N° 665. Porphyre rouge foncé bréché (*porfido rosso scuro brecciato* *).

C'est à peu près le même porphyre que celui du précédent morceau, seulement sa pâte est d'un rouge plus sombre.

Huit colonnes au baptistère de St Jean de Latran.

N° 666. Porphyre rouge foncé tacheté de vert (*porfido rosso scuro plasmato* **).

Pâte d'un rouge foncé parsemée de cristaux d'un blanc rose avec de grandes taches d'un vert d'herbe entremêlé de blanc et de jaune brunâtre.

N° 667. Porphyre rose (*porfido roseo*).

La grande quantité de taches roses dont il est couvert, lui ont fait donner ce nom.

N° 668. Porphyre rose embrouillé (*porfido roseo confuso*).

Fond rouge sur lequel on voit confusément plusieurs petits cristaux roses inégalement dispersés.

Les deux grands sarcophages qui se trouvent dans la salle à croix grecque du musée du Vatican, sont faits de ce porphyre.

N° 669. Porphyre rouge brique (*porfido laterizio* **).

Fond d'un rouge vif de brique, parsemé de petits points noirs avec des nœuds de calcédoines et des cristaux de feldspath blancs et d'un rouge clair.

On trouve bien rarement des morceaux de cette belle roche dans les fouilles. Un nommé Petrini en découvrit en 1835 un fragment de colonne dont la comtesse Castel Barco fit l'acquisition pour en faire faire un vase qu'elle plaça dans son musée Albani.

C'est d'un restant de ce morceau que l'échantillon de notre collection a été façonné.

N° 670. Porphyre vert (*porfido verde* **).

Fond vert olive foncé avec de petits cristaux d'un vert jaunâtre et de plus grands d'un blanc sale.

L'urne sous le maître autel de St Nicolas dans la prison Tulliano, est de ce porphyre, ainsi que les deux colonnes de l'autel de la septième chapelle à droite dans l'église d'Aracoeli.

N° 671. Porphyre vert de Vitelli (*porfido verde Vitelli* **).

Feu Joseph Vitelli fut le premier qui trouva quelques fragments de ce beau porphyre à Ostie.

Sa pâte est d'un vert pomme avec des cristaux d'un vert jaunâtre et quelques petits points noirs.

N° 672. Porphyre vert foncé de Vitelli (*porfido verde Vitelli scuro* *).

Le fond est d'un vert noirâtre avec des cristaux d'un vert moins foncé.

N° 673. Porphyre violet (*porfido pavonazzo* **).

La couleur de la pâte de ce porphyre dans laquelle sont semés des cristaux d'un blanc laiteux et quelques points noirs, tire sur le lilas très-foncé.

On en voit plusieurs morceaux dans le pavement du presbytère de l'église de St Laurent hors des murs.

N° 674. Porphyre gris (*porfido bigio*).

Fond gris violet, parsemé de cristaux de quartz ou feldspath blanc ou gris accompagnés de quelques noirs. Plusieurs parmi les blancs renferment d'autres cristaux qui paraissent plus compactes.

Ce porphyre, que les anciens romains faisaient probablement venir de la France, près de Fréjus, est improprement connu par les marbriers romains sous le nom de granite à petite vérole.

On en voit deux grandes colonnes à l'autel de St Grégoire, dans la basilique de St Pierre. La colonne dorique, à droite en entrant dans le portique de la cour du musée Pio-Clementino est aussi de ce porphyre.

N° 675. Porphyre bleuâtre (*porfido bigio turchiniccio* *)

Pâte d'un gris-violet dans laquelle sont très-peu de points noirs, mais de très-beaux cristaux translucides blancs. C'est un porphyre quartzifère qui a ses cristaux réguliers et complets.

Le buste de Bérénice à la villa Albani.

N° 676. Porphyre gris polygone (*porfido bigio poligonio* *).

C'est pour ainsi dire la même pâte que celle des deux précédents échantillons; mais avec des cristaux blancs beaucoup plus grands et qui ont plusieurs angles et plusieurs côtés.

N° 677. Porphyre noir (*porfido nero* **).

Fond noir passant un peu au vert avec des taches de différentes grandeurs d'un blanc laiteux et d'autres d'un blanc sale.

On en voit deux grandes colonnes au musée du Vatican, dans la salle à croix grecque, et une vasque dans la galerie des candélabres.

SERPENTINS.

La base de cette roche est ordinairement d'un vert olive, qui passe au vert foncé, même au vert noirâtre; elle renferme des cristaux de feldspath légèrement verdâtre d'une grandeur moyenne; on y trouve aussi, mais accidentellement, de petites agates rougeâtres, blanches et noires, demi-transparentes.

Les anciens appelaient cette espèce de porphyre *ophite* ou serpentin, à cause de la couleur de ses taches, qui ressemblent grossièrement à celles de la peau de certains serpents; par la suite, à cause de cette dénomination, on l'a confondue avec les *serpentines*, qui n'ont cependant rien de commun avec cette roche. (Voir n° 619 et suiv.)

Les anciens donnaient aussi au serpentin le nom de *pierre lacédémonienne*. Nous lisons dans Pline, XXXVI, 11 : « Tous les marbres » pourtant ne se forment pas dans les carrières; plusieurs sont épars » aussi à la surface du sol, et quelques-uns même des plus précieux, » comme le *marbre lacédémonien vert*, le plus gai de tous, comme » l'augustéen...... »

Lucien, Hippias, 5, lui donne aussi ce nom, quand il dit: « Au » milieu est une salle immense, très-haute et vivement éclairée, dans » laquelle sont trois bassins d'eau froide, le tout orné de *pierre* » *lacédémonienne*. »

Strabon, VIII, dit que le serpentin ne se trouve pas en grands morceaux. Il est positif que nous n'en connaissons pas de grands à Rome.

Comme l'on croit que l'on faisait venir cette roche du mont Taygète, le passage suivant de Pline, II, 81, pourrait expliquer ce fait. « Le physicien Anaximandre de Milet annonça aux Lacédé-
» moniens qu'ils eussent à prendre garde à leur ville et à leurs
» maisons; qu'un tremblement de terre était imminent. Et, en effet,
» la ville entière fut renversée, et *une partie considérable du mont*
» *Taygète, qui, coupé en forme de poupe, dominait Sparte, s'écroula*
» *et augmenta le désastre.* »

Lampride, Héliogabale, XXIII, nous apprend qu'on en faisait, avec le porphyre, une espèce de mosaïque, lorsqu'il dit : « Héliogabale
» pava les cours du palais de pierres de Lacédémone et de porphyre,
» qu'il appelait *antoniniennes*. Ces pierres se sont conservées jusqu'à
» nos jours. »

Lampride vivait au commencement du IVe siècle et aujourd'hui encore les palais et les églises de Rome sont ornés de mosaïques *anciennes*, composées de serpentin, de porphyre, etc., mais partout l'on voit le serpentin en petits morceaux, tandis qu'il n'en est pas de même du porphyre.

N° 678. Serpentin vert (*serpentino verde*).

Fond vert foncé avec des cristaux d'un vert plus pâle et des taches de calcédoine et de cornaline.

Un des encadrements de la paroi, vis-à-vis du grand autel de St Laurent hors des murs, est de ce serpentin.

N° 679. Serpentin vert foncé (*serpentino verde cupo*).

C'est le même serpentin que le précédent; seulement sa pâte est plus foncée et quelques-uns de ses cristaux, d'un vert clair, sont disposés comme des étoiles.

Deux colonnes cannelées en spirale au baptistère de St Jean de Latran.

N° 680. Serpentin vert basaltique (*serpentino verde basaltino*).

Ainsi nommé parce que ce serpentin ressemble, par rapport à sa couleur, au basalte. On l'a aussi appelé *serpentin vitellin* parce que l'on lui a trouvé de l'analogie avec le porphyre de Vitelli du n° 672.

N° 681. Serpentin vert agaté (*serpentino verde agatato* *).

Ce morceau est interrompu par des portions d'agate roses et noires.

On en voit une coupe dans la galerie des candélabres au musée du Vatican.

N° 682. Serpentin vert agaté noir (*serpentino verde agatato nero**).

La plupart des portions d'agate qui se trouvent dans cet échantillon sont noires.

N° 683. Serpentin vert noirâtre (*serpentino verde scuro*).

Base d'un vert violet noirâtre avec des cristaux verts et des fragments d'agate.

N° 684. Serpentin vert pois (*serpentino verde pisello* *).

Fond vert clair avec des cristaux jaune verdâtre pointillé de noir.

Il y a de ce serpentin dans le pavement du côté gauche de Ste Marie *in Trastevere*.

N° 685. Serpentin vert pré (*serpentino verde prato* **).

Fond vert de prairie avec des cristaux blancs et noirs et une quantité de petites taches d'un vert grisâtre.

N° 686. Serpentin vert pré foncé (*serpentino verde prato scuro* *).

Fond vert foncé de prairie avec des petits cristaux verdâtres, grisâtres, blanchâtres et noirs.

No 687. Serpentin vert de mer (*serpentino verde mare* **).

Ainsi nommé parce qu'il a quelque ressemblance avec ce vert qui colore quelquefois les eaux de la mer.

Il a des cristaux blancs, gris et noirs.

Une partie de ce morceau est vert pré.

No 687ᵃ. Serpentin porphyrique violet (*serpentino porfido pavonazzo* **).

La base de cette roche est violette et parmi les cristaux dont les uns sont gris, les autres verdâtres, il y en a plusieurs petits qui ressemblent à ceux qui se rencontrent dans les porphyres.

No 688. Serpentin brun et jaune (*serpentino bruno e giallo**).

Les petites crevasses qui se voient sur cet échantillon font croire que l'action du feu lui a donné ces couleurs.

No 689. Serpentin gris (*serpentino grigio* ***).

Les cristaux, tous de forme carrée, allongée, que l'on voit dans ce serpentin, le rendent très-remarquable.

D'après Pline, XXXVI, 11, cette roche portait, chez les anciens, deux noms. Voici ce qu'il en dit : « D'autres vantent de préférence » l'ophite appelé *téphrias*, à cause de sa couleur cendrée, et auquel » on donne également le nom de pierre *memphite*, du lieu où on » le trouva. »

Le naturaliste classe probablement cette pierre parmi les ophites, parce que ses cristaux, en carrés allongés et croisés, lui donnent quelque ressemblance avec la peau d'un serpent.

Ce morceau provient d'un fragment d'une urne funéraire découverte à Tivoli, près de la villa de Salluste.

Un vase au musée du Vatican, dans la galerie des candélabres.

No 690. Serpentin noir (*serpentino nero* *).

Fond noir parsemé de cristaux gris blanchâtres et sur lequel est une tache grise verdâtre.

Dans l'église de Ste Praxède, la colonne à droite de la chapelle, où l'on vénère un morceau de la colonne dite de la Flagellation, est de cette roche, ainsi que deux vases qui se trouvent au musée du Vatican, dans la galerie des candélabres.

N° 691. Serpentin noir laiteux (*serpentino nero lattinato*).
Fond noir avec une infinité de petits cristaux d'un blanc tirant sur le lait.

N° 692. Serpentin noir toscan (*serpentino nero toscano*).
Base noirâtre sur laquelle se trouvent des cristaux croisés blancs.
On a retrouvé les carrières de cette roche en Toscane.

SCHISTE MICACÉ.

N° 693. Schiste micacé (*scisto micaceo*).
On le nomme ordinairement *micaschiste*, roche fossile essentiellement composée de mica et de quartz et présentant une structure feuilletée.

Toutes les variétés de schistes sont des silicates d'alumine plus ou moins mélangés de fer. La plupart perdent leur cohérence par l'influence des agents atmosphériques.

Notre échantillon a un fond rouge violet ondé avec une infinité de petits points brillants, c'est-à-dire d'un éclat métallique. Il provient d'un fragment de colonne trouvé à Ostie.

Quand les schistes violacés et luisants se montrent sur une montagne, recevant le soleil d'aplomb, ils brillent comme des blocs d'améthyste.

GRANITES.

Roche composée essentiellement de feldspath, de quartz et de mica, à peu près également disséminés, confusément cristallisés et dont les parcelles, entrelacées les unes dans les autres, démontrent évidemment que leur formation a été simultanée.

Le granite résiste également dans tous les sens, et n'a pas de fils, ni de lits qui puissent en favoriser la séparation dans une direction plutôt que dans une autre.

C'est la roche primitive par excellence, parce qu'elle ne renferme jamais de débris de corps organisés, parce qu'elle est recouverte par tous les autres terrains et qu'elle ne leur est jamais superposée.

Les granites diffèrent des porphyres en ce qu'ils n'offrent que des rudiments agrégés les uns dans les autres sans qu'ils aient aucune espèce de pâte qui les réunisse.

Il paraît que les Romains distinguaient les granites sous quatre dénominations principales, c'est-à-dire que le granite rouge était nommé *lapis pyrrhopoecilus* ; le gris, vulgairement connu sous le nom de granite, ils le désignaient sous le nom de *lapis syenites*; le blanc, c'est-à-dire celui du Forum, sous le nom de *lapis psaronius* et le noir était pour eux le *lapis hethiopicus*.

Tels étaient les noms le plus généralement adoptés : mais ils étaient souvent changés, sans qu'on puisse en accuser l'inexactitude des auteurs, mais la variété de couleurs qu'offrait une même carrière. En effet, parmi les granites noires de l'Éthiopie on trouve de grands morceaux de granite rouge, etc.

La quantité de granites que les anciens transportèrent de l'Égypte à Rome seulement est énorme. Ils creusaient des canaux par lesquels ils transportaient ces roches sur le Nil; elles arrivaient ainsi par le courant à Alexandrie, d'où on les expédiait sur la Méditerranée jusqu'à Ostie, qui était le port indispensable pour l'approvisionnement de Rome.

N° 694. Granite rouge (*granito rosso*).

Ce granite est composé de gros grains de feldspath rouge, de feldspath gris, de quartz transparent et d'amphibole noire.

Obélisques du Pincio et du Panthéon.

Sur les hauteurs, placées entre le Nil et la route de Syène à Philae, se trouvent les carrières de granite rouge d'où les Égyptiens ont tiré leurs colosses, leurs obélisques et leurs monolithes, immenses vestiges des plus immenses travaux que la main des hommes ait exécutés.

N° 695. Granite rouge rubané (*granito rosso fasciato* *).

Un large ruban traverse cet échantillon, qui, du reste, est du même granite que le précédent.

Église de Ste Marie *in Trastevere* : la huitième colonne à droite.

N° 696. Granite rose (*granito roseo*).

Le même que les deux précédents, seulement au lieu d'avoir des grains de feldspath rouges, il les a roses, et les marbriers lui ont donné le nom de *granite des obélisques*, parce que les obélisques du Vatican, de la Minerve et de St Jean du Latran sont de cette roche.

N° 697. Granite rose rubané (*granito roseo fasciato* *).

Ce morceau est remarquable par sa partie inférieure, qui paraît appartenir à une autre espèce de roche et qui forme un ruban finement pointillé de noir.

On voit encore de ces taches dans le granite de quelques colonnes de l'église de St Chrysogone.

N° 698. Granite rouge brique (*granito laterizio* *).

En grande partie d'un rouge brique très-vif avec des cristaux bleuâtres et blancs, ainsi que des taches d'amphibole noirâtre.

Ce morceau provient des fouilles faites sur la voie Appienne.

N° 699. Granite vert (*granito verde*).

Quelques parties vertes, plusieurs blanches et grises, ainsi que des points noirs forment cette roche.

Deux colonnes dans le chœur à St Laurent hors des murs.

N° 700. Granite vert de la chaise (*granito verde della sedia*).

Ainsi désigné parce que la chaise de la statue de St Pierre, dans la basilique du Vatican se trouve sur un piédestal de cette roche. C'est un diorite dans lequel apparaissent de petits fragments blancs et d'un beau vert, unis à d'autres d'un vert brunâtre inégalement distribués.

N° 701. Granite vert foncé de la chaise (*granito verde della sedia scuro*).

Le même que le précédent, mais moins beau à cause de l'absence des fragments d'un beau vert tendre.

N° 702. Granite vert dragon (*granito verde drago* *).

Fond vert pré avec des lames de mica bronze. Nous ignorons pourquoi les marbriers lui ont donné le nom de vert dragon.

On le nomme aussi granite vert graphique, à cause des figures anguleuses qu'il offre, quand il est coupé transversalement et qu'il rappelle la manière de représenter le langage par des signes.

N° 703. Granite violet (*granito violetto*).

Des cristaux d'un gris tirant sur le violet, d'autres plus petits et noirs, enfin le reste d'un blanc gris.

Église de Ste Praxède : la première et la cinquième colonne, à gauche, en entrant.

N° 704. Granite violet foncé (*granito pavonazzo* *).

Des taches d'un beau noir sur un fond à rayons d'un vert tirant sur le violet.

Ce morceau a été pris d'un fragment de colonne trouvé à Ostie.

N° 705. Granite gabien blanc et noir (*granito bianco e nero gabino* *).

Ainsi nommée parce que ce n'est que parmi les ruines de l'ancienne ville de Gabies qu'on a trouvé cette roche.

Son fond est d'un blanc légèrement rosé sur lequel il y a des points noirs.

N° 706. Granite gabien noir et blanc violacé (*granito bianco e nero gabino violaceo*).

C'est le même granite que le précédent, mais avec une teinte tirant sur le violet.

Des traces d'une grande exploitation de granite noir et blanc, qui ressemble à celui-ci et qu'on exploitait du temps des Romains, existent à deux lieues d'Auerbach, l'une des résidences du grand-duc de Hesse-Darmstadt.

N° 707. Granite noir et blanc du Forum (*granito bianco e nero del Foro*).

Fond blanc, dû au quartz et au feldspath, avec des taches, à inégales distances, de mica noir et quelques points jaunâtres de sphène.

Tous les grands fragments de colonnes que l'on voit au Forum de Trajan sont de ce granite.

C'est à ce granite que les anciens ont donné le nom de *lapis psaronius*.

Voici ce que Pline, XXXVI, 43, en dit : « Les auteurs se sont » occupés des pierres propres à faire des mortiers, sans se borner » même aux mortiers dans lesquels on pile les substances médicinales » ou les couleurs. Pour cet usage ils ont mis au premier rang la » pierre étésienne ; au second, la pierre thébaïque que nous avons » nommée pyrrhopœcile et que quelques-uns appellent *psaronium*. »

Les carrières du psaronium étaient près de Syène, très-rapprochées et même unies à celles du granite rouge.

Les anciens ont donné à cette roche le nom de *lapis psaronius*, parce qu'ils ont trouvé à sa couleur quelque ressemblance avec celle des plumes de l'étourneau, en grec *psaros*.

N° 708. Granite noir et blanc rosé du Forum (*granito bianco e nero del Foro roseo* *).

Le même que le précédent, mais le fond blanc a une teinte rosée et le mica noir s'y montre sous une forme allongée. Tout un coin de cet échantillon est jaunâtre.

N° 709. Granite blanc et noir de Ste Praxède (*granito bianco e nero di S. Prassede* *).

Fond blanc grisâtre avec des taches noires ou ovales placées assez également les unes des autres. C'est une syénite, c'est-à-dire le résultat d'une modification du granite par l'action ignée, où l'amphibole a remplacé le mica.

Église de Ste Praxède : en entrant à gauche, on voit dans le mur une plaque de ce granite, sur laquelle, suivant la tradition, Ste Praxède dormait.

N° 710. Granite noir et blanc de la colonne (*granito bianco e nero della colonna* *).

Fond blanc et blanc gris bleuâtre avec des taches d'un beau noir.

C'est de ce granite qu'est la colonne qui fut transportée de Jérusalem à Rome, en 1223, par le cardinal Jean Colonna et qui se trouve aujourd'hui dans une chapelle de l'église de Ste Praxède. On croit pieusement que Jésus fut lié à cette colonne lorsqu'on le flagella.

N° 711. Granite noir et blanc antique (*granito bianco e nero antico* *).

C'est un granite noir, dans lequel les éléments, en se séparant d'une manière plus distincte, forment des taches blanches et noires.

Ces taches allongées rappellent le marbre calcaire dit *noir et blanc antique*. (Voir n° 375).

Une baignoire à la villa Albani est de ce granite.

N° 712. Granite blanc et noir antique grisâtre (*granito bianco e nero antico bigiastro*).

Le même que le précédent; seulement une partie de cet échantillon est d'un gris verdâtre.

N° 713: Granite noir et blanc embrouillé (*granito nero e bianco confuso*).

Fond d'un blanc sale et d'un brun bronzé avec des taches noires.

N° 714. Granite noir des statues (*granito nero delle statue*).
Petites taches noires sur un fond grisâtre et blanchâtre.
Galerie des momies au Vatican : trois statues égyptiennes.

N° 715. Granite tigré blanc (*granito tigrato bianco*).
Petites taches noires, rougeâtres et verdâtres avec d'autres plus grandes, de feldspath blanc, irrégulièrement distribuées et pareilles aux mouchetures du poil du tigre, sur un fond grisâtre.
Musée égyptien du Vatican : salle d'Antinoüs, une petite idole.
Basilique de St Jean du Latran : au tombeau du cardinal Mutti Papazzurri, on voit aussi des petites plaques de ce granite.

N° 716. Granite tigré rose (*granito tigrato rosco *).
Fond gris rosâtre parsemé de petites taches noires et de plus grandes, qui sont roses et semblables aux mouchetures du tigre.

N° 717. Granite tigré rose et madré (*granito tigrato rosco maculato *).
Le même que le précédent; toutefois, les petites taches noires y sont plus nombreuses, et au milieu se trouve une grande tache brunâtre.

Nº 718. Granite tigré vert de Twea (*granito tigrato verde di Twea* ***).

Fond noir verdâtre avec quelques taches oblongues d'un gris rougeâtre.

Musée égyptien du Vatican : superbe statue de Twea, mère de Sésostris ou Ramesses III le Grand.

Nº 719. Granite tigré gris et rubané (*granito tigrato grigio fasciato* **).

Fond gris rougeâtre, tacheté de rouge pâle et de noir, traversé par un ruban rougeâtre poudré de noir.

Nº 720. Granite graphique (*granito grafico* *).

Fond gris terreux sur lequel les cristaux se réunissent deux à deux par une de leurs extrémités, sous un angle droit, et se rangent souvent de cette manière plusieurs à la file les uns des autres, ce qui les fait comparer à des lettres hébraïques, persanes, etc.

Musée du Vatican : galerie des candélabres, un petit vase sur une colonne de granite gris verdâtre.

Nº 721. Granite bronzé (*granito bronzato* *).

Fond blanc verdâtre avec des taches d'un vert foncé dans lequel se voit l'éclat métalloïde de la bronzite.

Musée du Vatican : galerie des candélabres, vase à quatre anses.

Nº 722. Granite du port (*granito portuense* *).

L'antiquaire Sibilio acheta, il y a quelques années, un fragment de colonne de ce granite, découvert parmi les ruines du port de Trajan et que jusqu'à présent l'on n'a pas ailleurs.

Il a le fond rouge, bigarré de noir et de gris.

Nº 723. Granite d'Ostie (*granito ostiense* *).

Fond gris rougeâtre moucheté de noir. Il provient des fouilles d'Ostie.

N° 724. Granite de Véies (*granito vejentano* *).
Fond blanc grisâtre avec des taches rouges et noires.

N° 725. Granite du Babouin (*granito del Babbuino* *).
Ainsi nommé parce que la fontaine qui se voit dans la rue du Babouin, a son réservoir (baignoire antique) fait de ce granite.
Le fond en est gris avec des taches noires et d'un rouge verdâtre.

N° 726. Granite luculléen (*granito luculleo* *).
Fond vert noirâtre parsemé de taches blanchâtres et verdâtres.
Musée Kirchérien des jésuites : le tronc d'une petite idole égyptienne toute recouverte d'hiéroglyphes.

N° 726ᵉ. Granite luculléen fin (*granito luculleo minuto*).
Fond gris bleuâtre avec des taches noires également bleuâtres.
Le granite à petits grains ne se désagrége que lentement, tandis que le granite à gros grains se décompose avec plus de facilité ; il a une tendance à s'exfolier concentriquement, c'est-à-dire par couches sphéroïdales ; tous les pays granitiques nous en offrent des exemples.
Il est facile de constater et d'expliquer cette désagrégation. Plusieurs phénomènes y concourent, les intempéries des saisons y contribuent pour leur part ; l'eau, en effet, décompose le feldspath du granite, qui est un silicate d'alumine et de potasse. La gelée a encore une bien plus grande influence, car l'eau pénètre dans les petites fentes de la roche, et au moment où elle se congèle, elle détermine une rupture par suite de la dilatation. Cette action agit bien plus lentement sur le granite à petits grains, dont le feldspath est bien moins gros et offre, par conséquent, moins de fentes par où l'eau pourrait pénétrer.

N° 727. Granite fin rouge (*granito minuto rosso* *).
Fond rouge avec de nombreuses petites lamelles de mica noir.

Nᵒ 728. Granite fin rouge sanguin (*granito minuto rosso sanguigno* **).

Fond rouge sanguin avec des cristaux d'un blanc sale et des taches noires pointillées de fer.

Nᵒ 729. Granite fin rouge veiné (*granito minuto rosso venato* *).

Fond rouge avec des cristaux brillants et des veines capillaires noires bleuâtres.

Nᵒ 730. Granite fin rouge opalin (*granito minuto rosso opalino* *).

Fond rouge avec une poussière noire, parsemé de points brillants, qui lui donnent un aspect plus ou moins semblable à celui de l'opale.

Nᵒ 731. Granite fin rose grisâtre (*granito minuto roseo grigiastro* *).

Granite finement mélangé de rose, de noir en petites lamelles et de grains de quartz gris.

Nᵒ 732. Granite fin rose foncé (*granito minuto roseo scuro* *).

Les lamelles noires sont plus grandes et le rose est plus foncé; au reste, c'est le même granite que le précédent.

Nᵒ 733. Granite fin couleur de chair blanchâtre (*granito minuto carnicino chiaro* **).

Fond marbré de couleur de chair, de gris pâle et de noir.

Église du St Esprit : en entrant par la porte latérale, les deux colonnes à droite sous l'orgue.

Nᵒ 734. Granite fin vert de St Laurent (*granito minuto verde di S. Lorenzo* *).

Il est formé de petites taches blanches et vertes uniformes interrompues seulement par d'autres plus grandes et d'un vert tendre. C'est à peu près le même diorite que celui dit de la chaise de St Pierre, nᵒ 700, dont il n'a pas cependant le vert brunâtre.

On en voit une plaque ronde dans le dossier du siége pontifical de la basilique de St Laurent hors des murs.

Nº **735.** Granite fin vert porphyroïde (*granito minuto verde porfiroide **).

Cette roche a l'apparence du porphyre. On dirait, tellement les rudiments en sont fins, qu'une pâte les réunit; toutefois, en les examinant bien, l'on voit qu'ils sont agrégés les uns aux autres.

Fond vert noirâtre, avec une infinité de petites taches de différents gris verdâtres.

Nº **736.** Granite fin vert plasme (*granito minuto verde plasmato **).

Fond mélangé d'un vert de mer et de gris rougeâtre avec une infinité de petits points noirs. Cette roche pourrait bien être l'éclogite des minéralogistes modernes.

Musée du Vatican : la base du lion qui se trouve dans la salle des animaux.

Nº **737.** Granite fin vert plasme foncé (*granito minuto verde plasmato scuro*).

Les couleurs sont plus mélangées entre elles et plus foncées que celles du précédent échantillon.

Nº **738.** Granite fin vert pistache (*granito minuto verde pistacchino **)

Dans cet échantillon, on remarque de petites taches d'un vert pâle qui rappelle celui de la pistache.

Nº **739.** Granite fin vert à petites herbes (*granito minuto verde erbetta*).

Différents verts dispersés de manière à imiter l'herbe courte et menue des champs, sont parsemés sur un fond foncé.

Église de St Jean de Latran : un morceau carré oblong, à côté d'un grand rond de porphyre rouge, dans le pavement, devant la porte principale.

N° 740. Granite fin vert à petites herbes foncées (*granito minuto verde erbetta scuro*).

Ce sont les mêmes dessins que ceux que l'on remarque sur l'échantillon précédent; mais le tout a une teinte brunâtre.

N° 741. Granite fin vert thébéen (*granito minuto verde tebaico* *).
Fond gris verdâtre marqué de petites taches noires et rosées.

Nous ignorons si l'on a acquis la certitude que ce granite venait de la Thébaïde; nous savons seulement que l'antiquaire F. Sibilio acheta un morceau de colonne de cette roche, trouvé dans les ruines du port de Trajan. C'est chez lui que nous avons acquis cet échantillon.

N° 742. Granite fin gris (*granito minuto bigio* *).
Fond gris mélangé de noir et ressemblant beaucoup à des étoffes de demi-deuil.

Musée égyptien du Vatican : statue d'Agathodémon ou *bon génie*, adoré en Égypte pendant la domination des Lagides.

N° 743. Granite fin gris rougeâtre des lions (*granito minuto bigio rossiccio dei leoni* **).
Mélangé de noir et d'un incarnat blanchâtre.

Musée égyptien du Vatican : les deux lions dont les hiéroglyphes, dans la plinthe, démontrent qu'ils furent sculptés par ordre du roi Achori ou Nectanebo, de la XXIXe dynastie, dernière des Pharaons.

N° 744. Granite fin gris embrouillé (*granito minuto bigio confuso*).
Fond gris d'inégale teinte, finement et également recouvert de taches embrouillées d'un vert noirâtre.

Église d'Aracoeli : une plaque carrée oblongue dans le parapet de l'escalier de l'autel à droite du grand.

N° 745. Granite fin vert porphyroïde (*granito minuto verde por-firoide **).

Ce granite est pointillé de noir et son fond gris a une teinte verdâtre. Il a l'apparence d'un porphyre.

N° 746. Granite fin cendré ou pédiculaire (*granito minuto cene-rino, o pedicolare **).

Agrégation de petits cristaux rectangulaires blanchâtres et noirâtres sur un fond cendré. On a aussi donné à ce granite le nom de pédiculaire parce qu'il offre quelque ressemblance avec certaine plante herbacée de la famille des rhinanthées, à feuilles le plus souvent pennatifides et à fleurs terminales ordinairement disposées en épi.

Musée du Vatican : galerie des candélabres, dernière division, une petite colonne.

N° 747. Granite fin perlé (*granito minuto perlato **).

Il est d'un gris clair, pointillé d'un gris très-foncé, et tire sur le luisant argentin de la perle.

On croit que les anciens faisaient venir cette roche de la Thébaïde.

N° 748. Granite fin noir (*granito minuto nero*).

Ce granite est composé d'éléments si finement broyés que lorsqu'il est en masse brute, on ne peut les distinguer à l'œil nu. Il contient du mica, de l'amphibole et de petits grains de feldspath qui ne sont visibles que lorsqu'il est poli ; de sorte qu'au premier aspect il paraît d'un noir intense et d'une texture homogène. Sa cassure est à grain fin et serré, à peu près comme celle d'un grès compacte.

La baignoire qui se trouve à droite, en entrant dans la cour octogone du musée du Vatican, est de ce granite.

N° 749. Granite fin noir picoté (*granito minuto nero picchiettato*).

Fond noir parsemé de petits points roses et de quelques taches blanchâtres.

Cet échantillon est fait d'un fragment de coupe antique trouvé dans un tombeau de la voie Appienne.

Nº 750. Granite fin noir porphyroïde (*granito minuto nero porfiroide*).

Fond noir verdâtre avec de petites taches d'un gris verdâtre qui lui donnent de la ressemblance avec le porphyre.

C'est d'un fragment de colonne, trouvé à Ostie, que cet échantillon a été coupé.

Nº 751. Granite fin noir rubané (*granito minuto nero listato* *).

C'est le même granite que le précédent, mais traversé par un ruban rouge pointillé de noir.

Nº 752. Granite fin noir des lions (*granito minuto nero de' leoni*).

Fond noir picoté de rouge verdâtre et tacheté de rouge de feu.

On dit que c'est le granite des lions parce que ceux qui se trouvent sur les parapets du Capitole sont de cette roche.

Au musée égyptien du Vatican, le torse du roi Nectanebo, qui régnait 350 ans avant J. C., est aussi de ce granite.

Près de Thèbes, on voit les restes d'un très-beau colosse monolithe : la tête, qui est de la plus parfaite conservation, est en granite rose, tandis que le reste du corps est en granite noir. Ces accidents du granite se présentent assez fréquemment dans les carrières de Syène.

GRANITELLE.

Nº 753. Granitelle gris (*granitello bigio*).

Granitelle est un nom que les marbriers italiens donnent à une variété de granites gris à petits grains.

Notre échantillon a un fond blanc grisâtre avec des points noirs et plusieurs petits cristaux de quartz gris.

Nº 754. Granitelle gris rubané (*granitello bigio fasciato* *).

Il est moins blanc que le précédent avec des taches noires plus prononcées et un grand ruban gris tacheté de blanc et pointillé de noir.

OBSIDIENNE.

Roche vitreuse due à des éruptions de volcans, et qui fut pour la première fois apportée d'Éthiopie par Obsidius. Elle est d'une couleur verte, vert-noirâtre, noire, quelquefois bariolée de zones grises et noires, à la manière des laitiers.

L'obsidienne ou obsidiane de l'Inde forme des sphères de la grosseur d'un boulet de canon. Ces boules sont en morceaux sur la surface du sol, ou disséminées dans la lave ou les ponces; elles sont ordinairement couleur de verre à bouteilles, et paraissent avoir été refroidies très-rapidement; aussi produisent-elles, quand on les scie, des explosions remarquables.

L'obsidienne, nommée vulgairement *verre de volcan*, est celle que les Romains connaissaient et dont ils faisaient grand cas. Le jurisconsulte Pomponius dit qu'ils la considéraient à peu près comme une pierre précieuse. (Fr. 24, Dig. de aur. et arg. leg.)

On voit que l'on ne connaissait pas alors les vastes coulées qu'elle forme aux îles Éoliennes, à Ténériffe, dans le Pérou et au Mexique.

Les anciens en faisaient des statues. Tibère apporta de la Grèce une statue de Ménélas en obsidienne; on la considérait comme une merveille.

M. Foresi a découvert, en 1865, dans l'île de Pianosa, située à moitié distance entre la côte d'Italie et la Corse, deux beaux nucléus en obsidienne, desquels on a détaché de nombreux couteaux. Or, l'obsidienne non-seulement ne se trouve pas dans l'île, mais encore n'existe que très-loin de là, dans les terrains volcaniques du sud de l'Italie. Les habitants de Pianosa s'en servaient donc déjà à l'âge de la pierre et faisaient des voyages d'assez long cours pour s'en procurer.

A l'époque où les Espagnols entrèrent à Mexico, les barbiers de cette ville étaient encore réduits à se servir de lames tranchantes d'obsidienne, en guise de rasoirs, pour faire la barbe à leurs pratiques.

N° 755. Obsidienne perlée (*obsidiana perlata* *).

Elle représente des nœuds cristallins qui se détachent en couleur claire sur un fond plus obscur vert grisâtre.

N° 756. Obsidienne rubanée (*obsidiana listata* *).

Fond gris-vert avec des zones pointillées de noir.

NÉCROLITHE.

N° 756ª. Nécrolithe violette (*necrolite pavonazza*).

Son aspect est terne avec quelques petits fragments vitreux. Elle est une des roches les plus abondantes des terrains pyroïdes et fournit de bons matériaux de construction dont les anciens ont fait souvent usage.

Il existe une très-grande analogie entre la nécrolithe et le granite, et souvent cette roche volcanique passe au granite vers le bas de sa masse. Lorsque le basalte et la nécrolithe se rencontrent simultanément, dans les formations plutoniques, c'est la nécrolithe qui occupe la position inférieure.

La nécrolithe est la même roche que le trachyte.

LAVE.

Nom donné en général à toutes les pierres fondues qui sortent des orifices de volcans. La partie supérieure des laves exposée à l'air et s'y refroidissant offre un aspect scoriacé et spongieux, tandis que la masse interne acquiert une texture pierreuse et compacte. Quelquefois le courant entraîne avec lui des cristaux solides et imparfaits provenant de roches anciennes et donne à la lave solidifiée un aspect porphyroïde. Nous avons dans notre collection trois laves basaltiques employées par les anciens.

N° 757. Lave basaltique grise (*lava basaltina bigia*).

Les Romains s'en servaient pour paver les routes. Ce morceau est pris d'un pavé de la voie Sacrée.

Fond cendré foncé avec des points ronds d'un gris verdâtre et quelques-uns noirs.

N° 757ᵃ. Lave basaltique noire (*lava basaltina nera* *).
Fond gris noirâtre tacheté de noir.

Les Romains ont aussi employé cette roche en gros blocs irréguliers pour l'établissement de leurs grandes voies militaires.

N° 758. Lave basaltique pouzzolienne (*lava basaltina puteolana*).
Fond gris cendré avec des cristaux noirâtres et de petits points gris verdâtres.

On exploitait cette lave dans les environs de Pouzzoles, dont l'amphithéâtre a été construit avec cette roche.

TUF.

N° 759. Tuf de la roche Tarpéienne (*Tufo del Tarpeo*).
Roche jaunâtre dont la contexture est lâche, grossière et un peu spongieuse. C'est le *lapis ruber* des anciens.

La plupart des tufs sont dus à des phénomènes volcaniques, à la poussière des scories et des ponces, à de petits fragments anguleux de ces substances.

On en trouve beaucoup dans les environs de Rome et il y en a même dans la ville, puisque la célèbre roche Tarpéienne est de tuf.

Les colonnes qui entourent le temple d'Hercule Gardien sont en tuf, ainsi que les marches du temple de Vesta.

PÉPERIN.

N° 760. Péperin de Marino (*peperino di Marino*).

Roche volcanique, composée de petits grains de la grosseur et de la forme d'un grain de poivre. Le péperin est une pierre grise et dure, employée dans les édifices anciens et modernes de Rome et composée de vake bréchiforme, celluleuse, graveleuse, arénacée et terreuse. Elle renferme toujours des fragments d'autres minéraux, tels que la ponce, la téphrine, le phonolithe, le basalte, le mica, etc.

Les latins nommaient cette roche *lapis albanus*, parce que les cratères des volcans éteints entre Albano et Marino en sont formés.

Le tombeau de L. Cornélius Scipio Barbatus, bisaïeul de Scipion l'Africain, est de péperin. On conserve cette grande urne au musée du Vatican.

N° 761. Péperin bréché de Marino (*peperino di Marino brecciato**).

On trouve peu de péperin aussi compacte et avec d'aussi belles brèches.

N° 761ª. Péperin de Gabies (*peperino gabino*).

Fond gris avec des grains noirâtres et quelques-uns blancs.

TRAVERTIN.

N° 762. Travertin tiburtin (*travertino tiburtino*).

Carbonate de chaux jaunâtre, se durcissant à l'air et acquérant une teinte rougeâtre. Cette roche, qui a servi à bâtir les plus beaux monuments de Rome et la plupart de ses maisons, se forme encore aujourd'hui par les dépôts des rivières. On la tire de Tivoli, d'où elle prend son nom (*Tibur*, Tivoli, ayant formé le latin *tibur-tinus*, et, par corruption, l'italien *travertino*). Le travertin est, en effet, le *lapis tiburtinus* des anciens.

On trouve aussi beaucoup de travertin en Toscane, et à San Vignone ses dépôts acquièrent une grande importance.

Le travertin de Viterbe, que le Dante chantait, dès l'an 1300, est déposé en feuilles très-minces, ondulées et présentant tout à la fois une structure concentrique et radiée.

Le calcaire moderne de Vichy-les-Bains, qui se forme journellement aussi, est parfaitement pareil au travertin de Tivoli.

N° 763. Travertin tiburtin alabastrin (*travertino tiburtino alabastrifero **).
*bastrifero **).

Un morceau d'albâtre blanc transparent se trouve joint à cet échantillon de travertin.

N° 764. Travertin du mont Aventin (*travertino del monte Aventino*).
Il est plus compacte que celui de Tivoli.
Le Colysée et le théâtre de Marcellus sont construits avec cette roche.

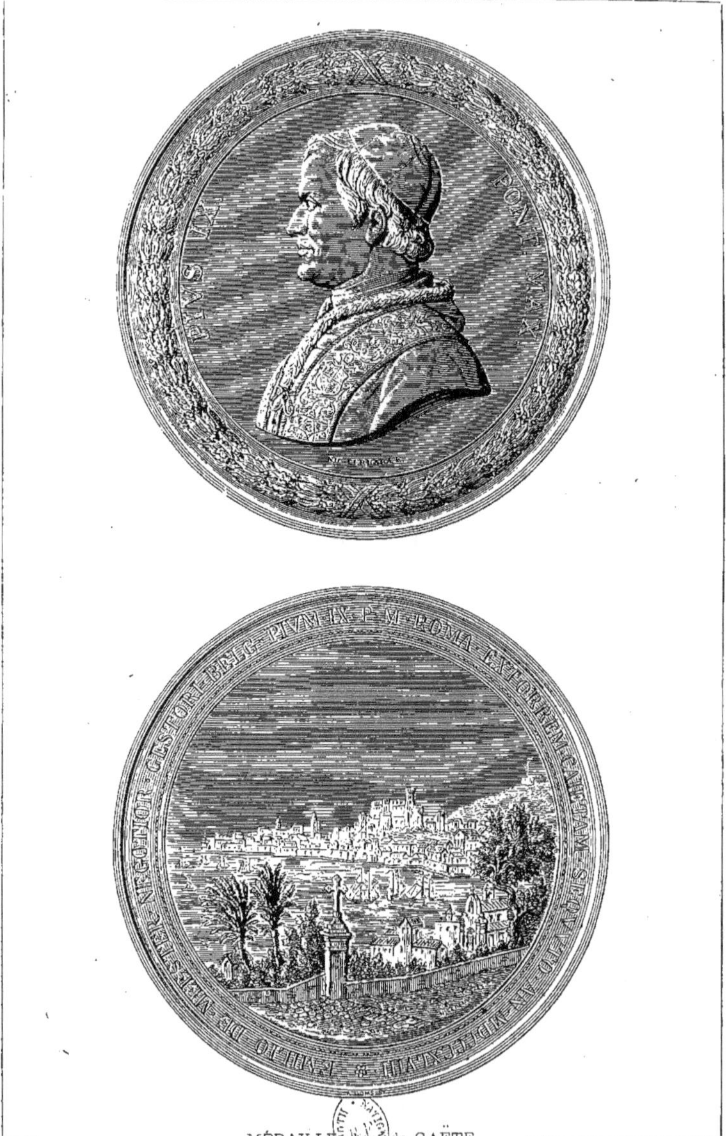

MÉDAILLE dite de GAÈTE

[illegible]

COLLECTION NUMISMATIQUE.

Cette collection se compose d'as et de médailles dites consulaires.

Mais comme nous espérons pouvoir bientôt l'augmenter considérablement et en compléter les séries, nous nous réservons de publier plus tard, dans un volume spécial, non-seulement ce que nous possédons aujourd'hui, mais encore nos acquisitions ultérieures.

Toutefois, nous pensons pouvoir placer ici une médaille unique, qui rappelle l'exil de Pie IX dans l'ancien royaume de Naples.

Médaille en or, frappée, par ordre de Pie IX, en notre nom et dont nous donnons la reproduction exacte dans ses dimensions sur la planche placée en regard.

Le Pape résolut de la faire frapper, après avoir été assailli, le 16 novembre 1848, dans le Quirinal, quand il fut obligé de s'éloigner de ses États et de se réfugier à Gaëte.

Pour reconnaître, dans ces circonstances, le dévouement des diplomates, chefs de mission, qui s'étaient trouvés près de lui au Quirinal et qui l'avaient suivi en exil, il fit frapper, pour chacun d'eux, une médaille personnelle en or et ordonna d'en exécuter un second exemplaire en bronze, destiné à rester déposé au Vatican.

Comme on le voit, cette médaille présente d'un côté l'effigie pontificale et de l'autre une vue de Gaëte, avec une légende indiquant le nom de la personne à qui la distinction est décernée, la raison pour laquelle la médaille a été frappée, et l'année de l'événement.

Voici le texte de la note officielle que le cardinal, secrétaire d'État, nous a adressée, en nous transmettant la médaille :

Dalle Stanze del Vaticano.
24 Decembre 1852.

I manifesti e luminosi argomenti di sincero ossequio e di particolar devozione, che Vostra Signoria Illustrissima insieme a Suoi colleghi, fedeli interpreti de' loro eccelsi Governi, seppero dare al S. Padre nelle trascorse luttuose vicende, rimarranno sempre scolpiti nel Suo cuore. Imperocchè non potrà mai dimenticare quanta parte da loro si prendesse, allorchè nel Novembre dell' anno 1848, dopo essere stato aggredite nel Pallazzo Apostolico al Quirinale, fu Egli costretto di allontanarsi da Suoi Stati, e riparase in Gaeta nei dominj del religiosissimo Re delle Due Sicilie.

La Santità Sua a perpetuare la memoria di questo loro vivo interessamento, in ispecie nel seguirla in quella città e nel farle ivi corona, decreto fin dai primi momenti del Suo ritorno in questa Capitale, di far coniare per ciascun dei membri del Corpo Diplomatico, da cui ebbe siffatta dimostrazione, una medaglia personale in oro, ove da un lato fosse incisa l'Augusta Sua effigie, e nell' esergo il prospetto di Gaeta con la leggenda allusiva alla circostanza. Siccome pero il lavoro per sè stesso e pe' varii personaggi cui è diretto, richiedea un tempo non breve, cosi non potè mandarsi ad effetto con quella sollecitudine, che desideravasi. Portatosi ora a compimento, vuole il S. Padre che sia rimessa a Vostra Signoria Illustrissima quella destinata per la di Lei persona in contrassegno della pontificia benignità.

Il sottoscritto Cardinale Segretario di stato, adempie con vero piacere a si onorevole incarico inviando alla Signoria Vostra Illustrissima in apposito astuccio tale medaglia e gode oltremodo nel rinnovarle le proteste della più distinta sua stima.

G. Card. ANTONELLI.

Signore Commendatore
E. de Meester de Ravestein,
Incaricato d'affari del Belgio presso la S. Sede, etc., etc.
Roma.

TABLEAUX, SCULPTURES, ETC.

BLAES *(Charles), professeur à l'Académie de Vienne.*

N° 1. La belle marchande de boîtes de Sorrente.

BORGHESI, *de Parme.*

N° 2. La Vierge, assise sur un trône avec l'enfant Jésus, tient un livre dans lequel elle lit. Deux anges, les mains jointes, sont en contemplation auprès du trône.

BOUILLIOT *(Émile).*

N° 3. Une famille désolée pendant un incendie.

BOURLARD *(A.).*

N° 4. Paysage. Environs de Rome.

BRÜLS *(Louis).*

N° 5. La toilette de la jeune mère, costume de Cerbara.

N° 6. Les remords de la *Vendetta*. Intérieur du sanctuaire de *Sacro speco*, près de Subiaco.

N° 7. Le cardinal Antonelli, portrait.

N° 8. Une jeune fille effrayée par l'orage.

N° 9. Un moine sauvant une jeune fille.

N° 10. La femme d'un brigand.

N° 11. Intérieur de l'habitation d'une famille pauvre.

N° 12. La prière devant une tombe.

N° 13. La grand'mère avec son petit-fils.

N° 14. La jeune fille endormie.

N° 15. Un portrait.

CAFFI. *de Venise.*

N° 16. Les courses de Rome, hors la porte Majeure.

CANNEEL (*Th.*).

N° 17. Intérieur de l'église de *San Benedetto*, près de Subiaco.

CANOVA *(copie d'après)*.

N° 18. Réduction des deux lions couchés du tombeau de Clément XIII, dans la basilique de St Pierre. Ils sont en marbre de Sienne, posés sur des socles en portor.

CARRACHE *(Louis)*.

N° 19. St François, peinture sur cuivre. Acheté à la vente du cardinal Lambruschini, n° 420 du catalogue.

CIERCKENS *(J.)*.

N° 20. Un jeune homme des Abruzzes.

COGHETTI, *de Bergame, professeur à l'Académie de Rome.*

N° 21. Alexandre-le-Grand sauve son père Philippe pendant la guerre de Thrace.

Esquisse du tableau qui se trouve chez le Prince Torlonia, à Rome.

COEUTBORN, *suédois.*

N° 22. Un cheval romain sellé.

COUMONT *(Charles).*

N° 23. Bœufs dans la campagne romaine conduits par des cavalcatori.

N° 24. Une halte dans la campagne des environs de Rome.

DE KEYSER *(N.).*

N° 25. Le buveur joyeux.

N° 26. La fruitière.

DUCORON, *d'Ath.*

N° 27. Paysage.

FASSIN *(Victor).*

N° 28. Les deux sœurs dans la campagne romaine.

FAYD'HERBE *(Luc).*

N° 29. Statue d'enfant en marbre.

N° 30. La Flagellation, haut relief en terre cuite.

N° 31. Pan faisant danser des amours, haut relief en terre cuite.

N° 32. Un Triton sur un Dauphin, terre cuite.

N° 33. Un Triton entre deux Dauphins, terre cuite.

Voir, au sujet de ces œuvres de Fayd'herbe, le Journal des beaux-arts, publié par Ad. Siret, n° 12, du 30 juin 1860, page 91.

FLACHERON *(Isidore)*.

N° 34. Vallée à St Benoît, près de Subiaco.

N° 35. Aqueduc de Claude.

GHIBERTI *(Laurent)*.

Sculptures en bois.

N° 36. La Vierge agenouillée.

N° 37. L'Ange Gabriel.

Laurent Ghiberti est l'auteur des deux portes en bronze du baptistère de Florence. Michel-Ange en les voyant dit que celle de l'est mériterait d'être la porte du paradis.

GIOTTO *(école de)*.

N° 38. Deux saints personnages.

N° 39. St Jean Baptiste.

N° 40. St Pierre.

GMELIN *(G.)*, *romain*.

N° 41. L'olivier de Tivoli.

N° 42. Vue de Pouzzoles.

N° 43. L'oreille de Denys, à Syracuse.

N° 44. Une tour sur un rocher, à Cefalu.

N° 45. Une route dans l'île de Procida.

GUFFENS *(G.)*.

N° 46. Une jeune fille des Abruzzes.

HAMPE, *bavarois*.

N° 47. Le jeune ânier à la fontaine.

HARTMANN, *professeur à Dresde*.

N° 48. Copie du pastel de Léotard de la galerie de Dresde : La jeune fille portant une tasse de chocolat, sur porcelaine.

HECKMANN *(Louis)*, *prussien*.

N° 49. Vue d'une côte de Normandie.

HERREYNS *(G. J.)*.

N° 50. Un portrait.

JACOBS *(François)*.

N° 51. Intérieur d'un atelier.

JEANDRAN, *français*.

N° 52. Vue du château de l'Œuf et du Vésuve, du côté de Pausilippe.

KRUSEMAN-VAN ELTEN, *d'Amsterdam*.

N° 53. Vue prise dans la province de Drenthe.

LAGYE *(Victor)*.

N° 54. Une mère prenant son enfant hors du berceau.

N° 55. Élisabeth de Hongrie faisant l'aumône. Quelques figures de ce tableau ont été achevées par J. Stallaert.

LUTTI *(Benoît).*

N° 56. Portrait de Clément XII.

MAES *(J. B.).*

N° 57. Les trois âges. Costumes d'Albano.

MAES *(J.), fils du précédent.*

N° 58. La maison du Faune à Pompéii. Voir le n° 112.
N° 59. Le forum avec le temple de Jupiter, à Pompéii.
N° 60. La chapelle d'Olevano.

MAES *(Nicolas).*

N° 61. Portrait de femme.

MEULION *(Émile), français.*

N° 62. Jeune fille causant avec un jeune homme. Anciens costumes espagnols.

MIERIS *(copie de).*

N° 63. Le goûter du vieux et de la vieille.
L'original se trouve à la galerie de Florence.

MINARDI, *de Faenza, professeur à l'académie de Rome.*

N° 64. La lavandière.

MONAMI *(Pierre).*

N° 65. Vue du forum romain.
N° 66. Temple de Vénus et Rome.

N° 67. L'arc de Constantin.

N° 68. L'aqueduc de l'eau Claudienne.

N° 69. Coucher du soleil, vu dans la campagne romaine.

N° 70. Extérieur de la maison de Gaëte, habitée, en 1848, par Pie IX.

N° 71. Chambre de la dite maison, dans laquelle a logé Pie IX.

MURILLO *(copie de)*.

N° 72. La Vierge de la galerie Corsini à Rome.

N° 73. La vieille femme cherchant les poux d'un gamin. Pinacothèque de Munich. Cat. n° 376, peinture sur porcelaine.

PAELINCK *(Joseph)*.

N° 74. Marie Stuart, esquisse.

PFIFFER *(Victor), romain*.

N° 75. Vue du Colisée, prise des ruines du palais des Césars.

PODESTI, *d'Ancône, professeur de l'académie de Rome et correspondant de la section de peinture de l'académie de France.*

N° 76. St Simon.

PORTAELS *(J.)*.

N° 77. Souvenir de l'Orient.

REINHARDT *(J. Chrétien), bavarois, professeur à l'académie de S. Luc.*

N° 78. Les cascatelles de Tivoli.

RICARDI, *romain.*

Nº 79. Le joueur de mandoline et deux jeunes filles, costumes de Gaëte.

RIEPENHAUSEN *(Jean)*, *hanovrien.*

Nº 80. Raphaël confié à Pierre Pérugin.

ROBBE *(Louis).*

Nº 81. Troupeau de moutons et de chèvres.

Nº 82. Trois vaches.

ROBERT *(Alexandre).*

Nº 83. Un moine en prière.

Nº 84. La mère et l'enfant colère. Costumes d'Alvito.

RUBENS *(copie de).*

Nº 85. Isabelle Brant. L'original est dans la galerie de Florence.

RUYSDAEL *(Salomon).*

Nº 86. Un paysage.

SAINT-JEAN *(école de).*

Nº 87. Fleurs et fruits dans une coupe.

Nº 88. Fruits et fleurs.

SCHMIDT *(E.)*, *berlinois.*

Nº 89. Vue d'Ostende.

Nº 90. Vue d'Helgoland.

SEGHERS *(Corn.)*.

N° 91. Un marchand de fruits, costume de la campagne romaine.

STALLAERT *(Joseph)*.

N° 92. La Pompéienne se reposant.
N° 93. Le prisonnier et sa fille.

SWERTS *(J.)*.

N° 94. L'heureuse mère ; souvenir d'Italie.

TUERLINCKX *(Joseph)*.

N° 95. Un buste en marbre.

VAN CAMPENHOUDT *(Jean)*.

N° 96. Bénitier en argent repoussé et ciselé, représentant le baptême de Jésus sur les bords du Jourdain. Le Père éternel, vieillard vénérable à longue barbe, surmonte le tableau. Il tient le globe du monde de la main gauche et bénit de la droite. L'encadrement est orné de quatre anges, de branches d'olivier, de guirlandes de fruits et de fleurs. Du godet s'élèvent des roseaux.

Ce Jean Van Campenhoudt était non-seulement un orfèvre et un ciseleur habile, mais aussi un graveur de talent. Il était né à Malines, mais on ignore en quelle année; on sait seulement qu'il fut admis dans la corporation des arquebusiers de sa ville natale le 9 juin 1766.

VAN EYCKE *(Jean)*.

N° 97. Une vierge.

WOUTERS *(Charles).*

N° 98. Un portrait.

XX *(peintres inconnus).*

N° 99. Jules II, pape, en costume guerrier.

N° 100. Marie-Thérèse, son portrait sur cuivre.

BRONZES MODERNES.

Ces bronzes sont des réductions d'originaux qui se trouvent pour la plupart en Italie.

Nº 101. Auguste voilé.
Copie de la statue du musée du Vatican.

Nº 102. Copie de la statue vulgairement nommée le Gladiateur Borghèse.

Nº 103. Le Pugiliste.
Musée du Vatican.

Nº 104. La nymphe Appiade.
L'original se trouve au musée du Vatican.

Nº 105. Deux cerfs assaillis par des chiens.
Copies des deux groupes placés dans le musée Pio-Clementino au Vatican.

Nº 106. Une chèvre et son chevreau.
Même musée.

Nº 107. Gaulois terrassé, connu sous le nom de *Gladiateur mourant*.
Musée du Capitole.

Nº 108. Deux Centaures.
Même musée.

Nº 109. Bustes des douze Empereurs.
Même musée.

Nº 110. Deux enfants, l'un jouant avec un oiseau, l'autre le pleurant.
Les originaux sont à la villa Borghèse, hors la porte du Peuple, à Rome.

Nº 111. La Poésie.
L'original est au musée de Naples.

N° 112. Faune dansant.

C'est une copie de la même grandeur que l'original, trouvé à Pompéii dans la maison dite du Faune (voir le n° 59), et qui se voit aujourd'hui au musée de Naples.

N° 113. Le Scythe qui écorcha Marsyas, connu sous le nom du Remouleur, l'*Arrotino*.

L'original est dans la galerie de Florence.

N° 114. Mercure sur le point de s'élancer dans les airs, appuyant le pied sur le souffle d'un Zéphir.

L'original, de Jean de Bologne, est à Florence.

N° 115. Petit Mercure, bronze du moyen âge.

N° 116. Hercule, bronze du moyen âge.

N° 117. Deux bustes de femmes.
Musée du Capitole.

N° 118. Un trépied.
Musée du Vatican.

N° 119. Un candélabre en forme de chêne, avec trois lampes suspendues.

N° 120. Lampe, avec un couvercle surmonté d'un Silène. Cette lampe est posée sur son trépied.

L'original, trouvé à Pompéii, est à Naples, dans la collection des petits bronzes, VIe salle du musée.

N° 121. Copie de la fontaine dite *des Tortues*, qui se trouve à Rome, sur la place Mattei; cette fontaine est faite d'après les dessins de Jacques de la Porte et les figures sont de Thadée Landini, artiste florentin.

N° 122. Copie de la fontaine de la place Barberini.

Cette fontaine, formée de quatre Dauphins qui soutiennent une grande coquille ouverte, sur laquelle est un Triton, est l'œuvre du Bernin.

IVOIRES.

N° 123. Jésus en croix, école de Duquesnoy.

N° 124. Jésus mort au pied de la croix. Bas-relief.

N° 125. St François portant Jésus. Bas-relief.

N° 126. Diptyque. Jésus sur le globe ; à ses côtés , Pierre et Paul ; dessous les autres apôtres. — Marie sur le globe céleste. De chaque côté un ange. Dessous trois personnages.

N° 127. St Georges terrassant le dragon. Haut relief.

N° 128. Deux statuettes. L'une, en costume d'évêque, qui bénit de la main droite et tient de la gauche une fleur de lis. On lit sur le piédouche : WITTEKIND. L'autre, tête nue , portant des cheveux flottants et vêtue de long, appuie les deux mains sur une grande épée, et, à ses côtés, se trouve un bouclier, décoré d'un rameau fleuri et entouré de l'inscription : ECHARTVS MARCHIO.

Sur le socle se trouve répété : ECHARTVS.

SUPPLÉMENT.

VASES PEINTS (GRECS ET ITALO-GRECS), I, p. 215.

Nº 222ª. *Oxybaphon*. Peinture rouge et brune sur un fond noir brillant.

Nous voyons d'un côté de ce vase un jeune homme nu, ayant les jambes croisées ; il appuie le coude droit, enveloppé d'une chlamyde, sur une colonne et dans la main gauche, il tient un objet que nous ne parvenons pas à déterminer.

Puis vient une femme, ayant un voile retombant de par dessus le chignon et vêtue de long. Elle tourne le dos à l'éphèbe et tient, de la main droite, une lance. Son pied gauche est appuyé sur deux blocs superposés et décorés chacun d'une espèce de fleur. Cette femme cause avec un homme barbu, appuyé sur un bâton ; ce dernier personnage a le haut du corps nu, un *amictus* lui serre seulement les reins et enveloppe les jambes.

Revers : trois personnages enveloppés dans des manteaux, celui du milieu a cependant le bras droit libre et tient un bâton à la main.

Ces deux groupes sont posés sur des méandres et le bord du vase est décoré d'une couronne de laurier. (Voir t. I, page 147).

Nº 255ᵃ. Petite et élégante *oenochoé*, en forme d'aiguière avec un goulot à long bec. Peinture rougeâtre et jaunâtre sur fond noir.

Sur le haut de l'anse se trouve, de chaque côté, un petit mascaron représentant probablement une tête de Méduse.

La panse est décorée de godrons et d'imitations de godrons en peintures blanchâtres : au bas se trouve une couronne de myrte.

Décadence.

TERRES CUITES (LAMPES), t. I, p. 280.

Nº 337ᵃ. *Lampe* en terre cuite rougeâtre, avec deux prises, sur laquelle on voit l'Amour dans un char attelé de deux cygnes. Trouvée à Pompéii, cette lampe porte la marque P. HER imprimée en creux.

Souvent les anciens artistes représentent l'Amour traîné sur un char auquel sont attelés, soit des cygnes, soit des colombes, soit des coqs, soit des dauphins, soit des lions, soit des griffons, soit des boucs, etc. Ils le dépeignaient ainsi parce qu'ils voulaient le désigner comme l'arbitre de l'univers, en unissant à ses jeux, tantôt des animaux terrestres, tantôt des poissons, tantôt des volatiles.

Nous avons dit, t. I, p. 281, que d'après Hérodote on pouvait supposer que les Égyptiens faisaient brûler dans leurs lampes de l'huile de ricin. Le même auteur, VI, 119, nous fait voir que de son temps on aurait aussi fort bien pu brûler dans les lampes du pétrole, car c'est bien de ce bitume liquide qu'il s'agit dans le passage suivant : « On puise, dans ce puits, du bitume, du sel et » de l'*huile;* voici comment : On y descend une cigogne à laquelle » est attachée une demi-outre au lieu de sceau; on la fait plonger, » on la retire et on la vide dans un réservoir, d'où le liquide se » répand dans un second bassin; là il prend trois formes : le » bitume et le sel se consolident sur place; *l'huile* coule encore » jusqu'à des vases, et les Perses la nomment rhadinace; *elle est* » *noire et d'une odeur désagréable.* »

Nº **393ª**. Un bélier décore le champ de cette *lampe*.

Nº **393ᵇ**. Nous voyons sur cette *lampe* un ours.

Nº **393ᶜ**. Un cerf lancé est moulé sur le bassin de cette *lampe*.

Ces trois lampes sans inscription, trouvées également à Pompéii, sont d'une terre rougeâtre et d'un bon modelage. Elles n'ont ni anneau, ni manche, ni prise; elles étaient donc difficiles et peu sûres à porter.

———

Nº **399ª**. *Lampe*, en terre cuite grise-rougeâtre, avec un manche en forme d'anneau.

L'ornement du milieu de cette lampe est fruste, et ce qui en reste ne nous permet pas d'émettre une opinion arrêtée sur ce qu'il représente. Toutefois, nous croyons y voir une voile de barque et de chaque côté un dauphin, et, sous cette représentation, les lettres suivantes en relief : *s*)TOΛ(*c*.

Derrière cette lampe, qui provient aussi de Pompéii, on lit également en relief, LNARI.

Il n'est pas étonnant que l'on possède tant de lampes provenant de Pompéii. Nous lisons en effet dans un rapport de M. A. Bonucci au chevalier Arditi, daté des 15 juillet et 7 août 1824, « qu'à Pompéii on ne fermait les bains publics que bien avant dans la nuit; que c'est ainsi qu'on a trouvé, dans les chambres d'un de ces bains, un très-beau candélabre en bronze et un dépôt de *plus de mille lampes en terre cuite*, avec des reliefs représentant les Grâces, Isis, etc. »

———

POTERIE ROUGE D'AREZZO.

TERRES CUITES (suite), t. I, p. 323.

Les poteries d'Aretium (Arezzo) étaient célèbres dans l'antiquité, témoin ces vers de Martial (IV, 98).

> *Aretina* nimis non spernas vasa, monemus:
> Lautus erat tuscis Porsenna fictilibus.

Et ces autres vers attribués à Virgile ou à Ovide :

> *Aretina* calix mensis decorata paternis,
> Ante manus medici quam bene sanus eras!

Pline, après avoir vanté l'usage des poteries samiennes pour les usages de la table, ajoute (XXXV, 46), « *retinet hanc nobilitatem* » *Aretium in Italia...* »

Il était donc intéressant de mettre en présence des poteries de l'époque belge-romaine, découvertes à Tongres (Voir t. II, p. 133), quelques échantillons de poteries arétines. En conséquence, les objets suivants, tous découverts entre Foligno et Arezzo, ont été choisis pour servir de points de comparaison :

N° 429ª. Une *assiette*, en terre grossière, avec deux cercles concentriques.

N° 429ᵇ. Une *coupe*, id., avec la marque de potier SOLLOFIIC (LL de forme archaïque) (*Sollo fecit*).

N° 429ᶜ. Une *coupe* id, avec la marque DIICMVSF (*Decmus fecit*).

Indépendamment de nombreux vases avec le nom de *Decimus*, les produits du potier *Decmus* se sont rencontrés en grand nombre au nord des Alpes et en Angleterre (Schuermans, Sigles figulins, nᵒˢ 1878 et suivants), et ne figurent pas dans la liste de Fabroni (Storia degli antichi vasi fittili aretini, Arezzo, 1841). On ne peut cependant douter de leur provenance italienne : ils ont été achetés à Florence avec l'indication d'origine mentionnée ci-dessus.

N° 429ᵈ. *Patère*, en terre dite samienne, avec la marque du potier ofcaiv(... (*Officina Calvi?*).

N° 429ᵉ. *Id.*, id.; marque ofaqv(itan). (Deux exemplaires.)
Même observation que pour le nom de *Decmus* (Schuermans, n° 441 et suiv.).

N° 429ᶠ. *Id.;* marque aqvitan (?).

N° 429ᵍ. *Tasse*, id.; marque mitor (?).

N° 429ʰ. Deux *id.*, bilobées; marque de potier illisible.

N° 429ⁱ. *Tasse*, id., bordée d'un guillochis; marque illisible.

N° 429ʲ. *Quatre fragments* représentant une nymphe portant un bassin; un personnage jouant de la double flûte; une tête de lion, une femme drapée, etc., à l'intérieur d'un fond de vase, circonstance assez exceptionnelle; enfin une langouste.

BRONZES (STATUETTES), t. 1, p. 329.

N° 433ᵃ. Petit *hermès à deux bustes*. Bronze.

C'est un petit parallélipipède en bronze, surmonté d'une double tête; d'un côté, celle de Jupiter-Terminal, sous laquelle se trouve le foudre; de l'autre, celle d'Hermès ou Mercure, sous laquelle on voit le caducée.

Denys d'Halicarnasse, II, 21, nous explique ainsi ce rôle de Jupiter : « Numa ayant ordonné à tous les particuliers d'arpenter » leurs terres et d'y planter des bornes, il voulut que ces pierres » fussent consacrées à *Jupiter-Terminal*, et que tout le monde s'as- » semblât chaque année en certain jour à l'endroit où elles étaient

« plantées pour leur offrir des sacrifices. A cet effet il institua une
» fête en l'honneur *des dieux des bornes.* Les Romains l'appellent
» *Terminalia* parce que c'est la fête des bornes qu'ils appellent en
» latin Termines, nom qui dérive de notre mot grec *Termones,* en
» changeant l'*o* en *i.* »

Maintenant nous savons aussi que les temps héroïques n'ont point
de personnage plus célèbre que le Mercure d'Égypte (voir t. I, p. 9)
et qu'il enseigna aux habitants de ce pays la manière de mesurer
leurs terres, dont les limites étaient souvent dérangées par les
accroissements du Nil, et, comme à Rome, il était regardé comme
le dieu des routes, qui protégeait les voyageurs, ses statues, nommées *hermae,* s'élevaient en grand nombre sur les routes et aux
portes des villes et des maisons.

Il est donc naturel de trouver la tête de Jupiter-Terminal accolée
à celle de Mercure.

Et, si le dieu Terminus peut se confondre quelquefois avec
Hermès, c'est Ovide qui nous dira, dans le passage suivant, Fastes,
III, v. 667, pourquoi Jupiter est ici adossé à Mercure : « Et lors-
» qu'on jeta les fondements du Capitole, lorsque toutes les divinités
» adorées en ce lieu se retirèrent pour faire place à Jupiter, Ter-
» minus, au récit des historiens, sourd à la voix des augures qui
» l'entouraient, resta immobile dans l'enceinte sacrée et *partagea*
» *la demeure* du souverain des dieux. »

Les deux autres côtés du tronc sont décorés d'ornements difficiles
à décrire; mais on voit fort bien que le tout était incrusté d'argent.

Ce petit hermès provient des environs d'Ostie.

Nᵒ 436ᵃ. *Apollon* ou *Narcisse* (?). Bronze.

Statuette mutilée : les bras et les jambes n'existent plus; mais
ce qui en reste fait regretter davantage que ce petit monument ne
soit plus complet.

Nous y reconnaissons le style grec; le personnage est nu; seulement dans les cheveux nous remarquons des agencements propres à la coiffure des femmes. Est-ce un Apollon, un Narcisse que nous avons devant nous?

Ce bronze a été trouvé dans l'île de Rhodes.

———

N° 493ᵃ. *Prêtresse;* même provenance que les deux précédentes (t. I, p. 375 et 376). Bronze.

Un diadème en forme de fronde orne également sa coiffure et elle est vêtue de long. Elle tient la main droite ouverte et, dans la gauche, se trouve une boîte à encens.

Nous parlons, t. I, p. 352, 363 et 378, de l'usage qu'avaient les anciens de fixer leurs statuettes par les pieds. Celle-ci est encore posée sur la pierre quadrangulaire à laquelle elle a été anciennement attachée, et nous voyons que c'est avec du plomb que se faisait cette opération.

———

N° 501ᵃ. *Petite tête* qui doit avoir appartenu à une belle statuette.

On y remarque dans la chevelure, comme à la précédente, un faire propre à l'ancienne sculpture en bronze.

Nous joignons à ce N° deux autres petites têtes d'un mérite inférieur.

Ces trois bronzes proviennent de fouilles faites à Ostie.

———

N° 521ᵃ. Groupe de *deux gladiateurs;* l'un debout, l'autre renversé. Bronze.

Le gladiateur debout est appuyé contre un meuble qui ressemble à une petite table ronde. Son casque est à cimier, mais sans aigrette, et une saillie en avant et par derrière, sert à protéger le front et la nuque. On voit que, dans la main droite, il avait la *spada*; le bras droit est couvert d'un de ces brassards dont nous parlons au n° 535. Au bras gauche élevé est attaché le *scutum*, grand bouclier oblong, adopté par les Romains. La jambe droite paraît nue, la gauche semble en partie recouverte d'une étoffe.

Le gladiateur renversé a, au bras gauche, le bouclier qu'on appelait *thrace*; il n'est pas rond comme la *parma* et le *clipeus*, mais de la même forme que le *scutum*, seulement il est plus court. Le bras droit, dont la main tenait la *spada* ou plutôt la *sica*, est protégé par un brassard. D'énormes cnémides recouvrent ses jambes. Comme sa tête n'existe plus, nous ne pouvons savoir quelle espèce de casque il portait.

Nous venons de dire que nous pensons que ce dernier gladiateur tenait plutôt à la main la *sica* que la *spada*, parce que nous avons remarqué plus haut qu'il avait le bouclier des Thraces et que la *sica* était l'arme nationale de ce peuple. Nous aurions alors ici, comme sur notre lampe n° 359, un gladiateur romain combattant un gladiateur étranger.

Nos deux gladiateurs sont nus, mais ils ont cependant chacun une ceinture qui retient une pièce d'étoffe autour de la taille (διάζωμα); ce qui nous rappelle le passage suivant de Denys d'Halicarnasse, VII, 13 : « Les athlètes avaient le corps tout nu, excepté ce que » la pudeur ne permet pas de découvrir. Cette coutume a duré » chez les Romains jusqu'à notre temps, telle qu'on l'observait » autrefois chez les Grecs. Aujourd'hui elle n'est plus d'usage dans » la Grèce. »

Deux bronzes semblables aux nôtres (celui-ci et le n° 521, t. I, p. 399) se trouvent au musée de la ville de Bologne. (Voir le Cat. de Zannoni, série des bronzes, n°ˢ 1636 et 1637.)

On peut encore leur comparer les deux gladiateurs qui forment les anses d'un beau vase en bronze du musée de Naples, placé sous le n° 2789 du catalogue de Stanislas d'Aloë, Naples 1854.

En examinant bien le caractère des gladiateurs en bronze du

musée de Bologne, ceux du musée de Naples et les nôtres, on doit reconnaître qu'ils rappellent tout à fait, sous le rapport du style, les gladiateurs qui se trouvent sur les lampes (voir nos nᵒˢ 358-366). Il est donc probable qu'ils sont de la même époque que ces lampes en terre cuite.

Nous avons acheté ce groupe en bronze à Bologne. Il **avait été** trouvé, en 1871, dans les environs de cette ville.

Nᵒ 524ᵃ. *Piédouche*, avec la même inscription, et pour ainsi dire tout à fait le même que celui qui est décrit sous le nᵒ 524, t. I, p. 401, quoique coulé dans un moule différent. Bronze.

Nous avons vu comment Minervini en avait lu l'épigraphe que cite également Mommsen, dans ses Inscriptions du royaume de Naples.

Quoique l'antiquaire Baroni ait dit, dans le temps, sans doute pour échapper à la rigueur des lois, que le piédouche dont il s'agit venait de Pouzzoles, nous avons su plus tard qu'il avait bien été trouvé à Pompéii, d'où provient également le second, donné à feu M. Edmond van de Woestyne, pendant qu'il visitait, vers la même époque, les ruines de cette ville.

Nous tenons essentiellement à bien établir que les deux piédouches similaires proviennent de la même localité, parce que les peintures récemment découvertes à Pompéii prouvent que, dans les laraires, il y avait, on peut dire toujours, deux dieux Lares, sous la protection desquels étaient placées d'autres divinités. (Voir le Bulletin de l'institut de Rome pour 1871, pages 180, 199, 201 et 207.)

Ovide, Fastes, II et suivants, nous donne une généalogie des dieux Lares. Mercure, qui, d'après les ordres de Jupiter, était chargé de conduire la naïade Lara chez les mânes, dans l'empire du Silence « s'aperçoit », dit le poëte, « qu'elle est belle; il veut la » posséder. La naïade agite en vain ses lèvres, elle est muette et » n'oppose à la violence qu'un regard suppliant. Devenue mère, elle

» enfanta *deux jumeaux*; ce sont les Lares qui gardent nos carre-
» fours et veillent assis au foyer de nos maisons. »

Marcius, en quittant Rome, nous apprend de quelles divinités les
laraires étaient composés : « dieux Lares, » dit-il, « dieux domestiques
» que nos pères ont honorés, et vous génies protecteurs de cette
» famille infortunée, je vous dis adieu. » (Voir Denys d'Halicarnasse,
VIII, 6).

Citons, pour terminer, un second passage d'Ovide, Fastes, V,
v. 129 et suiv., qui nous indique les fonctions des Lares : « les
» calendes de Mai ont vu élever un autel aux Lares protecteurs et
» consacrer leurs petites statues. Déjà Curius l'avait fait autrefois;
» mais le temps n'épargne rien, et la pierre elle-même subit les
» atteintes de la vétusté. Le surnom qui fut donné à ces dieux,
» quand on établit leur culte, vient de ce qu'ils protégent du
» regard tout ce qui nous appartient. Ils veillent aussi pour nous,
» partout présents, partout prêts à porter secours. A leurs pieds
» se tenait un chien, taillé dans la même pierre : pourquoi ce
» chien avec le Lare? L'un et l'autre gardent la maison, l'un et
» l'autre sont fidèles au maître; les carrefours plaisent au dieu,
» au chien plaisent les carrefours. Le Lare et la meute de Diane
» harcèlent et chassent les voleurs; vigilants sont les chiens, et
» vigilants les Lares. Je cherchais les statues de ces dieux *jumeaux*,
» ruinées à la longue par les années; la ville aujourd'hui possède
» mille Lares et le génie du chef qui nous les a donnés. »

BRONZES (BIJOUX), v. t. II, p. 5.

N° 888ᵃ. Plusieurs fibules, dont il serait trop long et de trop peu
d'utilité de faire spécialement la description. Bronze.

FIN DU DEUXIÈME ET DERNIER VOLUME.

ERRATA.

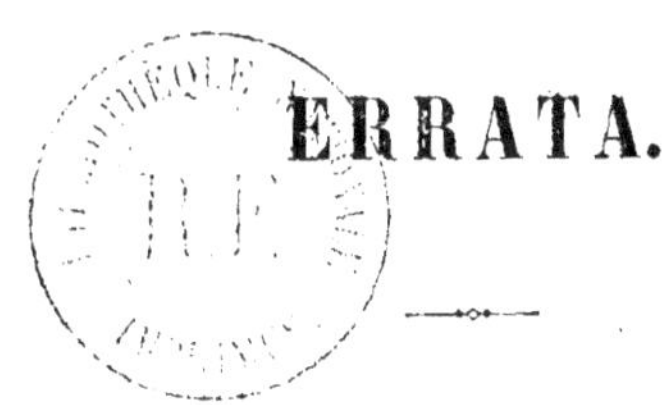

TOME I.

Page	76,	ligne	23,	*au lieu de* : hiéroglyples	*lire* :	hiéroglyphes
»	102,	»	17.	» sphynx	»	sphinx
»	104,	»	29,	» anguille	»	anguilles
»	114,	»	17,	» mouvements	»	monuments
»	122,	»	7,	» femme	»	femmes
»	135,	»	17,	» transforme	»	transformer
»	298,	»	25,	» Polype	»	Polybe
»	305,	»	19,	» *tudi*	»	*ludi*
»	345,	»	22,	» trouvé	»	trouvée
»	435,	»	9,	» Berger	»	Beger
»	474,	»	1,	» e visage	»	le visage
»	493,	»	6,	» fermé	»	formé
»	514,	»	9,	» sensibilis	»	sensibilibus
»	515,	»	25,	» toute	»	tout

TOME II.

Page	33,	ligne	12,	*au lieu de* : branche	*lire* :	bouche
»	50,	»	19,	» table	»	tabernacle
»	63,	»	pénult.,	» *latronos*	»	*latrones*
»	81,	»	11,	» blanc	»	blanc sur fond bleu
»	84,	»	12,	» *agitater*	»	*agitator*
»	117,	»	2,	» ci-après	»	ci-après (p 125)
»	142,	»	9,	» des fleurs	»	de fleurs
»	151,	»	14,	» orné	»	ornée
»	157,	»	10,	» la	»	cette
»	»	»	11,	» d'Elewyt	»	.
»	158,	»	27,	» il ait fait mettre	»	on ait mis

Page 159,	ligne 25,	*au lieu de* :	d'Eewyt	*lire* :	d'Elewyt
" 163,	" 28,	"	verrou	"	loquet
" 164,	" 27 et 28,	"	dit cet historien	"	" dit cet historien, "
" 175,	" 24,	"	Thédosien	"	Théodosien
" 181,	" 1,	"	bleues	"	bleus
" 238,	" 8,	"	*polycroma*	"	*policroma*
" 250,	" 12,	"	zoomorphyte	"	zoomorphite
" 284,	" 3,	"	ce gaz	"	de ce gaz
" 302,	" 15,	"	musculeux	"	moussu
" "	" 17,	"	muscles	"	mousses
" 332,	" 24,	"	noires	"	noirs
" 343,	" 17,	"	Thébaide	"	Thébaïde
" 361,	" 17,	"	orfèvre	"	orfévre